臺灣歷史與文化 研究輯刊

九 編

第 20 冊

許南英及其詩詞研究

楊明珠 著

花木蘭文化出版社

國家圖書館出版品預行編目資料

許南英及其詩詞研究／楊明珠 著 —— 初版 —— 新北市：花木
蘭文化出版社，2016〔民 105〕
目 4+274 面；19×26 公分
（臺灣歷史與文化研究輯刊 九編：第 20 冊）
ISBN 978-986-404-488-7（精裝）
1. 許南英 2. 詩詞 3. 詩評 4. 詞論
733.08   105001818

ISBN-978-986-404-488-7

9 789864 044887

臺灣歷史與文化研究輯刊
九　編　第二十冊   ISBN：978-986-404-488-7

許南英及其詩詞研究

作　　者　楊明珠
總 編 輯　杜潔祥
副總編輯　楊嘉樂
編　　輯　許郁翎
出　　版　花木蘭文化出版社
社　　長　高小娟
聯絡地址　235 新北市中和區中安街七二號十三樓
　　　　　電話：02-2923-1455 ／傳眞：02-2923-1452
網　　址　http://www.huamulan.tw 信箱 hml 810518@gmail.com
印　　刷　普羅文化出版廣告事業
初　　版　2016 年 3 月
全書字數　213375 字
定　　價　九編 24 冊（精裝）台幣 50,000 元

許南英及其詩詞研究

楊明珠　著

作者簡介

楊明珠，臺灣省桃園縣人，民國四十七年生。國立高雄師範學院畢業。任教國中十四年後，進入中國文化大學中國文學研究所在職進修，完成碩士論文《許南英及其詩詞研究》、博士論文《臺灣海東四子研究》。另有〈臺南「崇正社」、「浪吟詩社」、「南社」創立問題辨正〉、〈談研究朱熹《詩集傳》的一個問題——以《詩集傳‧周頌》的探討為例〉兩篇短篇論文。

提　　要

　　許南英，清末臺灣傳統知識份子，光緒四年開設聞樨學舍授徒，開始他的人生志業；光緒十三年進入海東書院，與丘逢甲、汪春源在山長施士洁門下受教；光緒十六年中進士得授兵部駕司，但許南英棄官回鄉從事教職與墾土化番的工作；光緒二十一年清朝割臺予日，許南英加入臺灣民主國抗日保鄉活動，事敗後內渡大陸；迫於生計，他曾到南洋轉換生活，最終不得已，許南英回國走上宦途，先後在廣東徐聞、陽春、陽江，三水任縣令職；民國二年，受任為福建龍溪縣令。他在任期上總是愛民重士、著有政聲。民國五年再次迫於生計，許南英到蘇門答臘棉蘭為僑領張鴻南編輯生平事略，次年病逝於棉蘭。

　　許南英著有《窺園留草》一書，施士洁說：「今序其詩，允白之真面目見矣、允白之詩亦見矣，此允白之詩之所以傳也，又何沾沾於世之所謂詩者為哉！」汪春源認為許南英「詩不事塗飾，栩栩然自鏡其元象」、「胸之所寓，筆之於詩」。林景仁則點出許南英詩作具有「博、達、潔、諷、怨」的特色。許南英自言詩是「性靈語」、「歌詠緣情自不凡」，正因為他的創作是其思想生活的真摯結晶，所以，透過對許南英作品的分析探討，我們可以從中認識他的為人與行事，又因為他對時代熱情關懷，在作品中留下了他對時代環境的觀察與記錄，所以，透過他的作品我們也可以瞭解他與時代的關係。

　　本論文採「以意逆志」、「知人論世」的方法，探討許南英的生平事蹟、思想情感、精神風骨，以及他對時代的關懷情形。論文共有九章：第一章緒論說明研究的動機及研究的方法；第二章考察許南英的家世生平及交遊情況，並勘訂出《許南英先生年譜》；第三章分析許南英的時代背景，以瞭解時代環境對許南英的影響，並探討斐亭吟社、崇正社、浪吟詩社、南社四個詩社與許南英的關係；第四章運用輯佚、校勘等方法，分析許南英《窺園留草》一書的版本、作品、《窺園詞》調譜等問題，並輯附未見於《窺園留草》的散佚作品。第五、六章中將許南英作品分類研究，分為詠懷詩、詠史詩、行旅詩、詠物詩、酬贈唱和詩和其他等各節；第七章論述許南英作品的創作技巧及藝術特色，分為眾體具備、組詩聯詠、詩題序文附註、詩有復句、用典技巧、詩史精神六項；在透過對許南英生平及作品的研究之後，第八章中進一步闡述許南英真摯仁厚、傲骨嶙峋、正直固窮、謹嚴務實、淡泊消極的精神風骨，與其憂時愛民、深富時代意識的關懷熱情，嘗試勾勒出許南英的整體形象；第九章為本論文結論。

目

次

第一章 緒 論

第一節 研究動機

　　臺事入史，始於隋代，然而臺島開發建設，則始自明季，以迄於今；四百餘年中，歷經荷蘭、明鄭、清領、日據等時期，先人於紛擾流離之際，仍全力經營，故有今日之民主自由、繁榮富裕。我於感恩追懷之時，也有深切求知之心：欲知先人事蹟、欲知先人思想情感、欲知先人風骨精神，緣於此因，乃進入「臺灣文學」研究領域。

　　文學的表現，深受時代環境演變的影響。臺灣文學自有其傳承流脈，也因其特殊地理環境而形成獨具之特色，在乖舛多變的臺灣歷史發展過程中，臺灣文學也因此而有多元化面貌，綻放出各式各樣的繽紛花朵。談臺灣文學，必須面對臺灣文學「多音交響」的事實，所以，無論是民間文學、傳統詩文、日據時期新文學，或是現代文學，都應受到同等重視，這些都是臺灣文學中的瑰寶，都是臺灣人民的心聲。

　　最近幾年，臺灣文學受到學術界的重視，已有多人投注心力，在這片領域裡開發研究，[註1]但研究的重點，偏向於日據以後的新文學及現代文學，對於傳統詩文的探討並不多，除期刊論文之外，計有王文顏《臺灣詩社之研究》、周滿枝《清代臺灣流寓詩人及其詩之研究》、廖雪蘭《臺灣詩史》、鍾美

〔註 1〕 研究成果，可參考施懿琳：《清代臺灣詩所反映的漢人社會・緒論》（臺北師範大學國文研究所博士論文，民國 79 年），頁 1～16，以及許俊雅：〈「日據時期臺灣文學」研究概況〉（《臺灣文學散論》，臺北文史哲出版社，民國 83 年 11 月），頁 1～36。

芳《日據時代櫟社之研究》、施懿琳《日據時代鹿港民族正氣詩研究》、許俊雅《臺灣寫實詩作之抗日精神研究》、施懿琳《清代臺灣詩所反映的漢人社會》、陳丹馨《光復前臺灣重要詩社作家作品研究》、李李《臺灣陳辦歌研究》、張翠蘭《連雅堂學述》、徐肇誠《丘逢甲嶺雲海日樓詩鈔研究》、程玉凰《洪棄生及其作品考述》等十五篇碩、博士論文。其中又多是線面的研究，屬於點的專人研究僅有四篇，但是先人留傳下來的詩文集數量頗多，所以，這片隱密的花園，仍有待後人殷勤探訪。

在眾多的臺灣先賢之中，所以以許南英及其著作《窺園留草》為我研究的對象，實為因緣巧合。碩一暑假時，與大學同窗一起去探望張夢機老師，同學告訴老師我在研究所進修，並有意以臺灣文學為研究範圍，老師即提起林南強、林小眉等人，說他們的詩作都很不錯。這些名字對當時的我來說，都是非常陌生的。在一段時間的摸索探尋之後，發現林南強等人雖有古典詩集傳世，但時代較晚，應該歸屬於日據時代的傳統文人，而我想研究的是清朝時代的傳統文人。如前所述，我對先人的事跡、先人的風骨、先人的思想情感，有一份「欲知」的好奇，這是我做研究的主要動力。在鼎革之際，風捲雲起，河山變色，每個人都得做出自己的選擇，無論怎樣地猶豫徬徨、怎樣地痛苦掙扎，最後總是得做出一個抉擇。在這一時刻，人，必須誠實地面對自我，無處脫逃。這樣的「真實心靈」，更是我所欲知的。後來，讀到顏崑陽老師的一段話，才明白這種「欲知」的好奇，其實是一種自我探尋。〔註2〕最後我找到了許南英的《窺園留草》。〔註3〕

〔註2〕 顏崑陽：《李商隱詩箋釋方法論》（臺北臺灣學生書局，民國80年3月），頁68。「詮釋的目的，只是由於理解別人而更理解自己。……他們能夠值得讓我們理解的，就是他們面對生命存在時，有著怎樣的歡欣，怎樣的驚愕，怎樣的怖懼，怎樣的悲苦，怎樣的墮落與怎樣的理想，而他們又以怎樣的價值觀去判斷這種種的經驗，進而去割捨什麼、堅持什麼，終而怎樣去安頓自己。這些心靈的活動，除了存在於他們所表述的語言文本，更存在那裡？我們不是要理解他們的心靈，是要理解什麼？而在理解他們時，也等於照見了自己，照見了自己的歡悅、驚愕、怖懼、悲苦、墮落與理想，照見了自己的價值觀念，照見了自己的割捨與堅持。」

〔註3〕 由於許南英生活在清代臺灣變亂頻仍的時代，再加上他晚年時因經濟窘困而奔走異鄉，所以，有關他的資料蒐集不易。就拿《窺園留草》一書來說，今天在圖書館所見到的版本，無論是臺灣省文獻委員會印行的文叢本，或龍文出版社印行的，都是民國51年臺灣銀行經濟研究室所出版版本的影印本，有一些錯誤，亟需原刊本來檢校，但原刊本卻不易看到。據黃典權附於《窺園

　　許南英生於清文宗咸豐五年（1855），歷經甲午戰役、割讓臺灣、辛亥革命、袁氏稱帝等歷史事變，在一次又一次的波濤翻湧中，許南英都做出了他的選擇。在《窺園留草》一千零九十六首作品中，[註4] 固然有爲應酬而作的，但也都能不說虛假的話，是出自誠心的眞摯之作，不僅眞實表達出他在危急之秋的心靈活動，也眞實顯示了他生活中所有的喜怒愛惡，是他「家破國危幽思淒切的心聲」。除此之外，《窺園留草》書中也「交織著很多地方掌故以及當時文人風雅際會的記錄」，[註5] 極富文獻價值，很值得我們深入研究。

第二節　研究方法

　　詩大序：「詩者，志之所之也；在心爲志，發言爲詩。」研究詩人的作品，除著重其藝術表現的成就之外，也可藉著研究詩作來認識詩的作者。我即是藉著對許南英作品的研究，來推逆追溯許南英的心志。在研究的過程中，我採孟子所主張的「以意逆志」、「知人論世」的方法，孟子云：

留草》書後的〈後記〉一文所記，最初由臺灣銀行經濟研究室於民國51年出版的《窺園留草》兩冊，是據臺南許丙丁所藏的刊本排印的，那麼，許先生是有原刊本的。但許先生已過世。筆者向出版《許丙丁作品集》的臺南文化中心查詢，但該館表示沒有《窺園留草》原刊本，而臺南市立圖書館臺灣資料室也無此刊本。楊雲萍：〈許南英〉（《臺灣史上的人物》，臺北成文出版社，民國70年5月），頁272，文末提到：「窺園先生與先祖父爾康先生交誼甚摯，小樓藏許氏書贈先祖父的墨蹟甚多；又有許氏的『會試硃卷』一冊，爲許氏所持贈者。」那麼，楊先生是有許南英的墨蹟及相關資料。筆者曾至傅斯年圖書館查詢，無所獲。這種資料難尋的情況，又如：「臺灣史料館」原藏有許南英的《會試硃卷》一冊，以及書畫作數幅，但經各種管道查詢，仍無法得知此史料館之所在處；後來無意中，在臺南延郡王祠內發現「臺南市民族文物館」，此館即臺灣史料館之重建。但欣喜之情馬上破滅，服務人員表示此館即將封館，很多資料都已裝箱，不得拆閱。這是研究過程中所遇困難之一二，對研究成果必然有所影響。

〔註4〕許贊堃：〈窺園先生詩傳〉（許南英，《窺園留草》，南投臺灣省文獻委員會出版，民國82年9月），頁247。文中提到詩集中共有詩作一千零三十九首，這個數目是有問題的，應是一千零三十七首，再加上集中所附《窺園詞》五十九闋，有共有一千零九十六首作品。這個問題，在第四章第一節有詳細的說明。

〔註5〕黃典權：〈後記〉（許南英，《窺園留草》，南投臺灣省文獻委員會出版，民國82年9月），頁249。

故說詩者，不以文害辭，不以辭害志；以意逆志，是爲得之。（《孟子‧萬章上》）

又云：

一鄉之善士，斯友一鄉之善士；一國之善士，斯友一國之善士；天下之善士，斯友天下之善士。以友天下之善士爲未足，又尚論古之人。頌其詩，讀其書，不知其人，可乎？是以論其世也，是尚友也。（《孟子‧萬章下》）

要「知人」，除了直接從作品來「推逆其心志」外，也當「論世」，考察作者所處的時代背景、當時的學術風潮、作者的生平事蹟、作者的師承交游、作者的個性脾氣等相關因素，這些因素，對作者有或大或小的影響力量，形成他獨特的創作風格。要深刻體會許南英其人及其詩詞作品，勢必要考察這種種相關因素的資料。尤其，許南英的作品，以寫實的敘事手法，積極地反映出當時政治社會的一切，〔註6〕蘊含著很豐富的史實資料，在銓釋這些作品時，不能不清楚當時的時代環境；反過來說，也可藉著其詩作中所敘述的史事做印證，並藉以了解當時代人們的生活及其所思、所感。〔註7〕

本論文《許南英及其詩詞研究》共分九章：

第一章緒論，說明研究動機與研究方法。

第二章，考察許南英的生平事蹟及其交游情況，並以〈先生自定年譜〉爲基礎，參核各項資料，訂出一份較爲詳細的〈許南英先生年譜〉。

第三章，敘述時代環境背景，分成清廷的沒落、臺灣的情勢、日本的野心、新時代風潮、詩壇的情況五節。在第五節中，嘗試釐清與許南英有關的四個詩社（斐亭吟社、崇正社、浪吟詩社、南社）的相關問題。

第四章，介紹《窺園留草》一書，探討版本、作品方面的問題，並蒐集整理許南英散佚的、不見於《窺園留草》書上的作品。

〔註6〕 施懿琳：《清代臺灣詩所反映的漢人社會》（臺北師範大學博士論文，民國79年），頁611。「由於特殊的歷史遭遇與地理位置，使得清代中葉以後的台灣詩有了極明顯的反映時代，抒吐苦難的敘事傾向。」

〔註7〕 同上註，頁603。「臺灣詩作對歷史學的積極貢獻，一方面可以借由詩作背後所埋藏的整個社會生活的眞實浮現，使史事的輪廓勾勒得更鮮明；一方面吾人在詩作中探尋積澱於作者靈魂深處的思惟內容乃至於整個社會的心理現象後，更得以深刻地掌握了歷史人物的心靈脈動與生命熱血。對歷史學在客觀史料的整理補充上，在更深層的社會心理之了解與掌握上，都具有值得重視的價值。」

　　第五章與第六章，將許南英的作品分類研究，共分詠懷詩、詠史詩、懷古詩、紀事詩、行旅詩、遊覽詩、詠物詩、酬贈唱和詩，以及其他：集句詩、擬代詩、竹枝詞、題寫詩等共六節。

　　第七章，論述許南英作品的創作技巧及藝術特色。

　　第八章，在許南英詩作內容及表現技巧的研究之後，此章進一步分析許南英在作品中所呈顯的精神風骨，以及他對時代的關懷熱情。

　　第九章，為本論文結論，將研究所得做一歸納。

第二章 生平及交遊

第一節 生 平

　　有關許南英的家世、生平的資料，最重要的是《窺園留草》中的作品、書前好友的序言、書後所附錄的〈窺園先生自定年譜〉、〈窺園先生詩傳〉兩篇記錄，還有許南英四子許贊堃所寫的〈我的童年〉、〈讀芝蘭與茉莉因而想及我底祖母〉二篇文章，許贊堃的妻室周俟松所寫的〈隨地山台灣行〉及其子周苓仲〈父親的童年〉一文；此外，許南英友朋的創作，以及友人後嗣的記述中也有一些相關的資料，其中有的已難見原文，則引自他人的文章。

一、家世

（一）籍貫

　　許南英家族的入臺一世祖許超，是從廣東揭陽遷移到臺灣赤嵌，許南英在詩作中也曾提到祖籍是廣東揭陽：如〈乙未秋日遊丁家絜園〉：「罡風送客到三陽，揭邑於吾是故鄉。」〈黃仲琴贈漳郡開元寺寶幢石刻「陁羅尼經」搨本〉：「此段因緣誰契合？揭陽許氏、海陽黃（仲琴海陽人）。」〔註1〕〈和宗人秋河四首〉：「男兒四海皆兄弟，況是高陽一派親。」〈謁雙坪大宗祠〉：「高陽舊苗裔，開族聚山河。」〔註2〕揭陽位於廣東省東南部，清朝時隸屬於廣東

〔註1〕 許南英：《窺園留草》（南投臺灣省文獻員會，民國82年9月），頁34、102。
〔註2〕 引詩見《窺園留草》，頁37、144。詩中提到「高陽」一詞，彭桂芳：《台灣姓氏之研究》（台灣省立新竹社會教育館，民國86年10月），頁89。「許氏系出帝譽，周時封爲高陽國公；東漢章帝元和年間，許氏南遷至福建，又於明末

省潮州府，地處榕江中下游，全縣依山傍海。當地「民多力田，鮮事末作」；清朝以來，「文風日盛，不愧海濱鄒魯之稱。」〔註3〕又因「阻山瀕海」的地形，造成「性尤勁悍」的民風。〔註4〕

　　許南英家族自一世祖許超來臺，至許南英共傳了九代，所隸籍貫原是福建省臺灣府；清德宗光緒十一年（1885），臺灣改爲行省，原來的臺灣府改爲臺南府，他們的籍貫也就更改爲臺灣省臺南府。

　　光緒二十三年，許南英從新加坡回到廣東，決定走上仕宦一途；由於清廷不准內渡官保留臺灣籍貫，所以許南英選擇落籍福建省龍溪縣。

（二）里居

1. 臺灣

　　明末，許超從廣東揭陽遷移到臺灣赤嵌居住。清聖祖康熙二十二年（1683），臺灣隸入清朝版圖，於赤嵌設臺灣府；清世宗雍正元年（1723），當時的臺灣縣知縣周鍾瑄始以木柵建築臺灣府城，並立有七個城門。連橫《臺灣通史·城池志》：「北近城守營，曰大北門。西北逼烏鬼井，曰小北門。」許南英〈臺感〉詩中說「祖居北門」，〔註5〕可知，自許超入臺後，許氏家族有幾代都是住在北門。現在臺南市內有北城門、北門路，尚可推出一個約略位置。

　　清宣宗道光中葉，也就是許南英父親許廷璋那一代時，一場大火燒光產業之後，許廷璋兄弟協議分居，許廷璋分到西定坊武館街燒毀的鞋店，他帶著家人住在那裡。清文宗咸豐五年（1855）十月初五日子時，許南英就在這裡出生。咸豐十年，許南英六歲時，許廷璋購置位於南門延平郡王祠旁、馬伏波祠邊的住宅，賣了西定坊武館街的舊居，全家遷移到新址，即今臺南市開山路、建業路交叉路口附近，當地人稱他們家爲馬公廟許厝。許廷璋在這裏建學舍數楹，舍後空地數畝，任草木自然滋長，並將園舍取名爲「窺園」，取董仲舒「下帷講學，三年不窺園」的意思。他在自宅中開館授徒，但是不久便過世。

　　　　時來臺。」
〔註3〕《揭陽縣志續志》卷七（成文出版社，《中國方志叢書華南地方》第195號），
　　　　頁861。
〔註4〕同上註，頁865。
〔註5〕《窺園留草》，頁82。

　　許廷璋謝世後，遺下窺園給四個兒子。許南英和他的母親及兄弟就一直住在這裡，直到光緒二十一年乙未離開臺灣。居住在窺園這段時期，許南英以「窺園」為號，自稱「窺園主人」；他也像父親一樣，在窺園開館授徒，學塾名為「聞樨學舍」。這時，他開始他的詩人生活，常有詩友來此坐談。他在窺園時期失去母親，也在這裡娶妻生子、準備科舉考試、中了舉人、中了進士，又展開他踏入仕宦階層的新生活。從他六歲遷移進窺園，到他四十一歲避難離開，在窺園居住了三十六年，在這裡度過他人生的重要階段，完成了許多人生重要大事，「窺園」對許南英而言，是有重要意義的。日軍入臺南城，即收封窺園，原本花木蓊鬱的窺園也就荒廢了。到了民國元年許南英回臺時，看到窺園因修築道路的關係，被橫截為兩部分，隔著馬路相對，他最愛的梅樹也被遷走，許南英禁不住傷心，寫下〈窺園梅花二株被日人移植四春園，聞亦枯悴而死；以詩弔之〉、〈敝廬因日人築路取用，子弟輩將別謀住所〉二詩，〔註6〕抒發他內心悵愁失落之感。

　　許南英在其〈臺感〉之二一詩中，明白記述了他的家族在臺灣遷動的情形：

> 居臺初祖溯前明，二百餘年隸聖清；
> 九葉孫枝備族譜，三遷母教（祖居北門，次遷西門，後遷南門）起儒聲。
> 鄭祠馬廟鄰觀舍（祖居左有馬伏波廟、右有鄭延平郡王祠）。舊社（在東門外）新昌（在南門外）紀祖塋。
> 無限秋霜春露感，耳邊況有鷓鴣鳴！

2. 大陸

　　光緒二十一年乙未，許南英一家先後離開臺灣，投奔住在離汕頭不遠的桃都許子榮、子明兄弟，被安置住在桃都圍村的許氏宗祠裡，這是他們在大陸的第一個居處。許南英的家眷在這裡住了將近兩年的時間，而許南英則在新加坡、曼谷諸地漫遊，拜訪族人，尋求經濟的支援。

　　光緒二十三年，許南英從新加坡回國，到北京投供吏部，自請開去兵部職務，降換廣東即用知縣，加同知銜，然後他到桃都把家眷帶到廣州，住在藥王廟興隆坊。光緒二十五年，遷居至長泰里。光緒二十八年，許南英

〔註6〕《窺園留草》，頁110。

授徐聞縣知縣，家眷一起同往。光緒二十九年，卸徐聞縣任，遷到廣州祝壽巷居住；同年，調署陽春縣，舉家赴陽春。光緒三十年，再調署陽江軍民同知，攜家眷同往。光緒三十二年，卸陽江同知任，遷回廣州住在丹桂里。光緒三十三年，移居步蟾坊；同年又遷至九如坊。光緒三十四年，許南英赴三水縣任；許贊堃兄弟仍留在廣州「隨宦學堂」就讀，假日時才至三水省親。

清宣統三年（1911），武昌革命起義，許南英一家移居至福建漳州，許南英並任漳州民事局長。民事局撤銷後，許南英退居海澄縣屬海滄墟，名其宅爲「借滄海居」；由於「借滄海居」地近市集，不宜居住，故又移居龍溪縣屬石美黃氏別莊。民國二年（1913），許南英被任爲龍溪縣知事，應是住在官舍；辭了龍溪縣令職後，住漳州東門外管厝巷。民國五年，移居大岸頂；同年，在林爾嘉的推薦之下，許南英一人至蘇門答臘棉蘭，在那兒住了一年二個月，後因痢疾病歿當地。

住所常常遷動，固然是受了許南英職務調動的關係，不過，最主要原因，是因爲經濟窘困，無法購置住屋的關係，這也就是許南英自言的「清風兩袖，買山無計，素願相違！」〔註7〕

（三）先世

許南英家族的入臺一世祖是許超，約在明朝嘉靖年間從廣東揭陽來到臺灣。由於舊家譜在道光年間的一場大火裡燬掉了，所以許超來臺灣的原因無法確切得知；許贊堃推測：許超或者是被海盜、倭寇虜來臺灣，或者是爲了規避重斂而來臺灣。按家族的傳說，許超來臺灣之後，以擔任蒙塾的師傅來尋掙生活。〔註8〕

按照許贊堃在〈窺園先生詩傳〉中所錄的新的世系表來看：許超娶了葉氏，生下許快和許壽。許壽娶了陳氏，生下許才和許蔭。許蔭娶了黃氏，生下許光烏和許光顯。許光顯娶了魏氏，生下許鵬飛、許永喜、許榮華，排行老二的永喜公就是許南英的祖父。永喜公是個秀才，教授幾個學生，過著書生生活。他前後三娶：陳氏、黃氏、黃氏；共生了八個兒子，即：許廷璧、許廷貴、許廷選、許廷璋、許廷宗、許廷樂、許廷泣、許廷美。許廷璋乃許南英之父，排行老四，做塾館的教師。其餘兄弟除許廷樂業農外，共

〔註7〕許南英：〈自壽（瑤臺聚八仙）〉（《窺園留草》），頁218。
〔註8〕許贊堃：〈窺園先生詩傳〉（《窺園留草》），頁233。

同經營了四間商店，分別是金珠、布匹、鞋帽和鴉片煙館。兄弟雖然各有職業，但宗族還未分居，應是一股實之家族。不過一夜大火之後，幾間店子燒得精光，家譜和地契也都燬掉，這八個兄弟也就分析家產，各自獨立了。〔註9〕

這樣算起來，入臺一世祖許超到許南英共歷七代。但是許南英在兩處詩作裡都說自一世祖始至他時，共有九代：〈臺感〉：「居臺二百載，九葉始敷榮。」〈臺感〉之二：「居臺初祖溯前明，二百餘年隸聖清；九葉孫枝備族譜，三遷母教起儒聲。」〔註10〕對於這一問題，許贊堃以為：「或者舊譜於超公下還有兩代才到壽公。」〔註11〕由於舊譜已燬，所以到底如何也無法知道了。許南英乙未年內渡後，桃都許子榮勸許南英歸宗，也因為舊譜不存，入臺一世祖許超與揭陽宗祠的關係不得而知，而且新譜記錄無法和揭陽宗譜對上，因而作罷。許南英後來落籍福建龍溪。

（四）家族

1. 父母

許南英的父親許廷璋，號特齋。他的兄弟或業農、或經商；不幸一夜的大火把那幾間店子燒得精光，連家譜和地契都燬掉。家產蕩盡，兄弟才鬧分居；許廷璋分得西定坊武館街燼餘的鞋店，因為那間房子既不宜居住，更不宜當做學塾，清文宗咸豐十年（1860），許南英六歲，許廷璋便將武館街舊居賣掉，另置南門裡延平郡王祠邊馬公廟住宅，建『窺園』，並開館授徒。但即於當年十月初五日過世，這一天正是許南英的生日。

許南英的母親藍太恭人，是許廷璋原配王氏的陪嫁丫頭，王氏病歿後，許廷璋娶了藍氏，〔註12〕藍氏生下許南英兄弟四人。許廷璋死後，「家計專仗少數田產；藍太恭人善於調度，十數年來諸子底學費都由她一人支持。」〔註13〕

清德宗光緒九年（1883）六月初二，許南英二十九歲，藍太恭人歿，十

〔註 9〕同上註，頁234。
〔註10〕《窺園留草》，頁36、82。
〔註11〕同註8，頁239。
〔註12〕許南英父母及大娘的往事，許贊堃：〈讀芝蘭與茉莉因而想及我底祖母〉一文中有詳細記述，讀者可參考。（陳信元編：《許地山代表作》，蘭亭書店，民國72年6月），頁163。
〔註13〕同註8，頁234。

月間葬於二甲灣仔坪。下葬時，與吳姓興訟，由當時臺灣縣司馬沈江梅往勘，才堂結息案。

許南英六歲時喪父，年齡較小，父親的印象模糊；對獨力栽培他們兄弟的母親則無限追懷，他民國五年回臺，恰逢母親忌日，他趨拜墓田並寫下一詩：〔註14〕

> 涕漣老淚墜斜陽，猶記當年此築場。
>
> 憮慨幽冥成異路，遲留歲月況他鄉！
>
> 千年華表悲歸鶴，一畝荒丘哭跪羊。
>
> 我愧不如歐九筆，隴阡墓表有文章！

對自己滯留異鄉無法每年掃墓、對自己無能彰顯母德，都化為對母親的更深更深的感懷。

因為滯留異鄉而無法每年為先人、父母掃墓這一件事，是許南英心中永懷的悲痛。光緒二十一年被迫離臺時，他寫下：「一掬思鄉淚，松楸棄祖塋。」〔註15〕光緒二十五年他任職廣州時，有詩云：「最是清明惆悵甚，松楸墓首草生煙！」〔註16〕民國二年辭了龍溪縣知事職住在漳州時，他感唱道：「浮家泛宅寄漳城，時有鄉心觸處生：聞道隔鄰忙祭掃，一年難過是清明！」〔註17〕回臺探視親友、祭掃祖墓後，離臺前他又記下：「歸去、歸去，哭別先人廬墓！」〔註18〕對父母的追思懷念、對自己不能克盡孝道的悲傷，一直到了民國六年許南英六十三歲時還縈繞在他胸懷，無法自己：「蓼莪廢讀思阿父（先父此日忌辰），風木增悲泣老娘！目極雲山千萬里，臨風涕淚濕衣裳！」〔註19〕

2. 兄弟

許南英有三個兄弟，大哥名叫南華（梓修），二哥是其燦（炳耀），四弟是南雅。

許南華生年不詳，卒於光緒二十三年，〔註20〕曾為臺灣府吏。光緒二十

〔註14〕 許南英：〈六月初二恭逢先慈忌日，趨拜墓田〉（《窺園留草》），頁169。

〔註15〕 許南英：〈臺感〉（《窺園留草》），頁36。

〔註16〕 許南英：〈己亥春日感興〉（《窺園留草》），頁51。

〔註17〕 許南英：〈清明日，聞鄰人祭掃有感〉（《窺園留草》），頁142。

〔註18〕 許南英：〈別臺灣（如夢令）〉（《窺園留草》），頁211。

〔註19〕 許南英：〈自壽〉之二（《窺園留草》），頁200。

〔註20〕 依許南英：〈窺園先生自定年譜〉所記，許南華是在光緒二十三年逝世的，但

一年時，許南華一家五口和許南英的家眷七口、許南雅的家眷四口，一起到汕頭避難。〔註21〕許南英浪遊新加坡時，在和許秋河的唱和詩中就說到「家山悵已矣，避地偕寡兄。」〔註22〕許南英於光緒二十一年年底到新加坡尋求族人相助；次年年關將近，許南英仍未回去與家人團聚，許南華就來信催他歸家。〔註23〕許南英〈歲除日得家書〉：「臘鼓催聲急，驚心又歲除。酒添遊子恨，春入老兄書。身世浮萍似，家山劫火餘！遼東還白帽，明日媿華裾。」將尋助無得、不知如何面對全家老小的焦慮、羞愧表露無遺。兄弟兩人患難與共、相扶相攜之情，不言而喻。

　　許炳耀生年不詳，卒於光緒二年。曾在大穆降辦鹽務。〔註24〕

　　許南雅生於咸豐七年，卒於光緒二十年，小許南英三歲，娶妻吳氏。光緒二十一年，吳氏帶著家人和大伯許南華、三嫂吳愼一起逃難。在汕頭桃都時，大夥都住在許氏祠堂裡，許南華一家後來回臺，而吳氏一家是仍和許南英家人在一起生活，還是自尋生活去了，是不得而知了。許南英在民國元年回臺，和謝瑞林、謝國文等人遊岡山超峰寺時，還祭掃了在岡山下的許南雅墓。〔註25〕

3. 妻妾

　　光緒七年，許南英二十七歲，娶泉州吳樵山三女吳愼爲妻。這段姻緣所以成就，先是吳樵山在朋友那兒看到許南英的書法作品，極爲欣賞，他看出許南英的書法筆意頗近蘇東坡、黃山谷墨法，因此贈送黃山谷的梨山帖給許南英。自此之後，吳樵山即經常到窺園過訪，結爲忘年交。光緒三年九月二十三日，吳樵山尙到窺園坐談半日，卻在三天後於遊岡山途中暴疾而亡。過世前，遺書將三女吳愼許配給許南英爲妻，許南英遵照吳樵山之意聘了吳

　　　　和光緒二十四年〈送家兄梓修回臺〉，以及光緒二十五年〈己亥春日感興〉、光緒二十六年〈重過桃都，贈家子榮子明昆季〉三首詩的內容相矛盾，這個問題請參考第四章第三節中所述。由於無足夠資料做出定論，此處按照年譜中所記。

〔註21〕　許贊堃：〈我的童年〉（周俟松、杜汝淼合編：《許地山研究集》，南京大學出版社，1989 年），頁 58。

〔註22〕　許南英：〈和秋河送行原韻〉（《窺園留草》），頁 43。

〔註23〕　許南英：〈偶成〉（《窺園留草》），頁 42。「南唐一闋破家山，落拓江湖作散閒。羈客尚羞彈劍鋏，寡兄遙勸唱刀環。……」也說到許南華勸他歸家。

〔註24〕　同註8，頁 234。

〔註25〕　許南英：〈與謝石秋、星樓、林湘沅、黃茂笙遊岡山超峰寺中途遇雨〉，「西風吹斷雁，拭淚拜孤墳（四弟墳在岡山下）！」（《窺園留草》），頁 109。

憒，並於三年之後完婚。

依許贊堃所說的：「嫗生我的時候是三十歲。」〔註26〕來推算，那麼，吳憒和許南英相差十歲，十七歲時嫁與許南英，育有五男二女。從許南英〈自題梅花帳額〉：「夢回書幌漏將殘，曾與梅花耐歲寒。頻喚山妻烹苦茗，一庭明月壓闌干。」一詩來看，許贊堃說他父母「夫妻感情，直到命終，極其融洽。」〔註27〕這話是不錯的。而且，吳憒也真是許南英的賢內助，下面舉三件事做為證明。光緒二十一年，許南英仍「帶著國防兵在山裡，劉永福又要他去守安平。那時民主國的大勢已去，在臺南的劉永福也沒有什麼辦法，只好預備走。」〔註28〕吳憒和大伯、四嬸兩家，在宗人許子榮兄弟接應之下，護衛著六個孩子到桃都。〔註29〕當時，長子贊書才十二歲，他手中又有個未滿週歲的贊喬。這一路上的緊張顛簸，確實是不容易的。另外，許南英離臺時將財產散與部下，自此以後一直到他去世，家中的經濟情況一直很窘迫，這有賴吳憒和他胼手胝足一起面對。第三，在許南英仕宦那幾年，當許南英因職務而出遠門時，家中的大小事情、孩子的管教，都得由吳憒來處理。

吳憒卒於何年不詳，不過許贊堃在民國九年時，還從北京回漳州省視母親，〔註30〕可知那時吳憒仍健在。

據許贊堃〈窺園先生詩傳〉中的世系表所記，許南英娶有一妾，名叫吳遜，他是許南英在臺南認識的歌妓吳湘玉的婢女。許南英原是要納吳湘玉為

〔註26〕同註21，頁56。
〔註27〕同註8，頁235。
〔註28〕同註21，頁57。
〔註29〕許贊堃〈我的童年〉一文，對許南英家眷離臺時間的記述有矛盾的地方：「臺灣的割讓，迫著我全家在1896年（筆者按：光緒二十二年）離開鄉里。」另外又記述當時他的父親「帶著國防兵在山裡，劉永福又要他去守安平。那時民主國的大勢已去，在臺南的劉永福也沒有什麼辦法，只好預備走。」這應是光緒二十一年九月之前的事。再照他文中所說的：「在公元1894年2月4日，正當光緒十九年十二月二十八日上午丑時，我生於臺灣臺南府城延平郡王祠邊的窺園裡。」、「依通常計算雖叫做三歲，其實只有十八個月左右。」來推算，他們應是在光緒二十一年六月左右離開臺灣的，西元紀年是在1895年8月。這個時間和他文中所記：「離家時身著夏布衣服，到汕頭後，母親很費了事為大家做衣服。」是相合的。而許南英在光緒十一年到新加坡之前所寫的〈贈陳省三觀察、雨三艖尹昆仲〉詩句：「浮家寄駝浦，獨客入羊城。」的情況也是相符合的。
〔註30〕同註8，頁247。

妾的，吳湘玉病歿，「湘玉的母親感激他的情誼，將死者的婢女吳遜送給他。他並不愛戀那女子，只爲湘玉的緣故收留她。」〔註31〕光緒十五年，納吳氏爲妾；光緒二十一年，吳遜生下一子，即許南英五子贊能。乙未之役後，許南英全家內渡至大陸，吳遜並未同行，但仍保持聯絡。民國二十二年，許贊堃到臺灣時，還去看望他。〔註32〕

　　吳湘玉並未正式娶入門，但因已論及婚嫁，而且是許南英所深愛的女子，所以也在這兒一塊敘述。〔註33〕

　　許南英在三十三歲左右，認識了吳湘玉，他「由憐生愛，屢想爲他脫籍。兩年後，經過許多困難，至終商定納她爲妾。湘玉喜過度，不久便得病，她的母親要等她痊癒才肯嫁她。在抑鬱著急的心境中，使她病加劇，因而夭折。」〔註34〕許南英〈輓吳湘玉〉之一云：「病魔畢竟爲情魔，一紙飛書喚奈何！顧我無言惟一笑，笑時恨比淚時多！」之四又云：「枕屏無夢到瀟湘，太息情長命不長！阿母錯憐教不嫁，前身應是杜蘭香。」伊人殞逝，萬般不捨，卻也只能苦淚暗吞。因爲湘玉有嗜荔之癖，許南英將之葬在南門外荔枝宅。許贊堃〈窺園先生詩傳〉說：「本集裡的情詞，多半是懷念湘玉的作品。」多年過後，許南英回臺，還到吳湘玉墓祭掃，寫了〈過吳湘玉墓（醉花間）〉：「眞娘墓、蘇小墓，俱是埋香處；生比桃花嬌，死爲荔枝誤！一棺歸淨土，是汝生天路。落日滿前山，惆悵不歸去！」許南英對吳湘玉用情之深由此可見。

4. 子孫

　　許南英生有七男二女，其中，除贊能是妾吳遜所生，其他六子二女，都是原配吳愼生育的，老二叔甲四歲時夭折。〔註35〕許贊堃在〈窺園先生詩傳〉所記錄的世系表中未將叔甲列入，下文論述時依世系表所列爲根據，所以未

〔註31〕同註8，頁235。

〔註32〕周俟松：〈隨地山臺灣行〉（《文教資料簡報》，1979年10月，第96期），頁22。「我們最後到了臺南。地山足踏故土，喜逢親人，眞是百感交集。我們先去看望地山的白髮蒼蒼的老庶母，他精神還好，使我們感到無比欣慰。」

〔註33〕另外，許丙丁：〈臺南教坊記〉（《許丙丁作品集》，臺南文化中心，民國85年），頁475。「據臺南市連應榴先生（雅堂之兄）云：娼寮四美人，珍珠嫁陳雨三，玉笈嫁與許南英，……」這件事在〈窺園先生自定年譜〉、〈窺園先生詩傳〉中都未提及，有再求證之必要，故不在正文中論及。

〔註34〕同註8，頁235。

〔註35〕許南英：〈窺園先生自定年譜〉（《窺園留草》），頁225。

言及叔甲。

長子贊書（叔西），生於光緒十年。光緒三十年，與陳日翔長女在廈門成婚；宣統元年，生下一子，取名作新。民國元年，擔任廈門同盟會會長。「他對弟妹十分嚴厲，不苟言笑。」也愛講排場。〔註36〕

二子贊元（叔壬），生於光緒十七年；宣統二年，往日本東京學習軍事。辛亥革命時加入革命軍，並參加廣州三二九黃花岡之役，爲生還的臺籍二壯士之一。〔註37〕民國三年，去蘇門答臘。

三子贊胖（叔午），字敦谷，生於光緒十八年。臉上有一塊紅記，個性比較安靜。〔註38〕民國元年，接受石美小學的聘約，擔任教職。民國二年，到日本留學，就讀東京美術學校。後來到重慶教美術。

四子贊堃（叔丑），字地山，筆名落花生，生於光緒十九年。許南英見他愛讀書，常誇獎他：「阿丑將來是有希望的！」民國元年，許贊堃接受福建省第二師範的聘約，擔任教職。民國二年，到緬甸仰光教書。民國四年，自緬甸回福建，與臺中林季商〔註39〕之妹月森定婚。民國六年，與林月森成婚；同年，至北京求學。五四運動時，許贊堃參加示威活動。民國九年，林月森病逝。民國十四年，許贊堃赴英國入牛津大學得文學士學位；次年，回國任教於燕大、北大及清華大學。民國二十二年，與繼室周俟松回臺灣探視親友，並分贈《窺園留草》；同年年底去印度，繞道蘇門答臘祭掃父墓。民國二十五年，任香港大學中國文學院院長。民國二十六年七七事變時，他也積極投入抗日救亡文化運動。民國三十一年夏，因心臟麻痺病逝。許贊堃在學術、文學方面的成就，是眾人皆知的，這裡不再贅述。

五子贊能（叔未），生於光緒二十一年，卒於民國二年。日本佔據臺灣後，贊能入了日籍；民國元年，許南英和贊能一起回臺灣，「臺南南莊山林尚有一部分是先生的產業，親友們勸他遣一兩個兒子回臺入日籍，領回那一大片土地。叔未本有日籍，因爲他是庶出，先生（許南英）不願將這產業全交

〔註36〕周苓仲：〈父親的童年〉（周俟松、杜汝淼合編：《許地山研究集》，南京大學出版社，1989 年），頁 62。

〔註37〕臺灣省文獻委員會編：《臺灣史》（臺北眾文圖書公司，民國 83 年 5 月），頁 695。

〔註38〕同註 36，頁 64。

〔註39〕傅錫祺：《櫟社沿革志略》（南投臺灣省文獻委員會，民國 82 年 9 月），頁 1、5。文中說到林季商爲臺中富室，頗好風雅，其庭園瑞軒常爲臺中櫟社社員聚會地點，不過他並未加入櫟社。

在他手裡，但在大陸諸子又沒有一個願意回鄉入籍。先生於是放棄南莊山林，將所餘分給留臺族人。」〔註40〕

六子贊喬（叔丁），生於光緒二十一年。民國三年，從廣州光華醫學校畢業，後行醫。

長女葵花，生於光緒十四年。光緒三十三年歸于黃榮；同年冬天，在娘家病逝。生有一子萱兒。

次女贊花（蟾花），生於光緒二十四年。民國六年，歸于龍溪陳疇。婚後兩年過世。

長孫作新，爲許南英長子贊書長子，生於宣統元年冬季。是年，許南英出資五百金，修繕三水縣署「作新堂」，適逢作新出生，故以堂名爲名。後由許贊堃栽培，畢業於輔仁大學。

外孫萱兒，爲許南英長女葵花之子。葵花是招贅結婚的，病逝後，萱兒由外婆扶養；許贊堃受姊姊託付，對這一個外甥亦多所關照。

許贊堃與原配林月森育有一女許楙新；與繼室周俟松育有一男周苓仲，一女許燕吉。

許南英對孩子的教育是關心注意的，不曾因爲避難生活不穩定而疏忽，他先後聘請吳獻堂、徐展雲、倪玉笙、韓貢三諸位先生，教授兒輩學業。許南英對孩子的教育是嚴格督促的，些微小事都是要循規蹈距的，但他從不打人，犯了錯，處罰之後再行締佛的刑罰，〔註41〕要他們靜心反省。

許南英對孩子的教育又是適性開放的，因此兩個女兒也和兄弟一起上學，每個孩子可以依自己的興趣專長去學習，所以後來各在不同的領域有所成就。

許南英除了關注孩子的學業，也對孩子的人格成長有很大的影響。他熱愛家國、關心時局，也深具時代意識，因此，長子贊書、次子贊元投身革命，四子贊堃也曾參加五四運動及抗日行動；他樸質務實的作風，在許贊堃〈落花生〉一文中展現無遺；〔註42〕而他關懷群眾的人道精神，正是許贊堃創作

〔註40〕同註8，頁244。
〔註41〕同註29，頁58。「締佛是從鄉人迎神賽會時把偶像締結在神輿上以防傾倒的意義得來的，我與叔庚被締的時候次數最多，幾乎沒有一天不『締』整個下午。」
〔註42〕宋益喬：〈「落花生主義」與許地山的後期創作〉《文學評論叢刊》，1983年，第23輯），頁133。

的思想特徵。〔註43〕

5. 表弟、宗人

陳鳳昌、謝汝銓兩人是許南英的表弟。〔註44〕

陳鳳昌，字鞠譜，又字卜五，臺南人，生於清同治四年，個性豪邁，有俠義之氣，後因狂病死。著有《拾唾》四卷、《小愚齋詩稿》一卷。乙未之役時，陳鳳昌「走叩軍門，上戰守十二策，請募健兒赴前敵。」未得劉永福採納。沒多久，吳彭年戰死彰化的消息傳來，陳鳳昌作〈弔吳幕府彭年戰死彰城〉一詩以祭。〔註45〕詩中，陳鳳昌對吳彭年的節義精神一再稱讚：「畢竟艱危能仗節，果然南八是男兒」、「留得新詩作墓銘，踐言忠義死猶生」、「溪南溪北兩鏖兵，不愛微軀令全名」。幾年後，陳鳳昌「又為負骨歸粵，以百金恤其家。」連橫稱讚他是義俠。〔註46〕

陳鳳昌是許南英在窺園時期經常往來的詩友之一，兩人相互親愛、相互期許。〔註47〕對於陳鳳昌「元龍湖海」的豪邁性格，許南英深深了解，表兄弟兩人又都是熱血的性情中人，所以能在吳彭年死後作詩祭弔，藉以傳揚其節義精神；數年之後，陳鳳昌負其遺骨還鄉歸葬，許南英任職廣東時則厚恤其家人。許、陳兩人的義行，在吳彭年的忠義志節之外，再添加一段佳話。

謝汝銓，字雪漁，號奎府樓老人。乙未之役時，曾協助許南英辦理團練以衛桑梓，後加入南社。宣統二年，與林湘沅在臺北創設瀛社，共推洪以南為社長，詩幟高標，對推動北部詩風頗有貢獻。著有《奎府樓詩草》、《詩海慈航》。

昔年，謝汝銓與許南英過從相往，吟詩相對。光緒二十一年，兩人並肩

〔註43〕黃牧：〈許地山創作風格簡論〉（《河北學刊》，1986年，第4期），頁79。

〔註44〕許南英：〈聞陳卜五表弟秋試報罷，余亦春試罷歸，書以誌感〉、〈表弟謝汝銓有斐律賓之行，順道過往〉（《窺園留草》），頁7、102。

〔註45〕連橫：《雅堂先生餘集》，臺北文海出版社，民國62年，頁118。

〔註46〕連橫：〈陳鞠譜傳〉（《雅堂文集》卷二，臺灣省文獻委員會，民國81年3月），頁63。另外，連氏〈送吳季籛遺骨歸粵東〉（《劍花室集》，南投臺灣省文獻委員會，民國81年3月），頁115。文中也記錄此事：「荒山槁葬幾春秋，今日歸鄉遂自邱。負骨專勞陳孺子，撫孤深望許文休（臺南許蘊白刺史官粵時恤其孤）。羊城落日悲英魄，鯤島驚濤撼舊愁。幕府青衫留淚血，肯因掛劍恨依劉。」

〔註47〕同註44的前引詩。並可參考許南英：〈暮春感懷，兼呈林致和孝廉、王泳翔茂才、陳卜五茂才諸友〉（《窺園留草》），頁15。

抗日。臺灣民主國失敗，許南英內渡，兩人就斷了音信；再次見面，已是宣統三年。當時謝汝銓要到菲律賓，繞道過訪許南英。〔註48〕兩人見面，談的仍是家國大事：「問我新中華，河山猶莽莽。」

謝汝銓〈憶窺園〉一詩，敘述了許南英的窺園詩人生涯、乙未年領兵抗日、以及失敗後離開窺園內渡的經過，現引其詩作於下：

> 窺園昔所遊，高會時與偕。不重管絃樂，詠歌伸雅懷。其時清末葉，大盜覬覦篋。鄒魯在海濱，濟川乏舟楫。磊落屈奇才，王郎斫地哀。蕭蕭起禍變，劫幻紅羊灰。踉蹌俱出卦，盡棄其所有。閩粵歸故鄉，茫茫喪家狗。表兄為眾推，其事不容辭。暫負保民責，非云興義師。孤城失其固，出險如脫兔。名園委荒塵，花木不如故。
>
> 今讀留草篇，不禁涕潸然。華表令威鶴，歸飛在何年。

其中所言：「表兄為眾推，其事不容辭。暫負保民責，非云興義師」，正是許南英當時參與臺灣民主國抗日的心聲！謝汝銓又有〈進士許南英夫子〉一詩，〔註49〕其中「浩劫心傷家國事，劉琨末路賦詩哀」兩句，則勾勒出內渡後的許南英的身影。

《窺園留草》書中提到的宗人有：許子榮、許子明兄弟，許秋河，許漱六。

許南英在臺灣民主國抗日失敗後，躲過日軍的緝捕，內渡到廈門，稍後便轉向汕頭，投靠住在桃都的宗人許子榮兄弟，「子榮先生勸先生（許南英）歸宗，可惜舊家譜不存，入臺一世祖與揭陽宗祠的關係都不得而知，這事只得罷論。子榮昆季又勸先生到南洋去換換生活，先生的旅費都是他們贈與。他們又把先生全家從臺灣接到桃都，安置在宗祠邊的別莊裡。」〔註50〕子榮兄弟對許南英不僅「敦推解之情、任寄託之責」，〔註51〕而且，在廣州時，許南英若經濟週轉不過時，「凡有需要，都到子榮先生令嗣梅坡先生行裡去融通。」〔註52〕許子榮、子明兄弟這一份雪中送炭的高誼，令許南英不勝感念，因而有詩記云：「故鄉渾不見，即此當歸家。」、「掛冠如有日，就此卜芳

〔註48〕 許南英：〈表弟謝汝銓有斐律賓之行，順道過訪〉（《窺園留草》），頁102。

〔註49〕 謝汝銓：〈進士許南英夫子〉（《雪漁詩集》，臺北龍文出版社，民國81年），頁39。

〔註50〕 同註8，頁238。

〔註51〕 許南英：〈重過桃都，贈家子榮子明昆季〉詩序（《窺園留草》），頁54。

〔註52〕 同註8，頁244，當時梅坡在廣州經商。

鄰。」〔註53〕

　　光緒二十一年，許南英接受子榮兄弟的勸說，到南洋去換生活，一方面也拜訪故親，尋求援助。〔註54〕許秋河即是居於新加坡的許氏宗親，對許南英的造訪熱烈歡迎，一再招譙。〔註55〕和許南英同屬「高陽一派親」的許秋河，沒有世俗的勢利炎涼，而且又是「才迅如律令」的風雅之士，和許南英詩文往返，「相看面目眞」。兩人除卻宗家情誼之外，又有一份翰墨因緣，因而稍微化解因爲「小劫滄桑幻海田」、「窮途頓觸流離眼」，而到異地尋求援助的許南英的尷尬。〔註56〕許秋河知道許南英擅長畫梅，還特地貽贈梅花畫冊給他，對於許秋河這一份心意，許南英〈秋河貽梅花畫冊，詩以謝之〉之四：「分得羅浮百幅披，也同香草美人貽；江南陸凱輸慷慨，驛使相逢僅一枝。」一詩中，反用陸凱贈梅典故，襯托出許秋河贈梅花畫冊的深厚情意，以及自己的感謝心意。

　　許秋河對許南英最大的影響，應是規勸他出仕這一件事。在許南英剛到新加坡，兩人在宴飲的席上就談及此問題。〔註57〕光緒二十三年，許南英要離開新加坡，〈和秋河送行原韻〉一詩，再一次提及這一件事：

> 炎海深無極，如君送我情；海水碾飛輪，如君送我行。我本林泉癖，無意謁帝京。胡天苦相厄，鯨鯢肆東瀛。誰乎倉葛死？孰諒伯夷清？家山悵已矣，避地偕寡兄。漂搖無定處，遑計身外名？主人勉相邸，酌我以巨觥；勸我賈餘勇，莫負寸心盟！慷慨贈多金，策屬奪前程。爲貧爲祿仕，聽鼓五羊城。努力還自愛，勿墮我家聲！我愛我秋河，才迅如律令；新詩壓行李，讀罷心爲傾。搔首問青天，天高月正明；欲別轉無言，感愧心交縈。

〔註53〕同註51，詩之二、詩之三。

〔註54〕邱煒萲：《五百石洞天揮麈》（續修四庫全書集部1708冊，上海古籍出版社），頁175。「允白進士世籍臺南，預福建試，是爲閩人。遇亂蕩其產，內渡依友來廈，無以爲家，然先世固粵之潮州人，乃遊南洋造其族之豪者謀焉。」

〔註55〕許南英：〈和宗人秋河四首〉、〈秋河再譙也是園倒疊前韻〉（《窺園留草》），頁37、38。

〔註56〕此處所引詩句，同註55所提及二首詩，以及〈和秋河送行原韻〉、〈也是園即席留別〉二首詩。（《窺園留草》），頁43、44。

〔註57〕許南英：〈和宗人秋河四首〉之四（《窺園留草》），頁37。「男兒四海皆兄弟，況是高陽一派親。避地自憐非海客，問天未許作閒人。苦無媚骨能諧俗，惟有剛腸但率眞。強策駑駘還有力，重來馳騁九京塵。」

乙未抗日失敗後，許南英「將私蓄現金盡數散給部下」，以致自己及家人的生活無以維繼，去南洋的旅費，還是許子榮兩兄弟贈與的。尋求親故的支援，只能救一時之急，往後的生活，還是得有一穩靠的打算。許南英自己急著找出路，這些熱情的宗人也替他想法子。在新加坡、曼谷等地漫遊了兩年，終於走上他無意的仕宦之途。這是在新加坡時，許秋河即與之相勉相勗的。

許南英〈題家漱六司馬玉照〉：「容潤而莊，神清而淨；果力精心，訥言敏行！麟子鳳雛，惟家之慶。豈無他人，不如我同姓！」一詩中提到宗人許漱六。依清官制，稱府同知為司馬。許南英與許漱六初逢於「榕江乙未冬」，「一見似曾相識久，訂交更喜是同宗」；之後又在香江、鷺江不期而遇，許南英驚喜之餘「疑是三年結夙因」；光緒二十三年，許南英要入京改官，又值許漱六有申江之行，兩人再次相逢逆旅中。許南英〈贈漱六〉之四：「我亦難為入世情，愛君心跡是雙清。新詩當作金蘭譜，何必紅箋署鐵盟。」說明了許南英對這位「澹遠多情」的同宗十分欣賞，也有願結盟為兄弟之情。

二、生平

（一）名號

許贊堃〈窺園先生詩傳〉中說：「窺園先生諱南英，號蘊白或允白。窺園主人、留髮頭陀、龍馬書生、毗舍耶客、春江冷宦，都是他的自號。」除此之外，又有其他的名號，如：齋雲、蘊伯等。以下將這些名號做一番說明，我們也可從許南英使用名號的情形，了解他在那段時間裡的際遇以及他的心境。

1. 蘊白

許贊堃云其父號蘊白，後來的學者提及許南英時，都依此說。不過，丘逢甲〈寄懷陳省三（望曾）、許韞白（南英）、遊宦廣州〉詩後附言：「許韞伯名南英，又字蘊白。」〔註58〕這段話還有其他問題，下文再說明，這裡我們先注意到：丘逢甲說「蘊白」是許南英的「字」。丘氏另有〈送蘊白之京〉，詩後亦附言「蘊白，許南英字。」這兩種不同的說法，一是許南英的子嗣許贊堃提出的，一是許南英的摯友述及的，由於沒有其他的輔證資料，也就無法確定何說為是。至於《臺南市志・人物志》與《台南市志稿，人物志》說

〔註58〕丘逢甲：《嶺雲海日樓詩鈔》（南投臺灣省文獻委員會，民國83年5月），頁61。

「許南英，字子蘊。」〔註59〕則不知根據何說。

丘逢甲有時稱許南英爲「許蘊白」，〔註60〕有時又稱許氏爲「許韞白」、「許韞伯」、「許蘊伯」；〔註61〕唐贊袞〈偕施雲舫、許蘊伯游竹溪寺〉詩亦稱許南英爲「蘊伯」，可見這些名號都有在使用。雖尚未能確定蘊白是許南英的字或號，但許南英使用這個名號時間非常長，從早期窺園時期開始，到他宦遊大陸，甚到客死棉蘭，這個名號一直都跟著他。〔註62〕

2. 允白

「允白」這一名號的情形和「蘊白」相類似，它或許也是許南英的「字」，施士洁、汪春源在《窺園留草》的序中，都稱許南英爲「允白」，施士洁題贈給許南英的詩裡，也多稱許南英爲允白，偶有稱許南英爲「允伯」者。〔註63〕丘煒萲〈寄酬許允伯〉詩亦稱許南英爲「允伯」。〔註64〕可知，除「允白」外，又另有一衍出之稱呼——「允伯」。

許南英亡後，施士洁寫有一篇祭文，題爲〈寄祭許允白文棉蘭日里〉，可見「允白」此一名號的使用時間也是很長久的。

3. 窺園主人

這一名號，只有許贊堃〈窺園先生詩傳〉中提到，別處未見。許南英自

〔註59〕 黃典權等修纂：《台南市志・人物志》，頁 346、《台南市志稿・人物志》，頁 320。

〔註60〕 丘逢甲：〈送蘊白之京〉（《嶺雲海日樓詩鈔》），頁 212。

〔註61〕 丘逢甲：〈寄懷陳省三（望曾）、許韞白（南英）遊宦廣州〉、〈鮀浦將發，寄許韞伯〉、〈春感次蘊伯大令韻〉，《嶺雲海日樓詩鈔》，頁 61、135、105。

〔註62〕 唐贊袞一詩即可證明：許南英在臺灣窺園時期就已使用「蘊白」一名號。丘逢甲之贈詩則證明：許南英在大陸仕宦時，諸友仍以「蘊白」稱之。民國元年許南英回臺，寫給吳筱霞的〈嘯霞樓題壁〉注言中自署「蘊白，許南英識。」林湘沅、謝國文亦有詩云陪「蘊白先生」、「蘊白前輩」遊超峰寺，可知臺灣的後輩詩人都稱許南英爲「蘊白」。許南英病殁後，林景仁有詩〈偶檢散篋中得亡友許蘊白遺詩書感〉，胡殿鵬有詩〈追悼會魁許蘊白〉。由以上資料可知：「蘊白」這一名號，許南英自始至終都在使用的。

〔註63〕 施士洁：〈和允白韻兼示荻莊主人〉、〈允白和「心」字韻七律三首，自蔣江郵寄鷺門：觸我吟懷，感書時事，疊韻答之〉（《後蘇龕合集》，南投臺灣省文獻委員會，民國 82 年 9 月），頁 232、229。稱「允伯」的，見前引書〈和許允伯直刺「三水寄懷」韻〉，頁 172。〈寄祭許允白文棉蘭日里〉，見蘇書頁 432。

〔註64〕 丘煒萲：《菽園詩集》（臺北文海出版社，《中國近代史料叢刊續編》第 37 輯），頁 117。

六歲至四十一歲離開臺灣爲止，都居住在窺園，詩集也定名爲《窺園留草》，他自號爲「窺園主人」，人稱他爲「窺園先生」，也是順理成章。

4. 留髮頭陀

光緒二十一年，許南英和妻小離臺之後飄零流離，歷盡人情冷暖，內心原有的價值觀念發生衝擊，他必得另尋可安定他心靈的思想體系。在他剛來到汕頭時，就聽到郭會川抗日失敗後在鷺江虎溪嚴出家的消息，他寫下〈臺局之變，臺北郭茂才會川仗義與抗，所謀不遂，聞其來鷺江虎溪嚴祝髮爲僧矣；感此而作〉：「破盡家山膾此身，蒼天厄我作勞人！幾莖髮甚千斤重，尚有風塵未了因。」因爲在人世間仍有「未了因」，所以許南英選擇留下來承擔。這個決定，一直到民國成立，陳日翔邀他落髮爲僧或在虎溪嚴旁隱居，他也沒有改變。但是，這個因緣促使許南英深入學習佛理，自此時起，許南英即清修自持，也從這個時候開始，許南英自號「留髮頭陀」。

〈讀邱菽園觀察詠紅樓夢中人詩冊〉：「懺除結習老頭陀，讀罷新詩又障魔。」以及〈秋河貽梅花畫冊，詩以謝之〉之二：「正眼法門無處覓，頭陀妄證野狐禪。」都是許南英自號「留髮頭陀」的證明。在丘逢甲〈次韻答韞伯〉之一：「宰官身說無邊法，歡喜禪留未了因」下面附注云：「韞伯自號留髮頭陀。」〔註65〕可知，許南英曾將這一番心事說予丘逢甲知道。

5. 龍馬書生

這一名號，只有許贊堃〈窺園先生詩傳〉中提到，他處未見，所以不知道許南英何時使用這一名號。

6. 毗舍耶客

臺灣古稱「毗舍耶」，許南英避離臺灣之後，就自稱爲「毗舍耶客」。在新加坡時所寫之〈邱菽園觀察招讌南洲第一樓分韻，得一字〉一詩中，用了這個名號：「毗舍耶客本麤才，忽聞斯言惴惴慄。」民國二年，〈壽李啓授令堂李太夫人〉詩中，又使用了這一名號：「我是毗舍耶島客，延年上獻九莖芝。」許南英取這一名號，表達自己對家山的懷念，也是對自我身份的確定。

7. 春江冷宦

許贊堃〈窺園先生詩傳〉：「丙午、丁未（1906～1907）兩年間可以說是先生在宦途上最不得意的時候，他因此自號『春江冷宦』。」這一段話說明了

〔註65〕同註58，頁355。

「春江冷宦」這一名號的由來。

〈自壽（瑤臺聚八仙）〉下闋：「此鄉聞是寶玉，獨冷宦年來兩鬢絲。」〈三水高等學堂教員黃雲坡（鍾峻）廣文見贈二首，倒疊原韻奉和〉之二：「浮沈宦夢魁岡冷，去就香緣肄水深。」〈上易實甫觀察〉之二：「浮沈冷宦成蕉鹿，顧盼雄圖失草雞。」從這些詩句，除了可證明許南英使用「春江冷宦」這一名號之外，我們也可體會到許南英當時的落寞和失意。施士洁對許南英的遭遇也頗能了解，所以在〈和許允伯直刺「三水寄懷」韻〉之二就多所安慰鼓勵，同時也運用了「春江冷宦」這一名號在詩中：「魯山賢令紫芝暉，大邑名存惜實非。腔血那堪因宦冷，脂□不合與時違，肄江磊落新冠蓋，瀛島蕭條舊鉢衣！我欲寓書姜伯約，商量遠志或當歸。」（筆者按：□為缺漏字）

8. 蘊叟

「蘊叟」這一個稱呼，見於許南英〈贈黃旦梅〉詩之序言：「『百千萬劫滄桑感，二十三年花月痕』：蘊叟壬子贈題旦梅舊句也。」許南英遠赴棉蘭之前，林爾嘉有詩〈庚申蘊叟有日里之行適值重陽同社諸君宴集菽莊即席賦贈〉，稱許南英為「蘊叟」；林景仁亦有多首詩作稱許南英為「蘊叟」，如：〈絕句呈蘊叟〉、〈重九贈蘊叟〉、〈許蘊叟偕眉生仲氏上山見訪〉等詩。許南英比林爾嘉大了二十一歲，比林景仁大了三十九歲；他加入菽莊吟社時，年紀已六十一歲了，林氏父子如此稱呼他，一方面表示尊重之意，一方面顯出親切之情。

9. 崖岸

汪春源《窺園留草》序：「君以崖斥自號。」〔註66〕施士洁〈寄祭許允白文橋蘭日里〉：「某年某月某日，七鯤逸民某，以淚和墨，為文遙祭同學許子崖岸之靈」都說明許南英有另一個名號──「崖岸」，這是許贊堃未曾提及的。〔註67〕

10. 齋雲

許贊堃也未提及這一名號，而是連橫《臺灣詩乘》第230頁記有：「吾鄉許蘊白先生南英，號齋雲，光緒十六年進士。」

〔註66〕筆者以為「斥」字為「岸」之誤。
〔註67〕施士洁：〈崖岸「寄懷」和韻〉（《後蘇龕合集》），頁271。也是以「崖岸」稱呼許南英。

（二）童年時期

清文宗咸豐五年十月初五日子時，許南英生於臺南府城西定坊武館街。五歲時，兄長要上學，許南英哭著要一起去，他的父親見他有心向學，便開始教授唐詩，許南英學過後就能背誦。六歲時，許南英全家遷移至馬公廟旁的窺園，但沒過多久，他的父親便過世了。

（三）求學階段

父親過世後，在母親藍太夫人的支持之下，許南英先後在陳良玉、許鳳儀、鄭永貞、葉崇品諸位先生門下受業。

許南英十六歲時參加童試，他的伯父亦輝公歡喜地說：「讀書種不絕矣！」

十九歲時，許南英為了紓解家庭經濟的窘困，有意跟隨二兄其燦到大穆降學習鹼務。詔安謝憲章看過許南英的文章後，極為嘉許，力勸許南英繼續就學，所以許南英在謝憲章門下受業二年。之後，許南英還是經常上門請益。光緒四年，謝憲章亡歿，許南英有悼詩〈端陽日哭謝憲章先生〉一首。

光緒四年，許南英二十四歲，他一方面擔任廣儲里林家教師，又在窺園創建「聞樨學舍」，收徒授教，同時，常有詩友到窺園切磋詩藝。光緒八年，許南英又應聘在蔡綺卿家任教。就在這「教學相長」的努力中，許南英展開他的詩人生涯，這段時間裡，他發起成立「崇正社」，以「崇尚正義」為主旨，常和詩友在竹溪寺雅集。

光緒十一年，臺灣改設行省，推動新政措施。許南英對於新設施都潛心研究，他以為機器、礦務或其他實業都應自己學會了自己辦，異族絕靠不得。

光緒十二年，許南英被選入海東書院，山長施士洁「於制藝試帖外，倡為詩、古文詞之學。」〔註68〕就讀期間，許南英勤奮努力，院中月課，常冠曹偶。〔註69〕

（四）應考情形

自十六歲參加童子試，許南英就開始了他科舉應試的歷程。汪春源說他

〔註68〕汪春源：〈《窺園留草》序〉（《窺園留草》），頁3。
〔註69〕同註68。

「少孤，家貧力學。」施士洁也說：「允白家世凋寠，而雛聲特異，嶄然見頭角。」都讚賞許南英在困難的環境下仍刻苦力學的難得。他自二十四歲至三十五歲，一邊以教學為業，一邊在縣學、府學裡學習，準備科舉考試。

光緒五年，許南英二十五歲，入縣學，得撥府學第二名。參加科考、歲考，均列一等。光緒九年，參加科考，又得一等。

光緒十一年，許南英三十一歲，參加鄉試，中解元童其峻榜下第四十一名，出張蘊松門下。前臺南歷史館館長石暘睢生前曾藏有許南英鄉試硃卷一本，卷首詳載他的姓名族譜，及受蒙師受知師等，卷中刊有應試的八股文二篇、詩一首，詩題為「賦得李杜文章在」，閱卷試官在卷上批有「氣韻沈雄，經策條暢，詩亦可取。」等字樣。〔註70〕

光緒十二年，許南英三十二歲，首次至北京參加會試，「因對策陳述國家危機所在，文章過於傷感，考官不敢錄取。」三年後，許南英三十五歲，再次赴京會試，又因評論政治得失被放。〔註71〕光緒十六年，許南英三十六歲，三上北京會試，中恩科會元夏曾佑榜下第十八名，授兵部車駕清吏司主事職。許南英志不在做官，只望成名後可以在本鄉服務，所以同年十二月他就請假回本籍。

（五）新科進士

許南英回鄉後，先是臺南官紳推舉他管理「聖廟樂局」的事務，他因此擔任以成社社長；〔註72〕安平縣縣令陳子岳要聘他做蓬壺書院山長，他推辭，轉薦蔡國琳擔任；同年，他與鄉民合稟請建呂祖宮。〔註73〕他又加入墾土化番的工作，常深入番社，山裡的番、漢人多認識他。番亂與番害是清代社會治安的困擾之一，知識份子在化番工作中主要擔任兩項任務：通事與教育。通事大都由識番語、番俗，略知書數，粗通文墨的人擔任，而教育番民可說是撫番最根本的方式；〔註74〕依許南英的條件以及他對教育的重視，他

〔註70〕 筆者尋訪臺南歷史館的情形已在第一章提及，由於無法親見資料，故轉引毛一波：〈許南英詩詞〉（《臺灣文獻》，第15卷第1期，民國53年），頁222。
〔註71〕 同註8，頁235。
〔註72〕 《臺南市志·文教志》，頁3506。「光緒十七年，恰逢十二年迎聖之期，工部郎中職員陳鳴鏘氏，憫雅樂之將淪，獨力出為鼓舞，聘王縣令少君，通稱王老五者為樂師，林協臺公子名林二舍者為顧問，招邀文士於其私第，開局研鍊，公推進士南英為社長，名曰以成書院。」
〔註73〕 唐贊袞：《臺陽見聞錄》（南投臺灣省文獻委員會，民國85年），頁134。
〔註74〕 郭伶芬：〈清代臺灣知識份子對社會變亂之反應〉（《靜宜人文學報》，第1期，

應該是擔任教育番民這一類的工作。

光緒二十年，唐景崧聘他入「臺灣通志總局」所屬之「臺南採訪局」，協修《臺灣通志》，凡臺南府屬的沿革、風物，都由他彙纂。

（六）乙未之役

中日甲午戰爭爆發，臺南採訪局改為籌防局，許南英為統領，募集了兩營兵勇。「民主國的建設雖然醞釀著，而人心並未一致。住近番地底漢人，與番人又乘機混合起來擾亂。臺南府附近有劉烏河底叛變，一重溪、茉寮、拔馬、錫猿、木岡、南莊、半平橋、八張犁諸社都不安靜，先生（許南英）領兵把匪徒蕩平以後，分兵屯防諸社。」〔註75〕

光緒二十一年乙未，中日和約簽定，依約第二條，臺灣及澎湖諸島都割歸日本。臺灣紳民反對無效，因此籌建「臺灣民主國」，反抗日本接收臺灣。四月，基隆告急，許南英率兵團北上，到阿里關，冒瘴得病，又聽聞臺北已失，乃趕回臺南，劉永福派遣他守城。〔註76〕許南英「所領的兵本來不多，攻守都難操勝算。當時人心張皇，意見不一，故城終未關，任人逃避。先生（許南英）也有意等城內人民避到鄉間以後，再請兵固守。」〔註77〕八月，劉永福有意與日本和議，又令臺南城解嚴，許南英只得聽命。和議不成，打狗、鳳山相繼失守。九月初二日，安平砲臺為日軍佔領，大局已去。城中紳商都不以死守為然，力勸許南英解甲。許南英將私蓄現金盡數散給部下，幾個弁目把他送出城外。九月初三，日軍進入臺南城，懸像遍索許南英，在不得已之下，許南英在九月初五由鄉人送到安平港，再由漁人用竹筏載他上船。日人上船搜索了一遍，也沒把他認出來，許南英內渡到廈門。洪棄生《寄鶴齋詩話》卷七論曰：「即當時建議抗敵諸君，如臺南許南英等，……亦多堅守不移，至兵臨城下，始潔身內渡。……視先時棄軍而遁諸君，事權不

民國78年4月），頁82。

〔註75〕見許贊堃：〈窺園先生詩傳〉，頁236。另外，吳德功：《讓臺記》（臺灣省文獻委員會，民國81年5月），頁137。文中也述及此事，更可看出時局之難為：「設籌防局，以兵部郎中許南英、分（？）部郎中陳鳴鏘為局長，分五段籌防。……時南路土匪蔓延，使許南英帶勇平之，但糧餉支絀，以陳鏘鏘為糧臺，籌措軍需。」

〔註76〕施士洁：〈許允伯六豔開九雙壽〉（《後蘇龕合集》），頁417。「歲乙未，割臺事起，侯與劉公永福軍於瀛南。」

〔註77〕〈窺園先生詩傳〉，頁237。

及而氣概過之萬萬。」〔註78〕

（七）浪遊時期

在廈門少住，許南英便到汕頭桃都，投靠許子榮、子明兄弟，並接受他們的建議，到南洋換換生活，事實上，也就是去尋訪當地的豪富宗族，以求經濟的援助。家眷則暫時安頓在桃都宗祠旁的別莊裡。新加坡之行不順利，許南英在新加坡、曼谷等地漫遊了兩年。最後，是在家人的催促之下才回國的。在新加坡時，他受到宗人許秋河熱情款待，並且接受許秋河的建議，回國後就投入仕途。

（八）仕宦之途

從新加坡回國，因囊金蕩盡，家計窘困，逼迫著許南英走上宦途。他到北京投供吏部，自請開去兵部職務，降換廣東即用知縣，加同知銜。

光緒二十三、二十四兩年間，許南英幫廣州知府周桂午、番禺縣令裴伯謙評閱府、縣試卷。光緒二十五年，隨潮州鎮總兵黃和庭到惠、潮、嘉一帶辦理清鄉事務。光緒二十六年，廣州知府陳省三委聘他總校廣州府試卷；接著又委充佛山汾水稅關總辦。光緒二十七年，再委調鄉試閱卷官。

光緒二十八年，委署雷州徐聞縣，這是許南英首次任地方官。徐聞位於雷州半島南端，縣僻事簡。當地貴生書院山長楊鐸堂退任後，許南英改書院爲徐聞小學堂，選縣中生員入學。徐聞鄉紳見許南英熱心辦學，遂聘他爲掌教。許南英以縣官兼書院掌教，可見他對教育的重視。他與學生多有接觸，對縣中人情風俗很能了解，當地紳民都愛戴他。〔註79〕

〔註78〕見該書，頁140（南投臺灣省文獻委員會，民國82年5月）。關於許南英內渡一事，洪棄生：《瀛海偕亡記》（南投臺灣省文獻委員會，民國82年5月），頁22。亦有提到：「臺灣之迎日軍者，無甲乙科人，亦無士籍。甲科若施士洁，若許南英，均襄助劉永福餉事，時事去則己亦去。」「時事去則己亦去」一言，略有責意，但也充分表達他深知時局之難爲，施、許在「時事去」後乃「去」，亦已竭盡心力了。

〔註79〕同註76。「邑有徐聞者，……侯以鍾皓、林慮之長，爲尹鐸、晉陽之障。莅政伊始，親民如傷，朱元晦倉乃常平，劉善明田能贖命。徐人曰：『衣衣我，食食我，風風人，雨雨人。』！偏災以寧，頌聲斯作。邑鄰廣州灣，法人於此爲招誘華工之計。侯曰：『馮夏威既拒夷約，孫銘仲復崇人道，矧予在官，而敢不勉？』徐人迄今頌父母焉。」這段文字或許有頌美之意，但可看到許南英在徐聞任上諸多作爲。《徐聞縣志職官志》（成文出版社，《中國方志叢書》第183號），頁387。在許南英名下記著：「二十八年任，愛民重士，著有政聲。」

　　光緒二十九年，許南英卸除徐聞縣任，特授廣州三水縣，尙未赴任，因廣東鄉試，被調入內廉，試畢，即委赴欽州查辦重案。回省消差後，因許南英善治盜，而陽春、陽江連年鬧匪，乃又緩赴三水縣本任，調署陽春縣知縣。在陽春視事僅六個月，對於匪盜剿撫兼施，功績甚著，改調陽江軍民同知兼辦清鄉事務。這時是光緒三十年。

　　許南英在陽江三年的時間裡，與陽江游擊柯壬貴會剿土匪，屢破賊巢，〔註80〕因此而受賞花翎四品頂戴。許南英在陽江又推展新政，最重要的是派遣學生到日本留學，造就專門人才；〔註81〕又改濂溪書院爲陽江師範傳習所，培育各鄉小學教員；〔註82〕還創辦地方巡警〔註83〕及習藝所。光緒三十二年，陽江改爲直隸州，領陽春、恩平二縣。〔註84〕光緒三十二年三月，許南英應紳民之請，擬抽陽春西山入境木捐，以充勇費，解決地方盜患問題，由於府派查辦委員性卞急，引致木商群起抗爭，又糾眾罷市，俟參將柯壬貴自恩平馳回，眾始遵諭。〔註85〕七月初五，許南英正下鄉公幹，何姓游擊也因事離城，習藝所罪犯突破獄門，挾持莫姓所長逃亡。這件事本應由所長及游擊負責，因爲許南英身兼清鄉總辦，不能常駐城中，游擊便應留守，事發時，游擊不在，沒人援救。許南英次日趕回，將詳情申報上司，但對於游擊及所長瀆職事並未說明，遂被開去三水本任，撤職留緝；三個月內，許南英捕緝過半的逃亡罪犯回來。〔註86〕光緒三十二、三十三兩年，可說是許南英宦途最不得意的時期，他因此自號「春江冷宦」。後來，許南英得知越獄主犯

〔註80〕　許南英與陽江縣參將柯壬貴剿石梯土匪廖倫，事記載在《陽江志》卷二十（成文出版社，《中國方志叢書》第 190 號），頁 1007。

〔註81〕　《陽江志》卷三十七，頁 1778。「三十一年八月，選派紳士游歷東洋。時廳丞許南英奉兩廣學務處札行，照會在籍翰林院編修姜自騊等籌議，派出舉人何銓謳、陳德鑫，廩貢生教昌禮，附生教昌發、教梓齡、梁錫琯等凡六人。」

〔註82〕　《陽江志》卷十八，頁 891～892。「學務公所：光緒三十一年，同知許南英立。」、「師範傳習所：光緒三十一年，同知許南英立，以濂溪書院爲校舍。」、「初等小學堂：光緒三十二年，同知許南英立，初設於濂溪書院，旋移於明倫堂。」

〔註83〕　同註81，頁 1781。「（光緒三十二年）八月朔設巡警局。先是四月間，委員蔡國英會同廳丞許南英籌辦城中巡警，至是成立。」

〔註84〕　《陽江志》卷一，頁 63。

〔註85〕　同註81，頁 1779。

〔註86〕　同註81，頁 1780。此事是發生在 5 月 21 日。許南英緝捕獲犯過半後復官。而逃出之盜犯怙惡不悛，擾害地方數年未已。

的下落，也知道他們已經有了一份職業，有人勸他請省府移文逮捕歸案，但許南英說：「上天有好生之德，我所以追捕逃犯，是怕他們出去仍爲盜賊害民。現在他們既有了職業，當要給他們自新的機會，何必再去捕殺他們呢！況且我已爲他們擔了處分，不忍再藉他們的血來堅固自己的職位。任他們自由吧。」〔註87〕

　　光緒三十三年五月，許南英赴三水縣任。任上三年時間裡，力除秕政，舞弊頓減。「邑匪陸蘭清聞其至，兔無三窟之恃，鼠有五技之窮，始革面而洗心，終畏威而懷德，而三水遂稱治最焉。」〔註88〕當地鄉紳有豢養世奴的陋習，許南英嚴禁販賣人口，又要他們解放群奴，因此與多數紳士不協，辦事甚爲棘手。後來，又爲公事得罪幾個巨紳，許南英便想辭職。適逢調派電白縣，乃卸事回省。

　　許南英將就新任時，武昌革命軍起義，閩、粵兩地多所響應。這時，許南英友人電召他回漳州，並推舉他爲革命政府民事局長。不久，南北共和，民事局撤銷。許南英退居福建省海澄縣屬海滄墟。

（九）民國時代

　　民國成立，許南英身無職務，在臺灣親友的邀請下，許南英帶著贊牂、贊能回臺，處理尙有的產業。回臺的這一段時間裡，與南社社友雅聚聯吟，寫下許多詩篇。

　　民國二年，同年舊友張元奇聘請他任龍溪縣知事，卻因他禁止私鬥和勒拔煙苗，爲當地豪紳所忌，誣控他侵占公款；許南英卸職請求查辦，省府查無其事，許南英也因此決計不再從政了。

　　民國四年，林爾嘉聘他入菽莊吟社，每月給予津貼若干，不過，許南英窘困的經濟仍無改善。有人勸他再去謀官職，舊友彭華絢也函召他到廣州任職，但是許南英因不願食人之報終不肯去。

　　民國五年，許南英應廈門日本領事的邀請，回臺參加「臺灣勸業共進會」的活動，並再與舊友相聚。在遊關嶺時，輕便車出軌，許南英受了傷。同年，林爾嘉推薦他到蘇門答臘棉蘭，爲華僑市長張鴻南編輯服官三十五年事略，

〔註87〕 許贊堃：〈窺園先生詩傳〉，頁 242。但據《陽江志·雜志》，頁 1780 所記：「逃出之盜犯如利阿磨等怙惡不悛，擾害地方數年未已。」則許南英這份善意被辜負了。

〔註88〕 同註76，頁 418。

許南英在九月初九日搭船前往。

（十）棉蘭異域

在棉蘭時期，因為工作報酬多少沒有說明，許南英無法預估開銷，又因隻身旅行，時念鄉里，再加上要為兒女籌措學費、嫁資，種種煩惱使許南英精神大為沮喪，抱病編完《張君事略》，急著要回國，不巧歐戰開打，船期無定。許南英縱飲，又吃水果過多，得痢疾，在民國六年十一月十一日丑時病逝。林景仁及棉蘭友人將許南英遺骸葬在該地。許南英孤清長眠，一直到民國二十二年年底，許贊堃到印度，特地繞道蘇門答臘棉蘭城，才得以親自拜掃父墓。當地居民稱許南英墓為「詩人之墓」。

胡殿鵬〈追悼會魁許蘊白〉〔註 89〕詩，表達出對許南英的追懷及崇仰，現將詩內容引述於下：

> 一麾猶見百花魁，出世詞臣曠世才；
>
> 經緯文武光遠代，雄奇詩畫照三臺。
>
> 魯連蹈海言何壯，蒼葦呼天事可哀！
>
> 零落南宮傷老大，更無人問故園梅。

第二節　許南英年譜

清文宗咸豐五年乙卯（西元 1855）　一歲

【事蹟】

十月初五日子時（國曆十一月十四日）先生生於臺灣府城西定坊武館街。

【時事】

淡水閩、粵分類械鬥未息。

林房、王獅起事。

施士洁生於是年十二月十九日（與蘇東坡同月日）。

陳望曾三歲。

張鴻南四歲。

〔註 89〕吳幅員編：《臺灣詩鈔》卷十八（南投臺灣省文獻委員會，民國 86 年），頁 349。

清文宗咸豐六年丙辰（西元 1856） 二歲

【時事】

美艦入基隆。

清文宗咸豐七年丁巳（西元 1857） 三歲

【事蹟】

四弟南雅生。

【時事】

日本策動討略臺灣之議。

鄭用錫組「斯盛社」，爲竹塹詩社濫觴之一。

清文宗咸豐八年戊午（西元 1858） 四歲

【時事】

英人與臺灣政府訂約購買樟腦。

二月初七，鄭用錫卒于新竹，享年七十有一。

清文宗咸豐九年己未（西元 1859） 五歲

【事蹟】

適諸兄出就外傅，先生涕泣欲從之；父特齋公乃爲開發，教以唐詩，便能成誦。

【時事】

五月，英艦攻大沽砲臺，擊卻。

清文宗咸豐十年庚申（西元 1860） 六歲

【事蹟】

遷居於南門東安坊延平郡王祠、馬公廟附近，先生父親特齋公關住宅四圍空地爲「窺園」，〔註90〕並在自宅中開館授徒。

十月初五日，父特齋公歿。

從陳良玉受業。

〔註90〕 許贊堃：〈窺園先生詩傳〉，頁 234。馬公廟即在延平郡王祠旁邊；而館舍名爲「窺園」，乃取董仲舒「下帷講誦，三年不窺園」的意思。

【時事】

　　普魯士船額魯伯號攻擊臺灣南部生番，被沈。

　　依天津條約，開安平、打狗（即今高雄）〔註91〕、淡水、基隆港為商埠。

清文宗咸豐十一年辛酉（西元 1861）　七歲

【事蹟】

　　從許鳳儀受業。

【時事】

　　彰化戴潮春起事。〔註92〕

　　設全臺釐金局，歸臺灣兵備道管轄。

清穆宗同治元年壬戌（西元 1862）　八歲

【事蹟】

　　從鄭永貞受業。

【時事】

　　十月，頒全臺團練之制。

清穆宗同治二年癸亥（西元 1863）　九歲

【事蹟】

　　從葉崇品受業。

【時事】

　　開採基隆煤礦。

　　冬，臺灣兵備道丁日健以兵至竹塹；福建陸路提督林文察亦至，遂復彰化，斬戴潮春，餘黨漸平。

清穆宗同治三年甲子（西元 1864）　十歲

【時事】

　　福州稅務司准洋人開採雞籠之煤。

〔註91〕安倍明義：《臺灣地名研究》（臺北武陵出版公司，1996 年 9 月），頁 213。
〔註92〕〈先生自定年譜〉原記為咸豐七年（1857），今依連橫：《臺灣通史》（台北眾文圖書股份有限公司，民國 83 年 5 月）、郭廷以：《臺灣史事概說》（台北正中書局，民國 82 年 11 月）二書所記。

本年，林占梅于新竹潛園時開「潛園文酒之會」。

丘逢甲生。

清穆宗同治四年乙丑（西元 1865） 十一歲

【事蹟】

妻子吳慎生。

【時事】

英人鼓吹種植臺灣茶葉。

倫敦長老教會始派牧師至府治傳教。

陳鳳昌生。

清穆宗同治五年丙寅（西元 1866） 十二歲

【時事】

英多夫艦在南岬附近被生番襲擊。

十一月，葛瑪蘭羅東分類械鬥。

清穆宗同治六年丁卯（西元 1867） 十三歲

【時事】

美船魯阿號漂泊至臺灣南岸，船員為土番殺害。美領事向清廷交涉，由番目謝罪了事。

英遣二艦襲南岬附近之番人。

許外國人入臺灣內地採買樟腦。

十一月，雞籠頭（基隆舊名雞籠）大地震，金包裡（今金山附近）〔註93〕沿海山崩、海漲，人民財產損害甚鉅。

清穆宗同治七年戊辰（西元 1868） 十四歲

【時事】

日本明治即位，銳意維新。

洋人米利斯請開拓南澳番地。

頒布臺灣鹽制，設鹽務總局及附屬機關。

〔註93〕同註91，頁 111、115。

十月二十九日，林占梅卒于新竹，享年四十有八。

清穆宗同治八年己巳（西元 1869）　十五歲

【時事】

安平洋商與安平協練兵弁衝突，英遣兵襲赤嵌城。

九月初五日，陳維英逝世，享年五十九。

汪春源生。

清穆宗同治九年庚午（西元 1870）　十六歲

【事蹟】

就童子試，伯父亦輝公喜曰：「讀書種不絕矣！」

【時事】

許開採基隆煤礦。

設通商總局，徵茶、樟腦釐金及雞籠煤釐。

楊浚應淡水同知陳培桂之聘來臺修《淡水廳誌》，九月，書成，凡十卷。

鄭用錫《北郭園全集》刻成。

衡陽南嶽沈琇瑩（琛笙）出生。

清穆宗同治十年辛未（西元 1871）　十七歲

【時事】

琉球人民漂泊至臺灣東岸，為牡丹社生番殺害五十四人，是為牡丹社事件。

設臺北府。

林豪之《淡水廳志訂謬》成。

清穆宗同治十一年壬申（西元 1872）　十八歲

【時事】

日本樺山資紀入臺灣內地探險。

日本初派領事至中國，以福州領事兼理廈門、淡水事務。

設基隆海防同知於基隆港，管理煤業。

八月，澎湖暴風、降鹹雨，人民饑困異常。

清穆宗同治十二年癸酉（西元 1873） 十九歲

【事蹟】

伯兄梓修公（許南華）為臺灣府史。仲兄炳耀（其燦）在大穆降辦鹽務。時家用日絀，先生有從商意，欲隨二兄炳耀往大穆降學鹺務。詔安謝憲章見先生文，極為嘉許，勸再就學，乃從謝先生受業二年。當時所往來的都是教「大館」的塾師，學問因此大進。

【時事】

日本因前年臺灣生番殺害琉球人事，派全權大使向清廷交涉，不得要領。

日本備中小田縣漁民漂泊至臺灣東部之成廣澳，被番人劫掠。

清穆宗同治十三年甲戌（西元 1874） 二十歲

【時事】

日本藉牡丹事件，由西鄉從道率征臺軍攻臺灣，清政府承認賠償日本損失，始遣歸。

沈葆楨視師臺灣，事平；請於臺灣分南、中、北三路兵，進攻番地，開山築路。廷議照辦，設「團練總局」。

十月，詔建明延平郡王鄭成功祠，追諡「忠節」，以明季諸臣百十四人配，從臺灣人士之請也。〔註94〕

春，陳望曾中為三甲第六十九名進士。

邱煒萲生。

清德宗光緒元年乙亥（西元 1875） 二十一歲

【時事】

設卑南廳、恆春縣、淡水廳、新竹縣，改噶瑪蘭縣為宜蘭縣。春、冬二季，以福建巡撫分駐臺灣。

解人民入番地之禁。

淮軍提督唐定奎討獅頭社生番，不利。

〔註94〕 更詳細地說，奏請敕建專祠、追諡之請是在同治十三年（1875），奉准建祠、追諡「忠節」，則已是光緒元年（1876）的事了。今臺南延平郡王祠內，有一「光緒元年正月初十日」剞刻之匾額所記：「……所請准於臺灣府城建立專祠並予追諡以順輿情……」可為證明。

宜蘭西皮、福祿兩黨相鬥。

林爾嘉生。

清德宗光緒二年丙子（西元 1876）　二十二歲

【事蹟】

二兄炳耀卒。

【時事】

福建巡撫巡視臺灣。

春，討太魯閣生番。

春，施士洁中爲三甲第二名進士。

《訓番俚諺》成。

建鳳山試院。

清德宗光緒三年丁丑（西元 1877）　二十三歲

【事蹟】

吳樵山卒，遺書以三女（諱愼）字先生。〔註 95〕

【時事】

恆春縣周有基等探紅頭嶼。

丘逢甲應童子試，受知於臺撫兼學使丁日昌，得贈「東寧才子」印一方。

清德宗光緒四年戊寅（西元 1878）　二十四歲

【事蹟】

廣儲東里林家聘爲教師，脩金百元。

在「窺園」裡設學塾，名爲「聞樨學舍」。當時最常往來的親友是陳鳳昌、王漢秋、施士洁、丘逢甲、汪春源、陳望曾、陳日翔等人。〔註 96〕先生

〔註 95〕許南英：〈輓吳樵山外舅〉（《窺園留草》），頁 2。詩中附註：「外舅於丁丑九月二十二日尚過『窺園』，坐談半日；二十六日而訃至。」又云：「外舅遺書以三女字余。」

〔註 96〕同註 90，頁 235。在這些常來往的親友中，許贊堃還提到許南英的岳父吳樵山，這應是許贊堃弄錯了，因爲吳樵山已在「聞樨學舍」設立的前一年過世了。這一點，林文龍：〈臺灣兩會魁〉（《臺南文化》，第 34 期，民國 81 年 12 月），頁 13、以及汪毅夫：《臺灣近代文學叢稿·臺灣近代文學史事編年》（福建海峽文藝出版社，1990 年 7 月），頁 134 已明白提出。

於此時開始他的詩人生活。

【時事】

獎勵番民之撫育及番地之開墾。

討伐臺東加利苑及阿眉生番。

謝憲章卒於是年端陽日。

謝瑞林生。

連橫生。

清德宗光緒五年己卯（西元 1879） 二十五歲

【事蹟】

入邑庠，撥府學第二名。

【時事】

日本發艦取琉球，改沖繩縣。

福建巡撫勒方錡巡視臺灣。

建淡水縣儒學。

《臺灣地輿圖》成。

《化番俚諺》成。

清德宗光緒六年庚辰（西元 1880） 二十六歲

【事蹟】

科考、歲考均列一等。

【時事】

建臺北府儒學考棚及登瀛書院。

討伐水沙連化生番。

清德宗光緒七年辛巳（西元 1881） 二十七歲

【事蹟】

娶吳樵山三女慎為室，夫妻感情直至命終極其融洽。

【時事】

福建巡撫岑毓英巡視臺灣。

改「團練總局」為「培元總局」。

討伐臺東平埔生番。

臺南哥老會員謀起事，獲首謀者二人，殺之。

七月，澎湖暴風、降鹹雨，滿野如洗。

清德宗光緒八年壬午（西元 1882） 二十八歲

【事蹟】

蔡綺卿部郎聘爲教授，脩金三百元；合書院膏伙，約得四百元。

秋，與林致和、邱君養、王漢秋遊榕城鼓山，並寫〈鼓山紀遊〉一詩。

【時事】

七月，朝鮮內亂，日本干預，我助定亂，而許日駐兵。

臺北城修竣。

九月，兵備道劉璈查勘新開道路及撫番事宜。

九月，林鶴年、蔡國琳中爲舉人。

清德宗光緒九年癸未（西元 1883） 二十九歲

【事蹟】

科試一等。

六月，母藍氏卒。當暑，入山覓穴。至十月間，始葬於二甲灣仔坪。葬時與吳姓興訟，臺灣縣沈江梅司馬往勘，堂結息案。

【時事】

我遣兵安南拒法。

法越構釁，詔令各省籌辦防務。兵備道劉璈議劃全臺爲五路，酌派五軍，分其責成，並辦水陸團練，籌款募兵，以爲戰備。

築砲臺於西嶼。

清德宗光緒十年甲申（西元 1884） 三十歲

【事蹟】

長男叔西（贊書）生。

甲申以前存七絕五首、五絕四首、七律二首、五古一首，計十二首。

【時事】

法軍封鎖臺灣。

五月，以直隸陸路提督一等男劉銘傳任福建巡撫，治軍臺灣。

八月，法軍砲擊基隆。

九月，法軍占領基隆。

十月，法艦陸戰隊占領淡水。

討伐牽芒生番及東勢角方面之北勢番。

改「培元總局」為「團練總局」。

清德宗光緒十一年乙酉（西元 1885） 三十一歲

【事蹟】

服闋，中鄉科解元童其峻榜下第四十一名，出張蘊松門下。鄉試硃卷上，閱卷試官批有「氣韻沈雄，經策條暢，詩亦可取。」等字樣。

存七絕二首、七律八首，計十首。

【時事】

二月，我出兵安南，敗法軍，中法講和，許安南屬法。

三月，中法講和，法軍退出臺灣。

九月，馬萊社番亂，討之。

十月，唐景崧授臺灣兵備道。

立臺灣行省，設臺北、臺灣、臺南三府，增設雲林、苗栗二縣及臺東直隸州，改原臺灣府為臺南府、臺灣縣為安平縣，置臺灣府於今之臺中。

以劉銘傳為臺灣巡撫，臺政大加整頓。

清德宗光緒十二年丙戌（西元 1886） 三十二歲

【事蹟】

初到北京會試，因對策陳述國家危機所在，文章過於傷感，考官不敢錄取。

會試報罷，仍在蔡綺卿家教讀。所教導之蔡應臣得縣試前茅。

存七絕二十二首、五絕一首、五律九首，計三十二首。

【時事】

春，英併我屬國緬甸。

擴張臺灣兵備，修築砲臺，設「善後局」及「機器局」於臺北。

設「電報總局」，架設全島及福州電線，兼辦「電報學堂」。

設「清賦局」，著手丈量全島田畝。

設「撫墾局」及「番學堂」。以太常寺少卿林維源爲全臺幫辦撫墾大臣。

頒布「隘勇制」。

建「蓬壺書院」於臺南城。

七月，巡撫劉銘傳討伐生番失利，與番人議和，撤兵。

春，徐德欽（仭千）中爲第三甲第一百零一名進士。陳日翔考得中書。

唐景崧聘進士施士洁任海東書院山長，並從臺灣士子中選送丘逢甲、許南英、汪春源等人入海東書院就讀。施士洁沿續前賢「以賦詩雜作相與切磋」的傳統教學，因而形成書院制藝之學之外的「東海文章」的特色。〔註97〕

清德宗光緒十三年丁亥（西元 1887）　三十三歲

【事蹟】

因公車同寓都門，得識呂汝修於臺南試寓。

認識臺南歌妓吳湘玉，由憐生愛，屢想爲她脫籍。

遊臺南城外五妃墓、法華寺、夢蝶園、延平郡王祠等古蹟，並有詩作。

存七絕十九首、五絕十三首、七律十一首、五律三首、七古三首、五古一首，計五十首。

【時事】

建臺灣巡撫衙門。

著手敷設臺灣鐵路。

計畫購買車輪船，航行內地及南洋。

設「礦腦總局」，歸巡撫直轄。

創立「西學堂」。

建「英才書院」於苗栗。

討伐東勢角生番。

彰化施九緞以丈費故，糾眾圍城，平之。

秋，臺灣巡撫唐景崧招丘逢甲於幕府佐治。

〔註97〕劉登翰等著：〈施士洁與「東海文章」諸家〉《臺灣文學史》，福州海峽文藝出版社，1991 年 6 月），頁 252。文中説到「東海文章」諸家的共同特色是：多以〈羅漢腳〉、〈草地人〉等爲題的新樂府創作，並且這些創作中所記皆臺灣民情風俗，又以方言俚語入詩。

清德宗光緒十四年戊子（西元 1888） 三十四歲

【事蹟】

長女葵花生。

冬，赴京。

【時事】

羅大佑任臺南知府，未幾卒於任。

設基隆、埔里社二廳。

討代平埔生番。

六月，唐景崧編就《請纓日記》。

秋，丘逢甲赴福州應鄉試，中式三十一名舉人。

清德宗光緒十五年己丑（西元 1889） 三十五歲

【事蹟】

再次赴京會試，仍以言論傷時被放。

吳湘玉病逝，先生將其葬在臺南南門外荔枝宅。

納湘玉婢吳遜為妾。

存七絕六首、七律四首、七古一首，計十一首。

【時事】

巡撫劉銘傳請福建水師赴臺，水陸合攻南澳生番，不利，終於撤兵。

討代老狗番、大料崁方面及臺東呂家望之生番。

建臺灣府（臺中）城。

建臺灣府儒學及考棚於臺灣城內。

建宏文書院。

唐景崧修葺道署斐亭，成立斐亭詩社。〔註98〕

正月，丘逢甲赴北京會試，中式八十一名進士，無意仕途，告假回里省親。

〔註98〕 連橫：〈臺灣詩社記〉（《雅堂文集》，南投臺灣省文獻委員會，民國 81 年 3 月），
頁 98。「光緒十五年，灌陽唐景崧來巡是邦。道署有斐亭，景崧葺而新之，輒
邀僚屬為文酒之宴。」而汪毅夫以為此說年代錯誤，唐氏創立斐亭應在光緒
十二年，在其所著：《臺灣近代文學叢稿‧後蘇龕合集札記》，頁 16、17 有詳
細論證。因非本論文主題，僅列於此以供參考。今依據連氏說法。

清德宗光緒十六年庚寅（西元 1890） 三十六歲

【事蹟】

再次入京赴試，中會試恩科會元夏曾佑榜第十八名。〔註 99〕欽點主事，籤分兵部車駕司，加員外郎銜。

叔甲生。

十二月，請假回籍。

與鄉民合稟請建呂祖宮。

存七絕九首、七律三首，計十二首。

【時事】

二月，日本駐福州領事上野專一來臺考察，歸著一論，謂臺灣物產之富、礦產之豐、一切日用之物無所不備，誠天與之寶庫也。然以臺灣政治因循姑息，貨置於地，坐而不取，寧不可惜。若以東洋政策而論，則臺灣之將來，日本人不可不為之注意也。

正月，蘇澳番亂，劉銘傳自將平之。

基隆鐵路工人於八堵發現沙金。

劉銘傳辭職，以沈應奎代理巡撫事務。

丘逢甲主講臺中府衡文書院、臺南府羅山書院、嘉義縣崇文書院。並兼任全臺通志採訪師。

清德宗光緒十七年辛卯（西元 1891） 三十七歲

【事蹟】

臺南官紳會舉先生管理「聖廟樂局」事務，並成立「以成書院」，由先生任社長。〔註 100〕

安平縣令陳步梯（子岳）聘先生掌蓬壺書院，因先生要辦理墾土化番的

〔註 99〕 夏增佑為現代作家夏元瑜之父。見高陽：〈「古今同一烤」拾遺〉《高陽雜文》，臺北遠景出版社，民國 82 年），頁 75。「夏元瑜先生尊人別士先生，名增佑，光緒十六年庚寅恩科會元，殿試二甲入翰林。」

〔註 100〕 盧嘉興：〈記臺南府城詩壇領袖趙雲石喬梓〉《臺灣文獻》，第 26 卷第 3 期，民國 64 年），頁 79。「光緒十七年，樂局職員工部郎中陳鳴鏘恐聖廟雅樂的淪亡，獨力發起重整文廟樂局，經聘王知縣的少公子，俗稱王老五為樂師，林協臺的公子叫林二舍做顧問，邀請臺南府城各文士到他家習樂，並推舉進士許南英為社長，稱為以成書院。」又，《臺南市志‧文教志》，頁 3506，也記載了這件事。「以成書院」今仍設於臺南孔廟裡。

事業，推辭未就；轉薦蔡國琳孝廉。先生每深入番社，山裡的番、漢人多認識他。

叔壬（贊元）生。

存七絕八首、七律五首、五律五首，計十八首。

【時事】

以邵友濂為臺灣巡撫，縮小積極政策。

討伐牡丹社番人。

秋，大料崁五指山番亂，討之。

臺灣鐵路由基隆至臺北一段築成。

設「臺灣通志總局」，大蒐史料。

本年，唐景崧升臺灣布政使，移駐臺北。

唐贊袞作《臺陽見聞錄》。

清德宗光緒十八年壬辰（西元1892）　三十八歲

【事蹟】

叔午（贊牂）生。

【時事】

討伐率芒番人。

臺北建「欽差行臺」。

九份山發現金礦，特許林英芳採掘。

陳文騄（仲英）任臺灣知府，旋遷臺灣兵備道。

林鶴年再度來臺，寓於臺北，其子林景商（輅存）偕行。

清德宗光緒十九年癸巳（西元1893）　三十九歲

【事蹟】

叔丑（贊堃）生於窺園，號地山，筆名落花生。

叔甲殤。

【時事】

建「明道書院」於臺北，「崇基書院」於基隆。

《澎湖廳志》成。

正月，臺北牡丹詩社成立，並於本年刊行《詩畸》。本年，唐景崧《請纓

日記》刊行，書前有丘逢甲所作之序。

林景仁生。

清德宗光緒二十年甲午（西元 1894） 四十歲

【事蹟】

春，唐巡撫聘先生入「臺灣通志總局」，協修《臺灣通志》，凡臺南府屬的沿革、風物，都由他彙纂。〔註101〕

中日開戰，改「臺南採訪局」爲「團練局」，施士洁協同先生募勇二營，先生被舉爲統領。〔註102〕

臺南附近番匪劉烏和作亂，一重溪、荣寮、拔馬、錫猿、木岡、南莊、半平橋、八張犂諸社都不安靜，先生率兵蕩平以後，分兵屯防諸社。

四弟南雅卒。

存七絕一首、七律四首，計五首。

【時事】

我國因朝鮮東學黨內亂，與日本開戰，我師大敗於豐島。沿海戒嚴。七月，中日宣戰，八月，我陸軍大敗於平壤，海軍大敗於大東溝，十一月，遼東要地全陷於倭。臺灣爲海疆要地，清廷命福建水師提督楊歧珍、南澳總兵劉永福率師來，以臺北爲省會。

設南雅廳。

各廳縣採訪冊成。

以唐景崧代理巡撫事務。

臺灣兵備道陳文騄作〈感時示諸將〉七律四首，慷慨激昂，情詞感人，一時和者甚眾，許南英、蔡國琳、施士洁等均有和作。

〔註101〕 伊能嘉矩：〈臺灣通志及州廳縣采訪冊〉（《臺灣文化志》，臺中臺灣省文獻委員會，民國74年12月），頁279。「《安平縣采訪冊》之纂修者未詳其名，或謂乃深通經史之舉人蔡國琳所修。」這樣的說法和〈先生自定年譜〉、〈窺園先生詩傳〉中所記有所出入；但因戎馬倥傯，書帙已湮滅，也無法得知究竟。

〔註102〕 汪春源：〈窺園留草〉序「亡何割臺禍起，……君與臺同仇戮力，……」施士洁：〈窺園留草〉序「尋值甲午中東之役，乙未廷旨割讓臺灣，倉葛大呼，王人不服；允白與吾黨諸子枕戈泣血，連結豪帥，敵愾同仇，……」以及施士洁：〈同許蘊白兵部募軍感疊前韻〉（《後蘇龕合集》，臺灣省文獻委員會，民國82年9月），頁71。這三處都記述了：先生在危急之際接受重任，爲臺灣前途努力。

清德宗光緒二十一年乙未（西元1895） 四十一歲

【事蹟】

三月，先生任籌防局統領，仍然屯兵番社附近諸隘。

四月，聞基隆告急，先生率團練北行；至阿里關，冒瘴得病。聞臺北已失，乃趕回臺南。劉永福出海到安平港佈防，命先生守臺南。

八月，嘉義失守，劉永福命臺南解嚴，先生只得聽命。

農曆九月初二日，安平砲臺被佔，城中紳商都不以死守為然，力勸先生解甲。因為兵餉被劉永福提走，先生遣散積產五萬餘金與部下。

農曆九月初三日，日兵入臺南，懸像遍索先生，鄉人匿之於城外田莊。

初五日，鄉人將先生送到安平港，漁人以竹筏私送先生出安平港，乘船內渡。日人登船搜索不得。

先生先到廈門少住，再轉向汕頭，投宗人子榮、子明兩位先生，暫棲身於距鮀浦不遠的桃都。後接受許子榮昆季的規勸，到南洋去換換生活，先生乃南走新加坡、暹羅。在新加坡時，受到宗人許秋河的款待及幫助。

先生在廈門時，會識了邱煒萲。〔註103〕

許子榮昆弟將先生全家從臺灣接到桃都。

叔未（贊能）生。

叔丁（贊喬）生。

存七絕十五首、七律二十五首、五律七首，計四十七首。

【時事】

正月，日軍陷威海衛，我北洋軍全滅。二月，我陸軍主力亦全潰。日軍又陷澎湖。

二月，與日本議和，三月，簽訂馬關條約，割讓臺灣、澎湖、遼東，賠兵費二百兆兩。四月，在京應試之臺灣舉人汪春源、羅秀惠等上書督察院。接著，汪氏等人又參加康有為發起的「公車上書」。

巡撫唐景崧、提督劉永福等嚴防水陸師反抗日本，命各處團練、漁團戒嚴。

四月，臺灣紳民倡立「臺灣民主國」，舉唐景崧為大「伯理璽天德」，守

〔註103〕邱煒萲：《五百石洞天揮麈》（上海古籍出版社，續修四庫全書集部1708冊，2002年），頁175。「臺灣許允白進士南英，初不相識。……丙申，余來星洲，君亦以訪親踵至。」

臺北，劉永福爲幫辦大臣守臺南，丘逢甲爲義勇大將軍守臺中。製藍地黃虎旗，於農曆五月初二日成立臺灣民主國，定年號爲永清。

六月，清遣李經方與日本臺灣總督樺行資紀會見於基隆港外芝罘，授受臺、澎諸島。

大伯理璽天德唐景崧棄職逃入德船，從淡水走廈門。日本兵入臺北。六月十七日，日臺灣總督府在臺北城開始辦公。

湖南易實甫到臺南，與劉永福共商策略，有〈臺舟感懷〉四首、〈寓臺詠懷〉六首，共和者甚多。

日本編南進軍，以臺北東瀛書院爲司令部。

浙江餘姚吳季籛於彰化戰亡。

七月，樺山總督送勸降書於劉永福。

丘逢甲、汪春源、施士洁、林鶴年等人先後離臺內渡，或歸籍或寄籍於閩、粵兩省。

九月，劉永福乘英船逃入內地。九月二日，日兵占領安平砲臺；三日，入臺南城。

十月，孫文、陸皓東等倡革命，謀佔廣州，事敗。

清德宗光緒二十二年丙申（西元1896）　四十二歲

【事蹟】

先生自暹羅至新加坡，與邱煒菱進一步交往。

聘吳獻堂教授兒輩。

存七絕二十二首、七律五首、五律六首、七古一首、五古一首，計三十五首。

【時事】

四月，臺東知州張儀春至總督府投降。

日本任乃木希典爲臺灣總督。

日在臺施行「六三法」。

丘逢甲於廣東淡定村創「心泰平草廬」，名其堂曰「培遠堂」。

清德宗光緒二十三年丁酉（西元1897）　四十三歲

【事蹟】

二月，先生自新加坡回國，囊金蕩盡，迫著先生走上宦途；先寄籍福建

省龍溪縣。入京，自請開去兵部職務，降換廣東即用知縣，加同知銜。是年到廣州稟到，到桃都把家眷帶到廣州，住廣州藥王廟興隆坊。

長兄梓修歿。〔註104〕

吳獻堂回汕頭，改聘徐展雲。

福建海澄邱煒萲刊行《菽園贅談》，先生為作題詞、題詩。〔註105〕

存七絕十四首、七律十四首、五律五首、七古二首、五古一首、四言一首，計三十七首。

【時事】

一月，義民包圍新營莊日警隊。

五月二十七日，依中日和約，臺民限至本日決定其去就，而本日決定撤離臺灣者，計臺北縣一千五百七十四人，臺中縣三百有一人，臺南縣四千五百餘人，澎湖八十一人。

本年，連橫、楊宜綠、謝瑞林、陳渭川等創設浪吟詩社。

清德宗光緒二十四年戊戌（西元1898）　四十四歲

【事蹟】

番禺縣裴伯謙聘分校縣試卷畢，廣州府周桂午委分校試卷。〔註106〕

次女贊花（蟾花）生。

【時事】

五月，德宗用康有為、梁啓超，銳意變法維新。

八月，慈禧囚禁德宗，罷新法，殺六君子，追捕康、梁。

兒玉源太郎任臺灣總督。

是年義民蜂起，日軍亦征各地，擄殺臺民。

臺中櫟社成立，社友凡三人：林痴仙、賴悔之、林幼春。因林痴仙離臺

〔註104〕此項記載和〈送家兄梓修回臺〉、〈己亥春日感興〉、〈重過桃都，贈家子榮子明昆季〉三首詩內容相抵觸。（《窺園留草》），頁51、54。筆者在第四章第三節有說明，請參閱。

〔註105〕今所見《菽園贅談》只有節選本，此資料轉引自劉登翰等著《台灣文學史》（福州海峽文藝出版社，1991年6月），頁257。

〔註106〕許贊堃：〈窺園先生詩傳〉（《窺園留草》），頁240。「丁酉（1897）、戊戌（1899）兩年中，幫廣州周知府與番禺裴縣令評閱府、縣試卷。」和〈先生自定年譜〉中所記：「戊戌年，番禺縣裴伯謙聘分校縣試卷畢，廣州府周桂午委父校試卷。」有出入。

而中止活動。

王漢秋亡。

清德宗光緒二十五年己亥（西元 1899）　四十五歲

【事蹟】

隨潮州鎮總兵黃和庭（金福）行營到惠、潮、嘉一帶辦理清鄉事務。

住長泰里。

存七絕二首、五絕一首、七律十四首，計十七首。

【時事】

一月，《新聞臺灣》發刊於臺南。

十一月，臺南舉行饗老會，兒玉總督親自招待。

清德宗光緒二十六年庚子（西元 1900）　四十六歲

【事蹟】

廣州知府陳省三委總校廣州府試卷。

委辦佛山汾水稅關釐務。

遊海豐五坡嶺、方飯亭。

存七絕二首、七律八首、五律七首、七古一首，計十八首。

【時事】

春，列強承認美國門戶開放、機會均等之宣言，中國暫免被瓜分。

五月，慈禧信任義和團，與各國宣戰，東南各省宣言自保，不奉詔。

六月，八國聯軍陷天津，七月，陷北京，慈禧挾德宗逃西安。

七月，保皇會唐才常等在武漢舉義，事敗。

孫文、史堅如等起兵惠州及謀炸廣州，亦敗。

十一月，與十一國公使在北京議和。

一月，義民襲麻豆辦務署。

二月十九日，日本「臺灣總督府」發束邀請在臺之前清進士、舉人、貢生、廩生一五一人參加「揚文會」，意在籠絡臺灣鄉紳，並於三月十五日在淡水舉行，到會者七十二人。

丘逢甲為粵政府派往南洋，此次南行曾與保皇會諸子及革命志士接洽，行前曾與許南英會面。

清德宗光緒二十七年辛丑（西元 1901） 四十七歲

【事蹟】

由稅關委調省，充鄉試閱卷官，得士七人。

存七絕三十九首、七律六首、五律二首、五古四首，計五十一首。

【時事】

三月，清廷復詔籌變法，惟無誠意。

七月，北京條約成，賠款四萬萬兩，許外兵駐要地。

一月起，日警備隊開始搜殺南縣抗日義民，並於五月起開始剿番。

十一月，兒玉總督招待各地長官及各地臺紳於官邸，發表關於本島殖產興業意見。

十一月，義民圍襲噍吧年郵局。

十月十六日，林鶴年歿于廈門鼓浪嶼怡園。

丘逢甲於汕頭成立嶺東同文學堂，以革命維新鼓勵士氣。

清德宗光緒二十八年壬寅（西元 1902） 四十八歲

【事蹟】

委署雷州徐聞縣知縣。縣僻事簡，適值貴生書院山長楊先生退任，先生改書院為徐聞小學堂；邑紳見先生熱心辦學，乃聘先生掌教，〔註107〕每旬三、六、九日到堂講經史二時。

遷居徐聞寓所。

【時事】

慈禧、德宗由西安回京。

臺中櫟社恢復活動，社員增為九人。

清德宗光緒二十九年癸卯（西元 1903） 四十九歲

【事蹟】

卸徐聞縣任，赴廣州，被調入內簾，閱鄉試卷。

特授廣州三水縣。未赴任回省，委赴欽州查案。

住廣州祝壽巷。

〔註107〕此時貴生書院已改為徐聞小學堂，而許贊堃：〈先生自定年譜〉裡仍稱為貴生書院。

調署陽春縣知縣；赴陽春縣任，僅六個月，因剿撫匪盜功績甚著，調任陽江軍民同知兼辦清鄉事務。

招降巨盜李北海等。

徐展雲病歿，聘倪玉笙。

存七絕十首、七律十八首、五律三首、七古一首，計三十二首。

【時事】

汪春源考中三甲第一百二十名進士。

七月，鄭鵬雲《師友風義錄》刊行。

清德宗光緒三十年甲辰（西元 1904）　五十歲

【事蹟】

調署陽江軍民同知兼辦清鄉事務。時土匪遍地，先生與陽江遊擊柯壬貴會剿土匪，帶兵深入珠環山，剿撫兼施。獲辦土匪數百人，殺盜魁廖倫；罪不至死者，帶回處置。柯壬貴以功授副將，先生受花翎四品頂戴的賞。

移居陽江。

贊書（叔西）為廈門同盟會會長。

贊書聘同年陳日翔長女素，回廈門結婚。

【時事】

正月，朝鮮成為日本保護國。

黃興等謀佔長沙，失敗。

清德宗光緒三十一年乙巳（西元 1905）　五十一歲

【事蹟】

先生在陽江施行新政，設學務公所；創辦「陽江習藝所」；改濂溪書院為「陽江師範傳習所」，以養成各鄉小學教員；派學生往東洋留學，以造專門人材。

存七絕一首、五律一首、五古七首，計九首。

【時事】

謠傳俄國艦隊來襲，五月，臺島施行戒嚴。

秋，孫文、黃興組中國革命同盟會於日本。

王友竹《臺陽詩話》刊行。

清德宗光緒三十二年丙午（西元 1906） 五十二歲

【事蹟】

三月，擬抽陽春西山木捐爲勇費以解決盜患，因承辦委員躁急，引起木商抗爭。

七月初五日，〔註108〕陽江智藝所罪犯越獄，劫監倉羈所犯人同逃。部議鐫級，開去三水本任，撤職留緝；三個月內捕回逃犯過半，於是，准捐復翎頂，回省候委。自號「春江冷宦」。

設立陽江初等小學堂。

八月，設陽江巡警局。

卸陽江同知任。回廣州，住丹桂里。

十二月，委辦順德縣清鄉事務。

兒輩入「隨宦學堂」肄業。

倪玉笙先生病歿。聘韓貢三先生，於學堂功課外，教授兒輩經史。

【時事】

黃興等起革命軍於瀏萍。

七月，下詔預備立憲。

佐久間久馬太代兒玉任臺督。

臺南南社創立，發起人爲連雅堂，社員有趙鍾麒、謝瑞林、陳渭川、鄒小奇、楊宜綠等。

秋，改陽江爲直隸州，領恩平、陽春二縣。

清德宗光緒三十三年丁未（西元 1907） 五十三歲

【事蹟】

移居廣州步蟾坊，再遷九如坊。

委解京餉。

委署三水縣知事。

長女葵花歸同邑黃榮（招贅）。是年冬，歿於家。遺下一子萱兒，由外婆扶養。

贊元入「黃埔陸軍小學」肄業。

〔註108〕依《陽江志》卷三十七，頁 1780 中所記，此事發生於 5 月 21 日。

【時事】

　　革命軍起義於黃岡、七女湖、防城、鎮南關，均敗。

　　五月，光復會徐錫麟刺殺皖撫恩銘。

　　九月，命各省設諮議局。

　　新竹北埔蔡清琳起義。

清德宗光緒三十四年戊申（西元 1908）　五十四歲

【事蹟】

　　赴三水縣任。

　　家眷仍住廣州，許贊堃兄弟在廣州隨宦學堂上學，假日時到三水省親。

　　韓貢三闢六榕寺內官屋數椽為兒輩學塾，顏其舍曰「和梅宿舍」。

　　委辦戶口，限日清查，派員守催，不發公費；先生遂自費八千餘金，辦理其事。

　　存七絕六首、七律六首，計十二首。

【時事】

　　八月，詔定九年開國會。

　　十月，德宗及慈禧先後卒。

　　臺灣縱貫鐵路南北計程二百四十七英里全線通車，舉行慶祝。

　　沈琇瑩到廣州候補兩廣鹽大使，在「聽秋聲館」因打詩鐘而與許南英相識。

清末帝宣統元年己酉（西元 1909）　五十五歲

【事蹟】

　　收服邑匪陸蘭清。

　　捐廉五百金，修理三水縣署「作新堂」。

　　兩度遊歷鼎湖山，並有詩作二首，詞作一闋。

　　臘月，長孫作新生。

　　存七絕二十首、五絕八首、七律二十六首、五律二首、七古一首、五古一首，計五十八首。

【時事】

　　蔡國琳卒于臺南，享年六十有七。趙鍾麒繼任南社社長。

易實甫改任廣東欽廉道，秋，署廣肇羅道。

清末帝宣統二年庚戌（西元 1910）　五十六歲

【事蹟】

三遊鼎湖山。

贊元自黃埔陸軍小學畢業，隨即往東京留學，仍習軍事。

存七絕九首、五絕二首、七律二首、五律十七首、七古二首、五古四首，計三十六首。

【時事】

八月，日併朝鮮。

廣州新軍倪映典受革命黨趙聲之運動，譁變。

九月，咨政院開院，允詔宣統五年開國會。

謝汝銓、林湘沅共創瀛社，洪以南爲社長，謝汝銓爲副社長。

清末帝宣統三年辛亥（西元 1911）　五十七歲

【事蹟】

先生因嚴禁販賣人口，因此與多數紳士不協，辦事甚形棘手；又因公幹得罪幾位巨紳，先生便想辭職。

會特綏電白縣，卸三水縣事。將就任，適革命軍興，先生得友人電召回漳州，被舉爲革命政府漳州民事局長。

贊元投革命軍，並參加三二九之役，事敗被捕，恰巧清軍副將黃培松與許南英有舊，知其爲先生之子時，就秘密將其釋放。

南北共和，民事局撤銷，先生移居到福建海澄縣屬海滄墟，名其宅爲「借滄海居」，生活窘困。「借滄海居」地近市集，不宜居住，次年又遷至龍溪縣屬石美黃氏別莊。

陳日翔邀先生落髮爲僧，或於虎溪巖邊築室隱居，這兩件事都未成功。

冬日，與徐蘊山、胡君湘游漳州南門外南山寺。

先生表弟謝汝銓有菲律賓之行，行前過訪。

存七絕七首、五絕一首、七律二十四首、五律三首、五古一首，計三十六首。

【時事】

三月二十九日，黃興等舉革命軍於廣州，失敗。

七月，川民爭路事益激，命剿辦，遂激變。

九月，湖南、江西、陝西、山西、雲南、江蘇、廣西、安徽、福建等省相繼宣布獨立。

九月十九日，廣東宣布獨立。

九月初，清廷起用袁世凱。

十一月十日，孫文當選為大總統，黎元洪為副。

二十八日，參議院選袁世凱為第二期臨時大總統，黎元洪為副。

春，南社開大會于兩廣會館，全臺文士至者百人。

二月二十八日，梁啟超來臺遊歷，並參加三月四日舉行的臺中櫟社大會。

臺灣發生林杞埔事件、土庫事件。

秋，臺南風暴。

民國元年壬子（西元 1912）　五十八歲

【事蹟】

春日，訪霞陽馬亦籛。

端午節前一日，與友朋放舟滄江。

夏末，先生帶贊垟、贊能回臺南省墓，兼與諸親友敘舊，並將所餘產業分給留臺族人。

在臺時，住在吳筱霞園中。受到謝瑞林、黃欣等人熱烈招待，與南社詩人朝夕相處，吟詠唱和，同遊竹溪寺、超峰寺。並至北部參加全臺詩人聯唱大會，至冬始返。

贊書任廈門同盟會會長。贊垟受「石美小學」之聘。贊堃受「福建省立第二師範」之聘。

存七絕五十八首、五絕四首、七律五十四首、五律二十八首、七古三首、五古六首，計一百五十首。

【時事】

臺灣發生苗栗事件。

正月初八日，丘逢甲歿于廣東鎮平。

五月一日，臺中櫟社舉行十周年紀念大會。

夏，全省詩人聯唱大會在新竹北郭園舉行。臺中櫟社、臺北瀛社、臺南南社、新竹社等社詩人與會。

陳渭川亡。

秋，臺南發生暴風。

民國二年癸丑（西元 1913）　五十九歲

【事蹟】

先生於是年常過遊菽莊，並多所題詠。

贊能卒。

遣贊羿往日本，入東京「美術學校」。

先生同年舊友張元奇爲福建民政長，招先生到福州，本要任先生爲西路觀察使，先生請任爲龍溪縣知事，三月時上任。聘衡州沈琇瑩任福建省龍溪縣修志局總纂，重修《龍溪縣志》。

先生因禁止私鬥和勒拔煙苗事情，爲當地豪劣所忌，捏詞先生侵吞公款，省府查不確。先生便辭龍溪縣知事職，決計不再從政。

住漳州東門外管厝巷。

贊堃至緬甸仰光當中華學校教員。

存七絕二十三首、七律五十五首、五律十三首、七古一首、五古三首，計九十五首。

【時事】

宋教仁遇刺。

召開第一屆國會。

袁世凱有善後大借款之舉，湖南都督譚延闓、江西都督李烈鈞、安徽都督柏文蔚、廣東都督胡漢民聯名反對，袁氏藉機將之免職。引發二次革命討袁，失敗。

林爾嘉與張鴻南結爲姻親，林景仁娶張氏次女張福英。林景仁此時期作品集爲《達摩山漫草》。

林爾嘉在廈門鼓浪嶼興建菽莊。

民國三年甲寅（西元 1914）　六十歲

【事蹟】

贊喬畢業於廣州「光華醫學校」。

贊元往蘇門答臘。

贊堃仍在仰光。

存七絕八首、七律二十首、五律二首、七古一首、五古一首，計三十二首。

【時事】

七月二十八日，歐戰（第一次世界大戰）爆發。

五月，嘉義南勢庄人羅臭頭、羅陳、羅其才等起義。

十二月，林獻堂等人推動「臺灣同化會」的運動。

林爾嘉成立菽莊吟社。菽莊主人四十壽辰。

閏五月，先生介紹沈琇瑩與菽莊主人相識。〔註 109〕

瀛社社員顏雲年之環鏡樓落成。

民國四年乙卯（西元 1915）　六十一歲

【事蹟】

林爾嘉聘先生為鐘社詩友，與林爾嘉、林景仁、施士洁、沈琇瑩、陳劍門等人多所唱和。

彭華絢函召先生到廣州，說省長必能高位報他，但先生至終不去。

十二月，贊堃自仰光歸漳州，與臺中林季商之妹月森訂婚。

存七絕五首、七律二十三首、五律一首、七古一首、五古一首、七言排律一首，計三十二首。

【時事】

一月，日使提出二十一條要求，袁世凱決定接受，激起全國反日聲浪。

袁世凱公布新約法，並逐步推動帝制。

〔註 109〕沈驥：〈我的父親沈傲樵先生〉（沈傲樵、沈驥：《沈傲樵父子詩詞選集》，慈盧主人行，民國 68 年），頁 19。「先父獲得許南英的介紹，得與林叔臧相識，詩詞唱酬無虛日，遂定金蘭之交，主持菽莊吟社。」另外，《窺園留草》，頁149 詩序：「甲寅閏五月七日偕沈琛笙、徐蘊山赴菽莊詩社：夜發鄰江，曉至江東橋，趨謁黃石齋先生講堂。」也記錄了此事。

八月，楊度等人發起組織籌安會，鼓動變更國體。十二月，洪憲帝制登場。反袁運動隨之展開，反對最力的是孫文領導的中華革命黨，以及雲南護國軍。

臺灣同化會被命取消。

阿猴人余清芳等起義，日軍濫殺無辜，是爲噍吧年事件。

林痴仙歿于臺中，享年四十有一。

民國五年丙辰（西元 1916）　六十二歲

【事蹟】

移居大岸頂。

贊堃任教漳州華英中學。

四月，因廈門日本領事的邀請，回臺參觀「臺灣勸業共進會」，之後，回臺南省墓，並與舊友周旋數月，題贈唱和。因遊關嶺，輕便車出軌，先生受微傷。秋，返回。

九月，林爾嘉薦先生至蘇門答臘棉蘭，爲張鴻南編輯生平事略，於重陽日南航。菽莊吟社諸友爲之餞別，先生即席賦別，作變徵之聲，識者以爲不祥。

在棉蘭時，與張杜鵑、徐貢覺相識，並酬唱應和。張杜鵑於此年冬季至雲南從軍。

棉蘭領事張步青之母徐夫人出資興建成德橋，十月落成，舉行慶祝會，先生應邀參加。

存七絕十四首、七律九十四首、五律七首、七古三首、五古一首，計一百十九首。

【時事】

三月二十二日，袁氏帝制取消。

北洋軍閥分派，各擁地盤。

八月，國會重新開會，但內部紛爭不已。適當美、德宣戰，段祺瑞組成「公民請願團」，強迫議員通過參戰案。

孫文在廣州成立軍政府，十月，南北戰爭展開。十一月，停戰。

四月十日臺灣勸業共進會開幕，盛況空前，五月十五日閉幕。〔註110〕

〔註110〕盧嘉興：〈記臺南府城詩壇領袖趙雲石喬梓〉《臺灣文獻》，第 26 卷第 3 期，

民國六年丁巳（西元 1917）　六十三歲

【事蹟】

三月，次女蟾花歸龍溪陳疇。

贊堃任漳州師範小學主任。

與林眉生同遊馬達山，並過訪林景仁。

夏，贊堃至北京求學。

十一月十一日（國曆十二月二十四日）丑時，先生因痢疾歿於棉蘭。忘年知交林景仁及棉蘭友人將先生遺骸安葬在當地，碑曰：「此詩人許先生之墓也」。施士洁作〈寄祭許允白文棉蘭日里〉。

存七絕八首、五絕四首、七律四十三首、五律十一首、七古二首、五古二首，計七十首。

【時事】

十一月，俄國革命，誕生社會主義政權，提倡殖民地解放與民族獨立。

七月，在張勳擁護下，溥儀復辟，但隨即被討平。

賴悔之歿于臺中。

第三節　許南英的交遊

許南英在《窺園留草》一書裡與詩友酬贈唱和的作品，直接提到名字、可以知道對象的，約有一百五十位左右，這個數目不算少。詩，對許南英來說，除了言志抒情之外，也是與詩友切磋詩藝、連繫感情的一個工具，他充分發揮了詩的社交功能。或許有人要說：唱和酬應的詩作無法表現作者的心志性情，寫的也都是虛泛客套的話，內容貧窘。但事實是否真的如此？酬贈唱和的作品，在寫作時固然會受到一些因素的局限，但創作時內心如有真情，仍能寫出好的作品的。而且，藉由這些作品，我們可以瞭解詩人如何與友朋論交？交情又如何？除了可以知道詩人的交遊情形之外，並可藉此來認識瞭解詩人。

這一節從許南英的交遊情形著手做研究，分成六個部分來討論。

民國 64 年），頁 72。「臺灣勸業共進會於民國 5 年 4 月 10 日開會，會場設於新落成的臺灣總督府廳舍，並在場外舉辦餘興，……至 5 月 15 日閉會。」

一、窺園時期詩友

（一）施士洁

施士洁，字應嘉，號澐舫，晚號耐公，或署定慧老人。生於清文宗咸豐五年十二月十九日，和蘇軾出生日月相同，故施氏頗有蘇軾再世自況之概，而以「後蘇龕」冠其各類著作。清德宗光緒二年丙子進士，不喜仕進。歸里後，先後掌教彰化白沙書院、臺南崇文、海東書院，丘逢甲、許南英、汪春源、鄭鵬雲等皆爲門生。當時，他採「于制義試帖外倡爲詩古文詞之學」的教法，在臺灣近代史形成了一個稱爲「東海文章」的作家群，對臺灣文學發生了影響。〔註111〕乙未之役後，恥爲異族之民，攜眷內渡。民國十一年病卒，年六十八。

許南英與施士洁都居住在臺南，年輕時代就相識，〔註112〕而且「生同歲、長同里、處同筆硯、出同袍澤；凡所遭際，科名、仕宦、兵革、羈旅，舉一生安樂憂患，蓋未嘗不同。」〔註113〕更可見兩人情誼之深。早期，他們在竹溪寺、開元寺雅集聯吟；或流連於臺南古蹟延平郡王祠、夢蝶園、五妃廟等地，凝神揣摹先人的志氣節操。海東書院時期，在制義之學外，更用心於新樂府，試圖掌握臺灣的習俗民風，從這時起，他們就對臺灣付出關懷。乙未之役時，兩人曾一同招募義軍；〔註114〕割臺之後先後內渡，兩人曾在廈門晤面；〔註115〕自此一分別後，有十多年斷了音信，〔註116〕後來才又連繫

〔註111〕 汪毅夫：〈臺灣的科舉和臺灣的文學〉（《臺灣近代文學叢稿》，福建海峽文藝出版社，1990 年 7 月），頁 55。「施士洁到任以後，就恢復了由徐樹人、施瓊芳在海東書院增設的『以賦詩雜作相與切磋』之課。……施士洁在海東書院『于制義試帖外倡爲詩古文詞之學』的教學改革也對臺灣文學發生了影響。……海東書院師生在臺灣近代文學史上形成了一個稱爲『東海文章』的作家群。」劉登翰等著：《臺灣文學史》，頁 252，也提出一樣的看法：「施士洁等海東書院師生在臺灣有『東海文章』之稱。這是一個有共同特點和相近風格的作家群。」

〔註112〕 許贊堃：〈窺園先生詩傳〉（《窺園留草》），頁 235。

〔註113〕 施士洁：〈窺園留草序〉（《窺園留草》），頁 1。

〔註114〕 施士洁：〈同許蘊叟兵部募軍感疊前部〉（《後蘇龕合集》，南投臺灣省文獻委員會，民國 82 年 9 月），頁 71。

〔註115〕 施士洁：〈廈門晤蘊白〉（《後蘇龕合集》），頁 73。

〔註116〕 許南英：〈施澐舫山長在廈用「寄鄭養齋原韻」作詩二首寄贈，並索和章：仍用原韻奉呈〉（《窺園留草》），頁 77。「一別真成遊子恨，十年竟與故人違！」仔細說來，從乙未年分手，到再次見面，寫了這首詩，是光緒三十四年，兩

上。雖然因爲避難而離開鄉里，但他們未嘗稍忘赤嵌故里，卻只能在往返的
詩文中傾訴鄉情；身爲「遺民」的無奈與悲哀，只有對方才能了解體會，也
只有從對方那兒，才能得到些許的安慰。他們相濡以沫，一同面對時代的悲
劇。〔註117〕

　　他們或者是論時局：「神州莽莽黯前途，太息東方一病夫。巧宦夤緣爲國
蠹，計臣聚斂亦錢奴。」〔註118〕或者是訴心事：「鶯花過眼成陳跡，魚米觀心
覺昨非。三五小星今又隕（張姬新逝），老來誰與送殘暉？」〔註119〕「耐寒久
中煙霞疾，忍餓毋爲富貴淫。徹夜梅花枝上月，澄心自證去來今。」〔註120〕
或者是歎遺民之悲：「矯首穹旻慘不暉，元機剝復是耶非？劫餘灰木心同死，
隙底滄桑世已違。」〔註121〕「蠟燭灰心還墜淚，爨琴焦尾尚高歌。銅駝荊棘
重相見，老淚縱橫手自摩。」〔註122〕或者是相期於未來：「無勞尺素言饗
憶，五斗何時五柳歸？」「我欲寓書姜伯約，商量遠志或當歸。」〔註123〕乙未
之役迫使他們分別十數年，但無損於他們的友情，反而是「一自亂離情愈
摯，況經飄泊跡相隨。」〔註124〕民國五年，許南英遠赴棉蘭，施士洁以詩餞
之：〔註125〕

　　　催人白髮窮無那，謫宦青衫淚未休！
　　　記史陸生歸後橐，相於浪嶼築菟裘。

　　這一份期待因許南英亡故而落空了。民國六年，許南英病逝棉蘭，施士
洁以淚和墨，爲文遙祭許南英：〔註126〕

　　　嗚呼吁嚱！予之生，與君同甲子矣；君之居，與予同鄉里矣。世幻

　　　人已分別十三年，許南英詩裡是取整數而言。
〔註117〕同註113。「允白交遊遍海內外，而其少而壯、而老者，惟予相知最深。」
〔註118〕施士洁：〈允白和「心」字韻七律三首，自蒒江郵寄鷺門；觸我吟懷，感書時
　　　　事，疊韻答之〉《後蘇龕合集》），頁229。
〔註119〕施士洁：〈和許允伯直刺「三水寄懷」韻，倒疊前韻〉《後蘇龕合集》），頁
　　　　172。
〔註120〕許南英：〈和施耐公六十初度見贈之作並次原韻〉《窺園留草》），頁141。
〔註121〕同註119。
〔註122〕同註120。
〔註123〕同註119。
〔註124〕許南英：〈壽施耐公六十初度〉《窺園留草》），頁140。
〔註125〕施士洁：〈許允叟南遊日里，菽莊吟社諸子以詩餞之〉《後蘇龕合集》），頁
　　　　258。
〔註126〕施士洁：〈寄祭許允白文棉蘭日里〉《後蘇龕合集》），頁433。

道圮,君行萬里,君客日里,君今死矣!然予之生,不如君之死也,微特予生不如君死,即君之生,抑不如君之死!君之死有蟬窟在,是曰知己。況所居停,殷其足恃,睸君以道義之金,宅君以乾淨之土,酹君以馨潔之旨。

嗚呼!孟嘗門客,弔珠履矣!素車白馬,不知凡幾矣!徒令後之人,不以天醉陸沈爲可哀,而轉以浮海居夷爲可善也,嗚呼哀哉!

生逢亂世,顛沛流離,才會發出這種「生不如死」的喟歎!施士洁既爲許南英悲痛,也爲自己哀傷。

(二)丘逢甲

丘逢甲,字仙根,又字仲閼,臺灣苗栗縣人。自幼聰穎,十四歲時應童子試,當時福建巡撫兼提督學政丁日昌,稱讚他是「東寧才子」。光緒十五年己丑進士,無意做官,回臺教書。乙未之役,首唱自主,任團練使,統義軍。及敗去之嘉應,居鎮平,自號倉海君,慨然有報秦之志,故其爲詩,語多激越。〔註127〕他的詩作時常以時事寄託個人的感慨,這是當時清代臺灣詩人的一個共同方向。著有《嶺雲海日樓詩鈔》等書。

丘逢甲深知:欲開民智、伸民權,非主張精神教育不爲功。因此,內渡後竭力於教育的推動工作,主講韓山、東山兩書院,以實學訓士,加強新智識的灌輸。又創辦嶺東同文學堂,爲粵中民立學校之先河。粵省光復,丘逢甲任廣東省教育部長。〔註128〕

許南英與丘逢甲同在海東書院施士洁門下受業,這份同窗友誼,後來發展爲一生的誠摯情義。他們兩人也有許多的共通點,如:參加科舉,但不仕宦,僅藉爲說法之具;〔註129〕乙未時,又都投入臺灣民主國的抗日戰爭;對教育的力量有深刻正確的認識,並切實展開推廣教育的工作;〔註130〕創作風

〔註127〕連橫:《臺灣詩乘》卷五(南投臺灣省文獻委員會,民國81年3月),頁216。
〔註128〕丘復:〈丘倉海先生墓誌銘〉(《南社叢選‧文選卷四》,臺北文海出版社,《近代中國史料叢刊》第3輯),頁271。
〔註129〕此借丘瑞甲:〈先兄倉海行狀〉(丘逢甲:《嶺雲海日樓詩鈔》,南投臺灣省文獻委員會,民國83年5月),頁367的說法。
〔註130〕邱逢甲在教育所做的努力,前文已述。而許南英以縣長之身掌教徐聞學堂;任陽江軍民同知時,設陽江師範傳習所、陽江習藝所,又派學生往東洋留學,這些都是他對教育的貢獻。

格都有當時詩壇「關懷國事民情、呈顯時代精神」的共同趨向。〔註131〕

對於丘逢甲最為人詬言之棄義軍倉皇渡海、軍餉不發一事，〔註132〕毛一波認為「證之許南英的幾首無題詩，尚知在許的心目中，其『挾款以去』的人乃唐景崧，而與丘逢甲無關。」〔註133〕

早年在臺南時，吟詠唱和是他們的雅事；乙未之役失敗，他們匆匆離臺，歷盡滄桑之後相隔兩地，詩是他們互通訊息、傾訴衷懷、發洩苦悶、勸慰砥礪的媒介。〔註134〕他們唱和答贈，你來我往，因為對方和自己志同道合，因為對方和自己有一樣的經歷。許南英有詩云：「一紙常相思，窮通見交誼。」、「不改歲寒心，論交還有幾？」〔註135〕丘逢甲有詩云：「誰可陳藩匹，吾尤念許虔。」、「千秋定論刪蕪史，四海論交熱俠腸。」〔註136〕兩人交情由是可見。

（三）汪春源

汪春源，字杏泉，安平縣人，光緒二十九年進士，官江西縣令。光緒二十一年簽訂馬關條約時，在京應試的汪春源和羅秀惠、黃宗鼎等人上書都察院。是年四月八日，汪氏等人又參加康有為發起之公車上書。

汪春源生於清穆宗同治八年（1869），〔註137〕比許南英小十四歲。許南英於二十四歲開始他的詩人生活時，即經常與這位小同鄉琢磨詩藝，故贈

〔註131〕 可參考劉登翰等著：《臺灣文學史》第二編第三章第二、三、五節，徐肇誠：《丘逢甲嶺雲海日樓詩鈔研究》（台南成功大學中研所碩士論文，民國 82 年），第二章第一節、第四章第一節。陳丹馨：《臺灣光復前重要詩社作家作品研究》（台北東吳大學中研所碩士論文，民國 80 年），第四章第二節。廖雪蘭：《臺灣詩史》（台北文化大學中研所博士論文，民國 72 年），第七章。

〔註132〕 連橫：〈邱逢甲列傳〉（《臺灣通史》，臺北眾文出版社，民國 83 年 5 月），頁 1034。「逢甲亦挾款以去，或言近十萬云。……成敗論人，吾所不喜，獨惜其為吳湯興、徐驤所笑爾。」

〔註133〕 毛一波：〈許南英的詩詞〉（《臺灣文獻》，第 15 卷第 1 期，民國 53 年），頁 223。

〔註134〕 許南英：〈己亥春日感興〉之十（《窺園留草》），頁 51。「鳳泊鸞飄喚奈何，鄉心新歲發悲歌。官能免俗無須大，詩到堪傳不在多。洛水神妃貽玉佩，湘江帝子皷雲和。相憐復有邱工部，喚起花神帶醉哦。」

〔註135〕 許南英：〈邱仙根工部付書王伯崧索畫梅，適余將之任徐聞，倚裝作畫應之，並題此詩〉（《窺園留草》），頁 57。

〔註136〕 前引詩句見丘逢甲：〈寄懷陳省三許蘊白遊宦廣州〉之二，後引詩句見〈次韻答蘊白〉（《嶺雲海日樓詩鈔》），頁 61、355。

〔註137〕 汪毅夫：〈《窺園留草》識小錄〉（《福建論壇》，1988 年，第 2 期），頁 75。

與汪氏詩中有「髫年文字竹溪西，香火因緣手共攜」的回憶之言。〔註 138〕
之後，兩人同時被選入海東書院，受教於施士洁，更是朝夕相處，相勉相
期。〔註 139〕

　　光緒二十九年，汪春源入都殿試前，至廣東與許南英相聚，於廣州府署
書屋栖翠筱翦燭夜談，許南英贈詩勉之：「東海文章餘數子，西清品望孰爲
儔。」汪氏考中進士，許南英又有詩相贈。〔註 140〕後「終以勞燕分飛，一行
作吏粵東、江右，不相見者幾二十稔。」〔註 141〕直到民國二年，二人與施士
洁在鄡江萍聚，適逢汪春源四十五歲壽辰，許南英登堂賀壽，並有賀詩一首
〈汪杏泉壽辰登堂拜祝，書此誌感，即以奉賀〉：

> 馳逐文場皆弱冠，浮沈宦海共灰心！
> 羨君氣節龍之蟄，有子和鳴鶴在陰。
> 不死竟逢新世界，餘生未忘舊山林。
> 登堂一笑留君我，索取中山酒一斝。

此詩頗有末世遺民之歎，卻又慶幸難後舊友相逢。施士洁也是感慨滿
懷，並有次韻詩一首〈許允白、汪杏泉兩君，勞燕分飛，倏逾十稔。今日
鄡江萍水，天假之緣。讀允白「壽杏泉詩」，感憾係之；走筆次韻，用質吟
壇〉。〔註 142〕

施、汪、許三人先後加入菽莊吟社，〔註 143〕似乎又重回到早年切磋詩
藝、聯袂相遊的生活，但是，沒多久，許南英即因窮倒而遠走他鄉了。

（四）王漢秋

王漢秋，字詠裳，號泳翔，臺南人，素以文名，亦頗能詩。同治間補廩

〔註 138〕許南英：〈秋日懷人〉之五（《窺園留草》），頁 196。

〔註 139〕汪春源：〈窺園留草序〉（《窺園留草》），頁 3。「院中月課，春源與君輒冠曹
　　　　偶。君少孤，家貧力學，天資挺特；春源駑鈍，常恐祖生先我著鞭。未幾，
　　　　君果以會魁授兵部主事。春源勉從君後，雖倖而得售，迄未能與君春秋同榜
　　　　齊年，深以爲惡。」

〔註 140〕許南英：〈送汪杏泉入都補殿試〉、〈題畫梅，贈汪杏泉（時新登甲榜回籍）〉
　　　　（《窺園留草》），頁 53、54。這兩首詩編爲光緒二十五年的作品，但筆者以
　　　　爲創作時間應是在光緒二十九年。請參閱本論文第四章第三節。

〔註 141〕汪春源：〈窺園留草序〉，頁 3。

〔註 142〕施士洁：《後蘇龕合集》，頁 223。

〔註 143〕汪毅夫：〈鹿耳聽鼓浪　菽莊望鯤濤〉（《臺灣近代文學叢稿》，福建海峽文藝
　　　　出版社，1990 年 7 月），頁 5。「施士洁、汪春源、許南英分別于 1913、1914
　　　　和 1915 年應聘爲菽莊吟社社友。」

生，崇正社詩人。其「性不羈，慷慨任俠，交友以恕，一諾千金毋少吝；雅好詞章，不汲汲希世學」。〔註144〕乙未之役，傾家紓難，避居廈嶼，後來「身寧爲貧死，道不與時諧。市隱添吟債，饑驅損壯懷」，〔註145〕卒於光緒二十四年。〔註146〕

　　王漢秋曾肄業海東書院，是許南英的早期詩友，光緒八年之前就開始他們的交往。〔註147〕王氏曾加入許南英所創之「聞樨學舍」。〔註148〕他和林致和、陳鳳昌等人，對許南英的詩才很是讚賞，〔註149〕而許南英則愛其琴藝，曾從其學琴年餘。〔註150〕王漢秋自學舍告假未歸時，許南英「鄉心已逐人歸去，剩此詩腸日九迴」；〔註151〕王漢秋納寵，許南英戲作催妝詩祝賀。〔註152〕他們或是相約飲酒賞梅；〔註153〕或是圍案吟詩題畫。〔註154〕許南英曾歡送王漢秋至屏山訪友，並祝他「好是巴山雨，添君夜話濃」；〔註155〕也曾在乙未割地之難分離時，對王漢秋大呼「一樣災黎遭小劫，幽冤誰訴與天知」？〔註156〕他們是相琢相磨、相扶相持的苦岑交。

　　許南英與王漢秋都爲乙未之難而捐財，導致自己經濟窘迫、生活困頓。許南英雖有宗人的支助，但是爲了生活，仍不得不違反自己的志願，走上仕

〔註144〕引自鄭喜夫：〈丘菽園與臺灣詩友之關係〉（《臺灣文獻》，第38卷第2期，民國76年），頁140。王松：《臺陽詩話》卷下，頁45。文中說到王詠裳「性慷慨，重然諾，家僅小康，後以此蕩其產，晏如也。尤耽吟詠，吐屬清爽，如啖哀梨。」

〔註145〕施士洁：〈哭王生詠裳〉（《後蘇龕合集》），頁86。

〔註146〕許南英：〈題畫梅，贈王泳翔〉（《窺園留草》），頁47。「戊戌而泳翔訃音至矣」。

〔註147〕許南英：〈鼓山紀遊〉（《窺園留草》），頁3。詩中記述光緒八年壬午中秋，與同人王泳翔、林致和、邱君養相約遊榕城鼓山一事，可知他們的友誼最慢此時已開始。

〔註148〕許南英：〈王泳翔自聞樨學舍告歸，約以二日再來，及期不至〉（《窺園留草》），頁9。

〔註149〕許南英：〈暮春感懷，兼呈林致和孝廉、王泳翔茂才、陳卜五茂才諸友〉（《窺園留草》），頁15。「謬爲諸君許賞音，十年久不作詩淫。」

〔註150〕同註146，「泳翔善琴，余從學年餘，未得其妙。」

〔註151〕同註148。

〔註152〕許南英：《窺園留草》，頁11。

〔註153〕許南英：〈歲暮約王泳翔窺園飲酒〉（《窺園留草》），頁24。

〔註154〕許南英：〈王泳翔索題秋海棠畫扇〉（《窺園留草》），頁25。

〔註155〕許南英：〈送王泳翔屏山訪友〉（《窺園留草》），頁26。

〔註156〕許南英：〈和王泳翔留別臺南諸友原韻〉（《窺園留草》），頁33。

途。對情況和他一樣窘困、卻又「身寧爲貧死，道不與時諧」的老友，禁不住肺腑的傷痛，寫出〈題王泳翔玉照〉一詩：

> 不圖天壞此王郎，雙目炯炯有奇光。擲筆尚思空外去，不知海國已滄桑！我輩何羍當其際，雲散風流如隔世？方期永結苔岑交，豈料遠違金石契！披圖令我思故人，鮀江之畔鷺江濱！知君欲寫別離況，每一拈毫便愴神。天涯舊友知多少？天忌斯文天不弔！滔滔皆是我同群，大筆如椽饑莫療。吁嗟乎！大筆如椽饑莫療，請爾張琴變新調。

對友人受苦的不捨、對文人救國無力的愧惡、對家國災難的傷痛、對天地以生民爲芻狗的抗議，在許南英胸中翻騰又洶湧，最後化成一聲又一聲的狂呼！但王漢秋仍爲饑貧而死。

（五）陳基六

陳基六，名錫金（或作式金），號蟄村，臺中清水人。光緒間臺灣縣生員。著有《鰲峰詩草》、《鐵崖詩鈔》。光緒三十三年入臺中櫟社。王松言其乃「交情慷慨，韻事風流」之人，並引其詩「日爲好吟疏應客，身因多病強參禪」以明其襟懷。〔註157〕連橫亦說他「素工詩，不作矜躁語。間爲醫，如其詩，亦不爲攻剽之術。豈非有德之士也歟？」〔註158〕

許南英與他原是舊友，臺灣割讓後即未見面。民國元年許南英回臺時，在新竹與陳基六邂逅相逢，驚喜之餘，相互口占以贈。許南英詩云：「相期大雅扶輪手，曉日金鰲背上行。」、「時地限人毋自苦，故山猿鶴有同行。」有深切的期望與慰勉。別後，陳基六有〈寄懷許蘊白明府〉一詩，〔註159〕詩中表達出對遠在異地老友的懷念，也感激老友的知遇。民國六年，許南英病逝棉蘭，陳基六寫了〈許蘊白明府客歿棉蘭，哭之以詩〉：

> 赤嵌別後賦停雲，常望歸來舊誼敦；
> 新竹有緣重握手，棉蘭無處爲招魂！
> 晚年惱我難行路，何日因君哭寢門？

〔註157〕王松：《臺陽詩話》（南投臺灣省文獻委員會，民國83年5月），頁17。
〔註158〕連橫：〈鰲峰詩草序〉《雅堂文集》卷一，臺灣省文獻委員會，民國81年3月），頁44。
〔註159〕陳基六：《鰲峰詩草》（傅錫祺：《櫟社沿革志略》，臺灣省文獻委員會，民國82年9月），頁136。

知否窺園好詩稿，幾經劫火可能存！

許南英與陳基六因性情相近，成爲相知相勉的朋友，分別多年亦不曾沖淡他們的友情；許南英病逝後，陳基六在追念之際，最大的期望，就是老友的詩稿能夠傳世。或許就因知友的祈禱吧，許南英的《窺園留草》終能在諸多劫難之後得以刊印。〔註160〕

（六）趙鍾麒

趙鍾麒，號雲石，又號畸雲，臺南人，光緒十三年廩生。長於文，雄於詩。日人據臺後，與連橫及胡南溟等鼓吹漢學，成立南社，後任第二屆社長。

《窺園留草》中所見贈予趙鍾麒的詩作，是寫於民國元年、五年，也就是許南英回臺期間。但依據詩作內容來看，趙氏是許南英窺園時期的舊友：「竹溪溪傍舊詩壇，十八年來指一彈。」、「舊友相逢趙倚樓，騷壇牛耳冠朋儔！金戈歷劫雲過眼，銅鉢敲詩海盡頭。」〔註161〕對於趙鍾麒的詩才，許南英也頗爲推崇。許南英兩次回臺，都與趙鍾麒相聚吟唱，他們說起離亂滄桑，心中有萬般的無奈與感慨；他們同遊舊地，卻爲人事的無常而無語長坐；論起親朋故舊，卻又凋零過半。「昔爲此邦人，今爲此邦客」的許南英，縱使內心無限傷感，但也「未妨惆悵強爲歡」，因爲與老友相聚時間不多，最後終也需揮別。〔註162〕

（七）蔡國琳

蔡國琳，字玉屏，臺南安平人。光緒八年舉人，歸台後任澎湖文石書院山長，又經由許南英的推薦，掌教台南蓬壺書院，並在延平郡王祠設帳授徒。〔註163〕乙未之變，志業頓挫；南社成立，被推舉爲社長；後應臺南知事磯貝靜藏之聘，編纂縣志，並任臺南廳參事。宣統元年八月病逝，享壽六十七。遺著《叢桂齋詩鈔》未刊。〔註164〕

〔註160〕《窺園留草》一書付梓之曲折經過，第四章第一節有說明。

〔註161〕許南英：〈趙雲石贈詩，即步原韻二首〉（《窺園留草》），頁106。

〔註162〕可參考上註詩，以及〈南社同人在醉仙樓開歡迎會，酒後放歌〉、〈留別南社同人〉、〈遊開元寺小集，同雲石、籟軒分得魚字〉諸詩。（《窺園留草》），頁107、132、168。

〔註163〕謝汝銓：〈孝廉蔡國琳夫子〉（《雪漁詩集》，臺北龍文出版社，民國81年6月），頁39。「十年絳帳鄭祠中，靜夜窮經燭火紅」

〔註164〕邱奕松：〈府城先賢錄〉（《臺南文化》，新21期），頁135。盧嘉興：〈記臺南

蔡國琳曾自言生平第一愛讀書，第二愛積錢。割臺後，因捨不得家產，首先回臺，並請入日籍。許南英雖深不以爲然，但仍寬厚婉曲地說他是「老僧自念南無佛，懺悔紅塵未了因」。〔註165〕許南英自己則在民國元年回臺時，因不願入日籍，而將產業分給留臺族人。〔註166〕

（八）陳日翔

陳日翔，字藻耀，號梧岡，高雄人，是許南英早年詩友之一，〔註167〕爲光緒十一年舉人，〔註168〕曾於光緒十二年和許南英一同赴京參加會試。〔註169〕雄於財，捐道銜，任中國駐呂宋總領事。光緒二十年，與盧德嘉修纂鳳山縣採訪冊。光緒三十年，許南英長子贊書（叔酉）聘陳日翔長女素，兩人結爲親家。〔註170〕後陳日翔授秘魯使臣，未赴任，蟄居廈門，因清鼎革，想邀許南英落髮爲僧，或於虎溪巖邊築室隱居，皆未果，不久即謝世。〔註171〕

（九）陳望曾

陳望曾，字省三，號魯村。同治十三年進士，歷任廣東勸業道、廣東布政使；台灣進士之出仕者，陳氏最爲騰達。民國成立，即隱居香港。詩文散失。

許南英於光緒二十一年有〈贈陳省三觀察、雨三嵯尹昆仲〉一詩，依其

　　　府城詩壇領袖趙雲石喬梓〉（《臺灣文獻》，第 26 卷第 3 期，民國 64 年），頁
　　　63。二文皆記蔡國琳逝於宣統元年八月，許南英則記爲九月。
〔註165〕許南英：〈輓友〉序（《窺園留草》，頁 87）：「有臺友某者，爲臺名宿，家亦
　　　少康；中壬午鄉榜，有正人君子之目。自臺讓地後，某不捨家產，首先回臺，
　　　請入日籍；鄉人鄙之，日人亦貶詞焉。積產數萬，子女尚未婚嫁；聞於己酉
　　　九月病故，不禁之爲慨嘆，率筆成此。」連橫：《雅堂文集》卷四（臺灣省文
　　　獻委員會，民國 81 年），頁 294。文中亦記有此事：「蔡玉屏山長以儒素起家，
　　　積資三十餘萬，身死未幾，而產已破。叢桂山房之詩集不知能保全歟？或曰：
　　　玉屏死而有知，不哭其詩之不傳，而哭其財之不守。」
〔註166〕許贊堃：〈窺園先生詩傳〉（《窺園留草》），頁 244。
〔註167〕許贊堃：〈窺園先生詩傳〉（《窺園留草》），頁 235。
〔註168〕許南英：〈丙戌偕徐仞千、陳梧岡兩同年來京會試，徐捷得工部，陳考得中
　　　書；余已入彀，因對策傷時被放。二君強欲留余在京過夏，書此謝之〉（《窺
　　　園留草》），頁 8。
〔註169〕同上註。若依許南英此詩所記，則陳日翔於光緒十二年考中進士。
〔註170〕許南英：〈窺園先生自定年譜〉（《窺園留草》），頁 228。
〔註171〕許贊堃：〈窺園先生詩傳〉（《窺園留草》），頁 244。

中「末路誰相顧，元方兩弟兄」二句來看，當許南英匆匆離開臺南而「浮家寄駝浦，獨客入羊城」，頓時陷入經濟困境，這時，陳望曾兄弟曾給予經濟上的援助。

二、宦海詩友

（一）陳文騄

陳文騄，字仲英，直隸大興人。同治十三年翰林，光緒十八年任台灣知府，旋遷台灣兵備道。甲午之役，清師敗績，命北洋大臣李鴻章赴日講和，約割臺灣，並貼軍費二萬萬兩。臺人大憤，奔走相告。時陳文騄賦作〈感時示諸將〉四首，以勵士氣，和者頗多，許南英亦有和詩四首〈和祁陽陳仲英觀察感時示諸將原韻〉，引錄之一、之三於下：

> 茫茫誰是濟川舟？費殺籌邊設戍樓！
> 已撤屏藩資廣島，那堪保障督并州！
> 如斯縱敵成騎虎，遂使蹊田竟奪牛！
> 半世紫光名相業，一朝斷送海東頭！

> 妖氛纏息十三年（甲申臺北有法人之戰），烽火東溟又起煙。
> 秦帝有心收黨郡，魯人無計返汶田！
> 從今梓里非吾土，何處桃源別有天？
> 欲隱樞曹爲散吏，宦囊蕭索轉淒然！

黃拔光認爲第一首「形象地說明了台灣地理位置重要，割讓日本後，我國東南失去了天然屏藩。詩歌充分表達了作者對外寇侵凌，國難日深的憂心如焚的感情。」〔註172〕第三首則敘寫臺灣多年來受外人窺覬，戰禍不斷，如今又割予日本，臺人要何去何從？

（二）易順鼎

易順鼎，字實甫，晚號哭庵，湖南龍陽人。乙未割台時渡海來臺欲助劉永福，並有〈寓臺詠懷〉、〈臺舟感懷〉組詩，語多慷慨，與之唱和者甚多。〔註173〕許南英〈奉和實甫觀察原韻〉詩序云：「時局變遷，擬焚筆硯，承餘姚吳季籛寄和沅湘易實甫〈寓臺詠懷〉六首原韻，並附實甫原唱，致言索和。

〔註172〕黃拔光：〈台灣抗日詩歌的愛國主義精神〉《福建論壇》，1983 年，第 4 期），頁 110。

〔註173〕易順鼎：〈臺舟感懷〉。原詩見《窺園留草》，頁 32。

展誦之餘，簷際雨晴、紙窗風裂，依稀似有鬼神泣也。」許南英的和詩則更是熱血澎湃、凜凜正氣：

〈奉和實甫觀察原韻〉之四、之五

元武旗撐五丈嶢，扶桑霸氣黯然消。

不甘披髮冠冠楚，猶是章身服服堯。

議院廣開民主國，版圖還隸聖明朝。

請看強弩三千彀，鹿耳門前射怒潮！

茶樟礦炭萃菁華，況有金苗日揀沙。

爭羨五行山獻寶，忽驚兩度砲開花。

紙糊媼相貽蜂蠆，錢賜金人羨豕蛇。

失馬塞翁渾禍福，問天欲泛斗牛槎！

這樣的豪情壯語，正是源於對臺灣的熱愛，所以不留情地的指責盟約割地的李鴻章，也無法坐視日人的入侵，因而磨劍霍霍、欲挺前殺敵。

唐景崧等人陸續離臺，各種傳言紛起，人心惶惶，臺灣民主國實已潰散，惟賴少數志士仍秉持初衷苦苦撐持。許南英〈和哭盦道人易實甫觀察臺舟感懷原韻〉詩中表達了在危急情勢中的惶惑，更難得的是他思考明辨後的堅定決心：

悲笳隱隱月當窗，黃鳥哀鳴去此邦。

漫道分龍渡東海，竟無魴鮒決西江。

干戈滿地孤城險，波浪兼天巨艦撞。

羨殺餘姚吳季子，星旗隊裡換雲幢。

東征果爾缺戎錡，將士南來力不支。

新鄭掔羊降楚子，臨洮牧馬許胡兒！

丈夫意氣千金重，壯士恩仇一劍知。

心鐵磨餘磨鼻盾，指揮子弟守城陴。

臺灣民主國抗日行動失敗了，家山遭劫，臺人淪為遺民，成了許南英心底永遠的烙印。這些詩中充滿許南英立志抗敵的豪情壯志，我們現在讀來仍精神為之振奮，但也有無限的感傷、無限的悲痛！

許南英與易實甫後來還有段因緣：宣統元年，許南英任三水縣令，易實甫改放廣東欽廉兵備，署廣肇羅，兩人遂在乙未年間的患難詩友關係之外，

又有了長官屬吏的關係。〔註174〕這一次見面中，易實甫殷殷垂詢臺事，並將自己的著作送予許南英；看了其中的割臺感憤之作，許南英亦有和詩〈上易觀察實甫〉三首。

謝汝銓認爲易實甫「言志賦詩空壯語，其留韻事與瀛南」，〔註175〕但是當年易實甫奉劉坤一命來臺，欲與唐景崧商辦軍務，於途中聽到臺北失守的消息，仍輾轉到臺南，和劉永福商量對策。對於易實甫這種不放棄臺灣的情義，許南英有著無限的感銘。所以，即使易實甫對臺事並無實際作爲，但他關心臺灣的心意，〔註176〕仍讓許南英視他爲患難之交，稱他爲「人傑」、「國士」。〔註177〕

（三）吳彭年

吳彭年，字季篯，浙江餘姚人，光緒間生員。爲劉永福幕客，割台之役，統義軍出戰，陣亡於彰化八卦山。〔註178〕感於吳季篯之義舉，爲詩以祭以哭者甚多。許南英亦有詩作「弔吳季篯參謀」二首並序，連橫以爲此作「可作信史，季篯有知，亦當起舞。」〔註179〕現引錄於下：

> 季篯名彭年。爲劉淵帥幕客；往來公牘，多其手製。高談雄辯，動驚四筵。公餘之暇，不廢吟詠。乙未夏五月，臺北請援，劉帥遍閱諸將，無可恃者；季篯毅然請行。領兵數營，至彰化八卦山遇賊，諸軍不戰自潰，季篯獨麾七星旗隊與賊決戰；孤軍無援，困於山上，中砲而死。嗚呼壯哉！
>
> 北望彰城弔季篯，西風酸鼻哭人天。
> 沙場白骨臣之壯，幕府青衫我獨賢。

〔註174〕許南英：〈上易觀察實甫〉（《窺園留草》），頁81。詩序：「觀察於乙未年秋間渡臺，思挽危局，晨夕過從，相與唱和，爲患難中詩友。前簡放廣西龍州兵備，有『龍州賢大吏』之稱。今年改放廣東欽廉兵備，來署廣肇羅。予以屬吏謁見，殷殷垂詢臺事，並送叢刻奏疏、詩歌十卷，中多爲割臺感憤之作。今讀是書，根觸舊事。」

〔註175〕謝汝銓：《雪漁詩集》（臺北龍文出版社，民國81年6月），頁45。

〔註176〕參考註174。

〔註177〕許南英：〈奉和實甫觀察原韻〉之一（《窺園留草》），頁29。「在申江即聞臺北失守之信，折而來臺南，商劉淵帥起任中包胥之役，亦人傑哉！」「有誰起任籌邊事？國士無雙尚內艱（時實甫尚丁內艱）。」

〔註178〕吳季篯的生平，可參考連橫：《臺灣通史》，頁1083。

〔註179〕連橫：《臺灣詩乘》卷六（南投臺灣省文獻委員會，民國81年），頁231。

旗捲七星援卒散，山圍八卦賊氛然。

豈徒一死酬知己，蘋藻春秋薦豆籩。

北望彰城弔季籛，離奇火色與鳶肩。

死猶仗劍爲雄鬼，生亦工詩作浪仙。

遺恨千秋師退次，招魂一慟子來前！

赤豹白龍扶翠輦，靈旗來往海中天。

許南英與吳彭年之間，曾有詩文的往返，[註180] 但並無深入的交往。不過許南英在哀弔詩的詩序及詩內容中，對吳彭年效命沙場，捐軀報國，表達出無上的敬佩之情。在他到廣東任職時，並對吳彭年的家人多所照顧。[註181] 許南英與吳彭年相似，都是熱血的性情中人。

三、新嘉坡的詩友

（一）邱煒萲

邱煒萲，一名蔚萱，號菽園，福建海澄人，生於同治十三年，光緒二十二年舉人。久寓新嘉坡，自號「星洲寓公」。在新嘉坡倡麗澤、會吟二文社。創辦天南日報，推動維新思想。以詩文鳴海外，著述甚富，有《菽園詩集》、《五百石洞天揮麈》等書。

光緒乙未，中日簽訂馬關條約之際，邱煒萲適北上會試，在京各省舉人發起拒和，即所謂公車上書。其後，邱煒萲成爲星、馬地區最重要維新人物之一，與中日之戰慘敗及割臺不無關係。[註182]

邱氏關心民瘼，希望國家富強進步，並能毀家紓難，仗義勤王。至於他的慷慨任俠，則有常人難及者，例如爲黃乃裳開闢詩巫作保，[註183] 這是犖然大者，其餘矜困恤貧成人之美的行誼，尤多足稱。曾有內地學生到星洲，「萍

〔註180〕 同註177。「時局變遷，擬焚筆硯，承餘姚吳季籛寄沅湘易實甫寓臺『詠懷』六首原韻，並附實甫原唱，致言索和。」

〔註181〕 連橫：〈吳季籛傳〉（《臺灣通史》），頁 1038。「其家居（粵）順德，唯一老母，髮已白。妻前逝，遺二孤，俱幼。家無餘資，但依親友以存。」並參閱註46。

〔註182〕 鄭喜夫：〈丘菽園與臺灣詩友之關係〉（《臺灣文獻》，第 38 卷第 2 期，民國76 年），頁 115。

〔註183〕 張叔耐：〈丘菽園傳略〉（丘煒萲：《菽園詩集》，臺北文海出版社），頁 4。「1899年，與沙羅國主立約保證同鄉黃乃裳率眾往婆羅洲之詩巫港墾殖農耕，名其地曰『新福州』，迄今移民二十餘萬，爲海外樂郊。」

水求相助」，邱煒萲即「贈之二十萬銅」。〔註184〕

　　許南英於乙未年與陳日翔內渡寄寓廈門，認識了邱煒萲；第二年，許南英到新加坡訪親，邱煒萲已移居此地，兩人進一步交往，彼此惺惺相惜。

　　許南英所以到新加坡，乃因遇亂蕩產無以爲家，所以浪遊南洋造訪其族之豪者。〔註185〕失意落拓的許南英在星洲遇到邱煒萲，並受到熱情的款待；對這一份雪中送炭的情意，許南英感佩在心，並「拈毫紀其實」，寫了〈邱菽園觀察招讌南洲第一樓分韻，得一字〉一詩，開端就寫出邱煒萲的熱情，「菽園豪情誰與匹？飛箋束我如羽疾。」而當時的許南英「自從小劫歷紅羊，身似孤臣遭屛黜。猶如巢破亂飛蜂，依草附花難釀蜜。」但是菽園「主人愛才如愛命，不因窮通與得失。令我揮筆寫牢騷，賞識風塵引入室。」這樣眞心誠摯的對待，使得許南英暫時忘卻抑鬱煩惱與離亂的傷痛，而感謝天地安排如此的機會，在海天之外，「得與群賢談促膝」。這份熱情的領受，許南英牢記心中，因而滋生的感激，也就成爲他與邱煒萲友誼的根柢。

　　在看了邱煒萲的詩稿後，許南英題了兩首詩，其中有「月能自照宜留影，花豈無香便累名。不用人憐知舌在，從教鬼泣此詩成。」「天老高才艱重任，名先不朽快文章。性情摯處言偏淡，意氣眞時味愈長。」〔註186〕等誇讚勉勵的詩句。邱煒萲出示《詠紅樓夢中人》詩冊，許南英讀後有題詩四首。〔註187〕當年冬天，邱煒萲奉其父靈櫬回鄉，許南英送行詩寫著「冀北乍欣逢伯樂，汝南翻悵別陳遵；窮途作客眞無奈，多少心胸未敢言。」〔註188〕後來許南英旅宦於粵，仍致書邱氏，邱煒萲說許南英「屢詢無恙，亦一多情君子也。」〔註189〕光緒二十六年，丘逢甲被「粵政府派往南洋，調查僑民，兼事聯絡」〔註190〕許南英送行，並請他轉呈詩作一首給邱煒萲，〔註191〕詩裡，對

〔註184〕程光裕：〈南僑詩宗邱菽園〉《星馬華僑中之傑出人物》，台北華岡出版公司，民國66年5月），頁89。張叔耐：〈丘菽園傳略〉，亦稱邱菽園「性好義俠，以此揮金結客，傾身下士，屢削其產無悔，而天下豪傑多稱道，丘菽園之名不衰。」

〔註185〕轉引自鄭喜夫：〈丘菽園與臺灣詩友之關係〉（《臺灣文獻》，第38卷第2期），頁133。

〔註186〕同上註，頁132。

〔註187〕許南英：〈讀邱菽園觀察詠紅樓夢中人詩冊〉（《窺園留草》），頁38。

〔註188〕許南英：〈送邱菽園觀察回海澄〉（《窺園留草》），頁39。

〔註189〕同註185。

〔註190〕〈倉海先生丘公逢甲年譜〉（丘逢甲：《嶺南海日樓詩鈔》），頁401。

〔註191〕許南英：〈送邱仙根工部遊歷南洋，兼柬邱菽園〉（《窺園留草》），頁55。

邱煒萲多所稱譽，「掉頭入海向南荒，十丈文星作作芒！號令曾驅十萬卒，朗吟直過七洋洲；身經小劫多奇氣，話到中原有熱腸。為告前途東道主，許三宦跡滯仙羊！」詩末，也將自己的近況告知對方。

宣統三年，邱煒萲有詩〈寄酬許允伯（南英）〉：「收拾狂名不值錢，敢云悍史繼前賢。希文縱復先憂國，夸父難追已墜淵。碧血成仁多死友，濁醪排較感長年。祇餘落拓星洲老，哀樂關懷漸近禪。」也是十分誠摯的訴說自己的落拓心情。

兩人之後的交往情形雖無資料留存，但從民國三十年許贊堃病逝，邱煒萲有〈悼許地山〉一詩來看，他們一世的友誼延續為兩代情義。〔註192〕

四、菽莊吟社詩友

（一）林爾嘉

林爾嘉，林維源次子，生於光緒元年，字叔臧，亦字菽莊，晚年自稱百忍老人。割臺之變起，倉卒侍父及闔宅老幼歸回龍溪原籍，後至廈門鼓浪嶼。民國二年九月，林爾嘉在鼓浪嶼所建別墅落成，名曰「菽莊」，諧其字「叔臧」之音也。民國三年，結菽莊吟社於墅中，〔註193〕日與社友酬唱其間。吟社社侶三百餘人，施士洁、許南英、沈琇瑩等尤為著譽。林爾嘉於民國四十年逝世，享年七十有七。所留遺稿，合為《林菽莊先生詩稿》一書。

許南英雖於民國四年才應聘加入菽莊吟社，但在加入之前，早已和林爾嘉酬應唱和。成為社員之後，林爾嘉月給津貼若干。民國五年，林爾嘉推薦許南英到棉蘭為張鴻南編輯服官事略，也是為了解決許南英經濟上的困難。

林爾嘉成立菽莊吟社，對於文化的傳承貢獻，是許南英所敬佩的：「斯世淪文教，先生有隱憂；狂瀾思一挽，砥柱作中流。拓地開詩社，傍山築草樓。

〔註192〕同註185，頁151。「丘菽園既與許允白為友愛之知音，對落華生此一卓有成就之世姪，自然熟悉而且關切。許地山病逝於香港，丘菽園有〈悼許地山〉之作。丘菽園〈悼許地山〉詩云：『九龍山下宋王臺，異代登臨別古苔。誰識秋風傷逝去，有人重憶許生才。』」

〔註193〕依《板橋林本源家傳》（林本源祭祀公業印，民國74年），頁53。「三年七月，公結菽莊吟社於墅中鹿耳礁之西，……」以及林剛義：〈先考菽莊詩稿發刊前言〉（《林菽莊先生詩稿》，頁1）：「民國3年，歲次甲寅，菽莊吟社成立，……」還有沈驥：〈菽莊詩稿序〉（前引書，頁3）所言：「菽莊別墅，落成癸丑；菽莊吟社，肇自甲寅。」則菽莊吟社成立之年應在民國3年。

勛名存社稷，經濟寄林丘；文獻推宗主，風騷續勝遊。」〔註194〕林爾嘉邀他入菽莊吟社，又推薦他到棉蘭任事，解決他經濟上的困難，許南英是心懷感激的：「我愧彈馮鋏，公能識卞璆；在山思太傅，借地仰荊州。」〔註195〕「窮途薄命有知音，一笑相逢證素心。」〔註196〕「去歲君介紹，饑驅走南洋。……回思依宇下，寤寐弗能忘。」〔註197〕不過，許南英與林爾嘉的唱和之作，多是應和雅聚聯吟、盛會徵詩而作的，如：〈題林叔臧鼓浪嶼菽莊〉、〈壽林叔臧侍郎四十初度〉、〈菽莊四詠〉、〈菽莊觀菊，賦呈主人〉、〈乙卯菽莊修禊〉〈乙卯五月望夜菽莊張燈詞〉等，皆是應景的唱酬之作；間或有表露心聲的，也都有著一份距離與客氣，如：〈賀林叔臧侍郎暨德配龔夫人四十初度逢閏重慶〉中所言：「肚皮時不合，鯁骨傲難柔。士貴伸知己，人還愛自由。」再如：〈和菽莊主人聽潮樓晚眺原韻〉：「依人王粲老，百不合時宜。創後應思痛，幾先不入危。」

　　許南英與林爾嘉之間淡然的君子之情，就如同林爾嘉〈庚申蘊叟有日里之行適值重陽同社諸君宴集菽莊即席賦贈〉詩中所說的：「生逢多難心偏壯，交到將離意更投。」到了離別前夕，才感覺到友情的難得。

（二）林景仁

　　林景仁，字健人，亦字小眉，號蟬窟，或署蟬窟主人。清光緒十九年生。林爾嘉長子。性敏悟，才便捷。清廷割棄臺灣，從祖暨父避亂於廈門。稍長，風華挺拔，秀氣沐人，人皆以俊士相期。其父深愛之。甫冠，攜遊南洋諸邦，至棉蘭，訪故人張鴻南。張鴻南為南洋華僑鉅子，有二女，次女名福英，林景仁羨為天人，有託絲蘿之意，張鴻南應許。

　　林景仁與菽莊吟社施士洁、許南英、沈琇瑩諸人唱和，其樂累月不息。民國十三年，與其叔林柏壽等創立鐘社，輯百詩為《東海鐘聲》。著有《摩達山漫草》、《天池草》、《東寧草》等詩集。民國二十九年歿。

　　林景仁與許南英的年齡相差幾近四十歲，但兩人是忘年知交。他們經常永夜促膝長談：「共洗往塵席一臨，紅樓燭影夜深深。」〔註198〕「證此前修

〔註194〕許南英：〈賀林菽莊侍郎暨德配龔夫人四十初度逢閏重慶〉（《窺園留草》），頁144。
〔註195〕同上註。
〔註196〕許南英：〈菽莊四詠〉之四（《窺園留草》），頁147。
〔註197〕許南英：〈壽菽莊主人〉（《窺園留草》），頁191。
〔註198〕許南英：〈林健人遊歷東西洋歸示詩，即和原韻〉（《窺園留草》），頁157。

禪指月，樓頭澈夜坐相臨。」〔註199〕所談的話題無所不至，或談家國大事：
「身經東亞西歐遍，春在蠻煙瘴雨過。借問使君爭戰局，觸蠻何日倦尋戈？」
〔註200〕，或訴身世感慨：「日輪不返魯陽戈，太息年華瞥眼過。惡睹江山留破
碎，苦將筆墨事吟哦！」〔註201〕或抒個人煩惱：「西風雁帛忽飛來，召我東籬
病眼開。窮巷日需菰米饌，騷壇辜負菊花杯。」〔註202〕

　　許南英對於這位清朗俊秀、才華洋溢的晚輩，滿心的歡喜與疼愛，如同
對待自己的孩子，〔註203〕而林景仁對於「幼而奇窮、仕而屯邅、死且葬身異
域」〔註204〕的許南英種種曲折難言的內心痛苦，也能明白體會。他知道許南
英窮，所以常藉佳節慶典時節招飲、餽禮。〔註205〕他知道許南英愁苦，所以
常說趣事、逸聞，希望許南英暫解煩悶。〔註206〕在許南英辭別菽莊友人去棉
蘭時，他與林景仁一再酬唱，直至八疊才止，深厚友誼，無盡無涯。而事實
上，過後不久，林景仁也偕同妻子到棉蘭了。許南英所以遠赴棉蘭任事，一方
面固然是因為經濟的緣故，一方面也因林景仁常居留棉蘭的關係！〔註207〕

　　兩人對於這份忘年的真摯友誼都是十分珍惜的，許南英〈壽蟬窟主人〉
之四詩云：

　　　春燕新泥乍結巢，相依情愫漆投膠。

〔註199〕許南英：〈再和健人倒疊前韻〉（《窺園留草》），頁158。
〔註200〕同註198。
〔註201〕同註199。
〔註202〕許南英：〈和林健人壽菊小集原韻〉（《窺園留草》），頁161。
〔註203〕許南英在〈再和健人倒疊前韻〉詩中稱林景仁「雙修福慧精神王」、「照人朗
　　　　朗崑山玉」：也一再讚揚林景仁風采才華、多學博聞，〈題蟬窟主人《摩達山
　　　　詩草》〉「公子翩翩，風流絕世，平生著作如林；萬卷琳瑯，茂先疑是前身。」
　　　　〈壽蟬窟主人〉：「自許文章追玉局，若論半度似京江。五言盤硬長城築，低
　　　　首南荒我受降。」《窺園留草》，頁158、215、189。
〔註204〕林景仁：《《窺園留草》序文》（《窺園留草》），頁7。
〔註205〕許南英：〈寄南洋林小眉、莊怡華〉（《窺園留草》），頁155。此詩提到林景仁
　　　　邀許南英同遊南洋，只因有事未能同行。〈和林健人壽菊小集原韻〉和〈和林
　　　　健人壽內詩，即步原韻，並以致祝〉則提到林景仁招讌。〈壽蟬窟主人〉的序
　　　　文：「予客秋賤辰，承主人以詩見賀，復惠貴重品物，感何可言！」則說到林
　　　　景仁的餽禮。頁173。
〔註206〕林景仁：〈伽曼耶裔觀摩達土人賽會寄蘊叟〉、〈伽曼耶裔時多大風揚塵行者苦
　　　　之戲效西崑體作五言一首寄蘊叟以博一粲〉（林景仁：《摩達山漫草》，收在《臺
　　　　灣風物》，第22卷第2期，民國61年），頁18之1、18之3。
〔註207〕許南英：〈壽蟬窟主人〉之三（《窺園留草》），頁189。「對鏡頭顱已不黔，二
　　　　年小住為君淹。」

　　半生人事眞蕉鹿，一代詞宗起鳳蛟。

　　衰朽不堪胡地客，空疏羞作忘年交。

　　人中八寸思彭祖，臣朔詼諧作壽嘲。

林景仁〈許蘊叟偕眉生仲氏上山見訪〉之四〔註208〕詩云：

　　無奈匆匆去，何能剌剌休。

　　望塵方絕念，來轍誤白頭。

　　未慰相思苦，翻添小別愁。

　　卻欣腰腳健，後約好重修。

　　遠離親人、獨在異地的許南英也對林景仁談起身後事，〈春日次蟫窟主人原韻〉：

　　伏櫪局轅下，閒吟魏武詩。

　　易朝存氣節，亂世此鬚眉。

　　文字千秋定，恩仇一劍知！

　　異時埋傲骨，築塚近要離。

　　民國六年十一月，許南英病逝棉蘭，林景仁極盡敬穆之禮，將之安葬在當地。〔註209〕故人已逝，但情誼永在。古人有言：「一生一死，乃知交情。」林景仁在棉蘭時，代許南英後嗣掃墓，也常憶起這位亡故好友，對許南英的後嗣也有一份愛屋及烏的感情，而多所照顧。〔註210〕

（三）沈琇瑩

　　沈琇瑩，字傲樵，號壺天醉客，湖南衡陽人，生於同治九年，光緒二十八年舉人，歿於民國三十三年。曾前往日本留學，與黃克強等人常相過從，密謀革命，先後參加華興會、同盟會。光緒三十四年，以揀選知縣的名義，

〔註208〕 林景仁：《摩達山漫草》（《臺灣風物》，第 22 卷第 2 期，民國 61 年），頁 6。

〔註209〕 施士洁：〈寄祭許允白文棉蘭日里〉（《後蘇龕合集》），頁 432。「君之死有蟫窟在，是曰知己。況所居停，殷其足恃，贈君以道義之金，宅君以乾淨之土，酹君以馨潔之旨。」

〔註210〕 林景仁：〈秋日過蘊叟墓〉（《天池草》）：「……嗚呼冬郎乃向蠻中死。茫茫天道寧論已。貞元進士存者幾。山陽哀笛寧入耳。君不見昔人碎琴良有以。抽刀試斷東流水。」以及〈偶檢敝麓得亡友許蘊白遺詩書感〉（《東寧草》）：「丁此純陰日，微詞託許衡，王磐空一世，低首是先生。」〈二十疊贈許赞元〉（《天池草》）：「芒鞵踏遍九洲潮，斜日天涯弄短簫。家世清傳箕水犢，田園荒盡赤嵌梟。紀群兩世交情篤，朱郭千秋俠氣消。共學鷗夷三徙計，未羞商賈託周朝。」（收在《臺灣風物》，第 2 卷第 2 期，民國 61 年），頁 47、87、37。

到廣州候補兩廣鹽大使，兼任廣東法政大學堂教授。私底下秘密與胡漢民互通聲氣，進行推翻滿清的革命事業。他常到「聽秋聲館」打詩鐘，而與許南英相酬唱和，極為契好。〔註211〕民國三年，沈琇瑩獲得許南英的介紹，得與林爾嘉相識，〔註212〕詩詞唱酬無虛日，並與林爾嘉結定金蘭，主持菽莊吟社。晚年與林爾嘉相契甚深，唱酬的詩詞很多。著有《寄傲山館詩稿》、《寄傲山館詞稿》。

許南英與沈琇瑩相識初期，相互切磋砥礪詩藝，唱和之作甚多，如：〈楊花五首，和沈琛笙大使原韻〉、〈春草八首，和沈琛笙大使原韻〉，這些看似詠物的作品，事實上，首首都是家國之痛、身世之悲的泣血之作。

民國二年，許南英任龍溪縣知事，聘沈琇瑩擔任龍溪縣修志局總纂。沈琇瑩曾代許南英作了一篇〈募修龍溪縣志啟〉：「……南英職司守土，志在搜遺；殺青補遺，詢謀僉同，……債指重數，種種需財；……業裹不朽，功勒無量。……」〔註213〕宣告知縣許南英修志之願，並期各方雅成。修志一事應是兩人共同的心願，沈琇瑩博學多識深獲許南英的欣賞：「抽豪氣象干雲綵，鑄鏡光芒射日紅。後有文人徵杞宋，千秋應識寓公公。」〔註214〕不過，修志不果，沈琇瑩因而有歸鄉之意，許南英加以勸慰：「傷心災難萬方多，轉語勸君毋渡河！天上星辰搖北斗，地中螻蟻夢南柯。出山水本清如鏡，歸岫雲猶淡似羅。維楚有材仍楚用，莫隨山鬼續離騷！」〔註215〕

許南英有詞一闋〈聞沈琛笙「重修龍溪縣志」，作此誌慰（望湘人）〉，依內容所述，似乎後來沈琇瑩達成修志之願，但其子嗣沈驤未提及此事，亦無其他資料可佐證，姑存疑，茲列許南英詞作於下供參考：

> 信文章有價、名士無虛，傲樵尚未歸去！史席重臨，鷁江再至，安硯依然龍署，徐孺文雄、胡瑗學粹、陳遵才裕。記曩日冷宦初來，著意朝縈夕慮。　搜羅新朝掌故，奈譏儕謠詠，僉壬含妒！負白石菽莊，牴擲千金把注。斯文未喪、舊人尚在，佇看鶯翔鳳翥。笑

〔註211〕沈驤：〈我的父親沈傲樵先生〉（沈傲樵、沈驤：《沈傲樵父子詩詞選集》，民國68年，慈盧主人發行），頁1。

〔註212〕同註211，頁19。沈驤引《窺園留草》第155頁：「甲寅閏五月初七日，偕沈琛笙孝廉、徐蘊山孝廉赴菽莊吟社。夜發鷁江，曉至江東橋，趨謁黃石齋先生講堂」五律二首說明此事。

〔註213〕同註211，頁19。

〔註214〕許南英：〈沈琛笙五日有感，和其原韻並以慰之〉（《窺園留草》），頁134。

〔註215〕許南英：〈送沈琛笙歸衡山〉（《窺園留草》），頁136。

跖犬高吠，神堯知否？自承謬誤！

許南英到棉蘭之後，有寄懷詩一首贈沈琇瑩，詩中再次提及沈氏的史學專才：「衡陽斷雁無消息，修史何人識子長。」〔註216〕

（四）陳劍門

許南英為菽莊吟社社員時，和同是社員的陳劍門多所唱和，而且都是一連數首的組詩型式，暢所欲言、淋漓痛快。事實上，兩人早年即共赴公車，有同年的關係。〔註217〕除此之外，兩人還有一因緣。許南英窺園時期的詩友陳子模〔註218〕與陳劍門「同宦山東，多蒙推解；死為治喪，扶櫬回籍。」〔註219〕陳劍門的這份情義，許南英深為感激與欽佩，而且，陳氏年齡較大，所以許南英尊之為長者，〔註220〕與之作畫吟詩，與之共傷時局，與之歎惋無常的人生。陳劍門雖然年紀大，但是「老成治事神仍王」、「礱鑠精神晚節堅」、「暮年烈士心猶壯」，〔註221〕給許南英許多的啟示與激勵。〔註222〕

五、臺灣新生代詩友

（一）吳筱霞

許南英與吳筱霞是師生，也有親戚關係，民國元年回臺時，因為修築道

〔註216〕許南英：〈秋日懷人〉（《窺園留草》），頁195。
〔註217〕許南英：〈和陳丈劍門見贈原韻〉之一（《窺園留草》），頁150。「鷺嶼相逢皆老大，廿年前共赴公車。一麾作郡遊鄒魯，幾點看山上太華。」
〔註218〕許南英：〈與陳子模、傅采若、張愷臣遊夢蝶園，拜五妃廟；飲於竹溪寺，女校書四人與焉〉（《窺園留草》），頁18。詩中記載當年兩人聯袂同遊的情形。乙未之役後各奔前程，後來再次相逢於廣州，許南英詩：〈贈陳子模明府（時自山東請假回閩，來粵寓陳省三觀察廣州府署）〉（《窺園留草》），頁53。「無家一例走風塵，容易相逢粵海濱。幸有陳蕃能愛客，不妨王粲暫依人。風騷不忍回頭問，雪霜頻驚入鬢新。後會何期難預定，典衣估酒莫辭貧。」可見兩人友情不淺。
〔註219〕同註217第四疊唱之二詩中注文。（《窺園留草》），頁152。
〔註220〕如許南英：〈和陳丈劍門見贈原韻〉再疊前韻之二，「問字日來親長者，可能弟子列班行」，又如〈和陳丈劍門見贈原韻〉四疊前韻之一，「衛武耄期猶好學，門前長者日停車」，都可看出許南英這種心意。
〔註221〕前引詩句見許南英：〈和陳丈劍門見贈原韻〉再疊前韻之三（《窺園留草》），頁151。後引詩句見許南英：〈秋日懷人（贈陳迂公太守）〉（《窺園留草》），頁195，第三句見於〈和陳丈劍門見贈原韻〉四疊前韻之一（《窺園留草》），頁152。
〔註222〕許南英：〈和陳丈劍門見贈原韻〉之二（《窺園留草》），頁150。「著作尚餘揚子草，海邦猶想召公棠。巋然一座靈光殿，竊幸同時切景行。」

路，窺園必得拆讓，無法住宿，所以就住在吳筱霞花園的嘯霞樓，許南英有〈嘯霞樓題壁〉詩兩首，題下有注曰：「樓在門生吳筱霞花園，壬子回臺即寓樓上。」這一住，就從夏天到冬季。原在秋天時，許南英就興起歸去的念頭，但詩友們熱情挽留，而且想想：這樣的雅聚聯吟、相偕出遊的快樂，得來不容易，於是又住了下來。〔註223〕這一百多日的叨擾，正顯示許、吳之間的親切關係非比尋常。〔註224〕

直到民國二十二年，許贊堃繞道到臺灣來時，還特地託人尋找吳家地址，並登門拜訪。當時的許贊堃在學術界已有地位，還是大學生的吳守禮（吳筱霞子）與他會面，並居中做許贊堃與他的日籍教授神田喜一郎的翻譯，交換學術消息。這件事對吳守禮起了極大的鼓舞作用，並且是他日後走上語源研究的一個觸發原因。〔註225〕

（二）陳渭川

陳渭川，字瘦雲，又字瘦痕，別號菜畦，〔註226〕臺南人，倜儻不羈，詩才豐蔚。光緒二十三年，與連橫、謝瑞林等人組織浪吟詩社；光緒三十二年，因社友零落，再與連氏等人創建南社。日據時為臺南新報記者。愛京劇，民國初年曾組小羅天童伶京班。

許南英對這位「自少能文章，放浪不羈士；淵淵金石聲，餘音猶在耳」的後起新秀是很讚賞，但是，民國元年許南英回臺途中，就傳來陳渭川的訃音。聽到這個消息時，許南英一時無法置信，詩云：「我來尋後起，爾竟作先殤」、「無聊搔白首，天道若茫茫」。民國五年，許南英第二次回臺時，又歎惋：「憶昔五年前，我來君已死；湖海失元龍，令人悲喝已。」、「同人聞予來，攜手色然喜；獨有地下人，墓門呼不起」。〔註227〕許南英對逝者的深悼之

〔註223〕 許南英：〈重陽前一日吳園分韻小集〉（《窺園留草》），頁 120。「深秋已想開蘭棹，勝友猶留落萬巾。老去可能身健在，明年明日去來頻？」

〔註224〕 第二次回臺時，許南英落腳何處，就不得而知了。所以沒有再住吳筱霞處，吳筱霞次子吳守禮：〈許南英父子與我家〉（陳信元編：《許地山代表作》，蘭亭書店，民國 72 年 6 月），頁 250。文中有提到原因：「他（許南英）再次回臺，我們家已經時移景遷了。」

〔註225〕 同上註，頁 252～256。

〔註226〕 連橫：〈弔陳瘦雲並寄南社諸子〉詩末附注「瘦雲工詩，別號菜畦」。（《劍花室集》，臺灣省文獻委員會，民國 81 年），頁 3。

〔註227〕 此段所引詩句，見許南英：〈輓陳瘦雲〉、〈追悼陳瘦雲〉二詩（《窺園留草》），頁 106、167。

情，明白可見。

許南英〈追悼陳瘦雲〉詩中有「睇彼小羅天，梨園餘弟子」二句，那麼，陳渭川組小羅天童伶京班一事，最慢應在民國元年夏季許南英回臺之前，因為在許氏回臺途中，陳渭川已過世。〔註228〕因此，黃典權主修的《臺南市志‧文教志》說：「民國五年本市臺南新報記者陳渭川，與刑事王岳、王水合股組織小羅天童伶京班。」是錯誤的。

（三）謝瑞林

謝瑞林，字籟軒，號石秋，臺南市人，光緒間臺南府學庠生，浪吟詩社、南社社員。民國前五年入臺南新報操筆政，常集詩友於作礪軒詩酒唱酬。民國七年攜眷赴日本神戶經商，民國十年客死日本攝津，年僅四十三歲。

許南英乙未年離開臺灣時，謝瑞林才十六、七歲，爲臺南府學庠生，當時二人尚未詩文往返。但許南英兩次回臺掃墓省親、與詩友聚會，受到當時身爲南社社長謝瑞林許多的招待。首次回臺時，先是醉仙樓、臺南公館的歡迎會，接著又暢遊竹溪寺、超峰寺，兩人也曾夜酌對談、吟詠唱和，許南英也畫梅題贈給謝瑞林。〔註229〕許南英要回大陸前，南社同人又於吳園送別。第二次回臺時，不像第一次時那麼熱鬧，但也在謝瑞林陪伴下，多次與南社同人雅集聯吟。兩次回臺，許南英日夜與詩友聚會，拈題鬥韻，在這兩年中，創作數量最多。

許南英與謝瑞林因「能詩結夙緣」，〔註230〕在詩壇留下了一段佳話。

（四）謝國文

謝國文，字星樓，是謝瑞林的姪子。〔註231〕喜吟詠，常與謝瑞林參加南社雅聚，拈題鬥韻。他對日人歧視臺人深爲不滿，力請父命留學日本東京。曾加入「臺灣文化協會」，並與同志刊行《臺灣青年雜誌》。〔註232〕

〔註228〕註226所引詩，是連橫大陸之遊第一年的作品，連氏於民國元年3月22日啓程，於是年中秋之前接獲陳瘦雲病逝消息，和許南英詩作所記的時間很接近。

〔註229〕《窺園留草》書中和謝石秋有關的詩作很多，略舉數首爲例：〈題畫梅，贈謝石秋〉、〈謝石秋酒後贈句，即用原韻酬答〉、〈與謝石秋夜酌偶成〉、〈博物館望招魂祭場，和謝石秋原韻〉、〈贈謝石秋〉、〈遊開元寺小集，同雲石、籟軒分韻得魚字〉、〈十六日晚遊公園，與茂笙、石秋、景山各口占數詩〉。

〔註230〕許南英：〈南社同人在醉仙樓開歡迎會，酒後放歌〉（《窺園留草》），頁107。

〔註231〕連橫：《雅堂文集》卷四（南投臺灣省文獻委員會，民國81年3月），頁305。

〔註232〕吳家顯：〈《醒廬詩及謎遺稿》序〉（謝國文：《省廬遺稿》，臺北龍文出版社，

　　許南英首次回臺時，在諸位詩友陪伴下，或切磋詩藝、或遊山玩水。有次遊岡山超峰寺，中途遇雨，許南英有詩〈與謝石秋、星樓、林湘沅、黃茂笙遊岡山超峰寺中途遇雨〉記此一事，同行的謝國文也寫了〈陪蘊白前輩湘沅茂笙兩詞長並吳守權籍軒家叔遊岡山超峰寺〉一詩。〔註233〕許南英於回臺前夕，有〈留別南社同人〉一詩，謝國文則恭謹寫下〈敬次許蘊白前輩留別原韻〉，〔註234〕表達出依依離情。民國五年，許南英第二次返臺，又與從日本回國過暑假的謝國文碰面，對這位晚輩，許南英頗爲讚賞鼓勵，期許他「扶桑莽莽無餘子，寶樹森森有好兒。後日騷壇開雅集，定應小謝有新詩。」〔註235〕

（五）黃欣

　　黃欣，字茂笙，後改南鳴，號固園主人，別署四梅主人、西圃，臺南人。生於光緒十一年。曾於胡南溟處學詩詞，南社社員。後留學日本，日本明治大學法學士，曾任臺南西區區長、臺南州教育委員、總督府評議會員等職，民國三十年卒。

　　許南英兩次回臺，受到黃欣和謝瑞林等人熱情招待。〔註236〕當時詩友敲詩鬥韻，你唱我和的歡喜，在爲陳逢源《南都雨窗墨滴》一書題記時，黃欣仍記憶猶新：「讀到吳園舊詩句，神仙重憶許飛瓊。」句下並有注：「書中有許允白先生歸臺寓吳園諸詩。是時先生有小遊仙四首，和者甚眾。」〔註237〕

　　許南英對這些後進晚輩總是讚許嘉勉、深寄厚望，在送黃欣至日本留學一詩中，許南英寫著：「再策鰲頭高濯足，莫留鹿耳困吟身。」〔註238〕

（六）連橫

　　連橫，字雅堂，又號劍花，光緒四年生，臺南人。乙未年內渡，後回臺主台南新報漢文部。光緒三十二年，連橫與趙鍾麒、胡南溟、謝瑞林等十餘人創立南社，推蔡國琳爲社長，趙鍾麒爲副社長。後移居台中，加入櫟社。

　　　　　民國81年），頁9。
〔註233〕謝國文：《省廬遺稿》，頁124。
〔註234〕同上註，頁88。
〔註235〕許南英：〈喜晤謝星樓暑假歸省〉（《窺園留草》），頁168。
〔註236〕從許南英兩次回臺的作品中，可以明白看出南社社友的熱情招待情形。
〔註237〕黃欣：〈題南都雨窗墨滴〉（見陳逢源：《溪山煙雨樓詩存》，臺北龍文出版社，民國81年），頁47。
〔註238〕許南英：〈重陽日後二日送黃西圃東航〉（《窺園留草》），頁120。

民國建立，曾作大陸遊。民國二十五年卒。

　　民國元年，許南英首次回臺時，連氏去大陸遊歷，兩人未見面；許南英第二次回臺時，寫了〈贈連雅堂〉一詩，對當時抑塞憤懣的連雅堂多所安慰鼓勵，〔註239〕詩云：

> 天與連生著作才，何緣潦倒困塵埃！
>
> 世方板蕩遭非偶，願已暌違志不灰。
>
> 蘇軾不生淪玉局，燕丹已死冷金臺。
>
> 新詩儻有幽并氣，知自居庸躍馬回。

　　許南英有〈弔吳季籛參謀〉詩二首，連橫認爲「則此一詩，可作信史。季籛有知，亦當起舞。」〔註240〕連橫在〈送吳季籛遺骨歸粵東〉詩中，〔註241〕說到許南英這位同鄉前輩：「撫孤深望許文休」，句下並有注文：「臺南許蘊白刺史官粵時恤其（吳季籛）孤。」他對許南英的重情重義是欽仰肯定的。

（七）林湘沅

　　林湘沅，號六四居士，臺南人，就業蔡國琳門下。寡言笑，恬名利，爲人耿介不阿。日本據臺後任臺灣日報社記者，民國十二年歿於臺北。無詩傳世。〔註242〕

　　許南英與林湘沅的相識，似始於許南英首次回臺，南社同人的歡迎會上。依《窺園留草》所見詩作，許南英民國元年回臺時，曾與林氏及謝瑞林、趙鍾麒、黃茂笙等人雅集吟詠，也曾相偕出遊。〔註243〕

（八）顏雲年

　　顏雲年，號吟龍，世居基隆鰺魚坑，少負奇氣，應童子試未售，當日人佔據臺灣後，經營礦業致富，初築環鏡樓於新店街，後又建陋園於田寮港。

〔註239〕連震東：〈連雅堂先生家傳〉（連橫：《臺灣通史》，臺北眾文出版社），頁1052。「先生久居東海，鬱鬱不樂。辛亥秋，病且殆。癒後，思欲遠遊大陸，以舒其抑塞憤懣之氣。」

〔註240〕連橫：《臺灣詩乘》卷六（南投臺灣省文獻委員會，民國81年），頁231。

〔註241〕連橫：《劍花室詩集》（南投臺灣省文獻委員會，民國81年），頁115。

〔註242〕謝汝銓：〈茂才林湘沅藝友〉（《雪漁詩集》，臺北龍文出版社，民國81年），頁49。「空說門人搜舊稿，一肩遺恨不刊成」。

〔註243〕許南英：〈與謝石秋、星樓、林湘沅、黃茂笙遊岡山超峰寺中途遇雨〉、〈壬子冬日吳園小集，以「鴛鴦」命題，林湘沅得雙元，謝籟軒、趙雲石俱得眼。餘興未已，往寶美樓開宴〉二詩。（《窺園留草》），頁109、131。

提倡詩學，主持風雅，後為瀛社及桃竹各吟社聯合會會長。民國十二年卒，年四十九，著有環鏡樓唱和集。

謝汝銓和他既是詩友，也是姻親。〔註 244〕許南英民國五年第二次回臺時，在謝汝銓介紹下，和北部詩友見面，就寄宿在洪以南淡水住處，也曾到顏雲年環鏡樓小住。〔註 245〕

六、棉蘭時期詩友

（一）張鴻南

張鴻南，號耀軒，嘉應州人，咸豐十一年生。少懷大志，與其兄煜南思量，欲立宏業於海外，兄弟聯袂赴蘇門答臘之棉蘭，闢土殖民，不十年間，獲利甚鉅。兄弟二人對社會公益事業悉力贊助，獨資創建棉蘭敦本學校及捐建各埠中華學校。他們對家國亦報效至鉅，並決心在國內發展實業以培國力，遂回國參與興建潮汕鐵路，於光緒三十二年冬竣工。

張鴻南與林爾嘉是故交，後又結為姻親，林景仁取了張氏次女張福英。民國五年，許南英在林爾嘉的推薦下，遠赴棉蘭，為張鴻南編輯服官三十五年事略，因此而有一段主從的關係。〔註 246〕

許南英在〈壽張耀軒先生六十晉七〉詩中，對於張氏在棉南的成就貢獻頗為讚揚稱頌：「敷政荷蘭三十年，甘棠垂蔭遍全棉。」、「操縱金融資轉運，交通鐵軌布縱橫；分科治事歡寒士，設院施醫拯病民：社會依公得利益，曲江金鑑起家聲。」、「絕島山川興寶藏，要荒花草振精神。」他在棉蘭恆心園（張氏園邸）的生活似乎是悠閒舒適的：「不暖不寒，暮春天氣，袖窄衣單。有賢主人，適子之館，授子之餐。倦時園裡盤桓，覓詩句，柳邊、竹邊。數

〔註 244〕謝汝銓：〈陋園吟集序〉（《台南市志・文教志》），頁 3628。「蓋余與君文字交游，重以兒女姻婭，時相過從。」

〔註 245〕許南英：〈題畫梅，寄洪以南〉（《窺園留草》），頁 111。「美人香草意，洪子獨無儔。乍向淡江駐，如從湘水遊。逢人聞說項，即我亦依劉（臺北登岸，曾住其家）。引玉拋磚意，余懷想紉秋（以南善畫蘭，欲以梅換蘭；故云）。」
許南英：〈遊基隆臺北雜詠〉之一（《窺園留草》），頁 125。「來遊猶記少年曾？依舊山灣抱水澂。環鏡樓頭收爽氣，詩人合住第三層。」

〔註 246〕許南英：〈壽菽莊主人〉（《窺園留草》），頁 191。「去歲君介紹，驥驅走南洋」。許贊堃：〈窺園先生詩傳〉中也說到：「民國 5 年，……那時，蘇門答臘僑市長張鴻南先生要聘人給他編輯服官三十五年事略，林叔臧薦先生到那裡去，先生遂於重陽日南航。」

盡行蹤，嘗來風味，只有棉蘭。」「世外神仙，羲皇之世，懷葛之天。流水桃花，與山契合，與水流連。興來摩達遊山，互酬和，珠玉成篇；筍束牛腰，雜參軍語，寫薛濤箋。」〔註247〕在林健人兄弟的陪同下，或煮茗清談，或遊摩達山，但究其竟，許南英的心情總是鬱抑難歡的。〔註248〕其〈春日次蟬窟主人原韻〉之四云：

> 垂老翻爲客，牢愁始作詩！
> 勞勞緣壽骨，寂寂且低眉。
> 世局直如幻，前途暗不知！
> 午窗縈短夢，睡起轉迷離。

又〈穀日感懷，和貢覺〉之二：

> 殖民天闢此神區，閩粵鄉音聽忽殊。
> 客館閒情聊戲雀，冷官鄉味不思鱸。
> 金錢若命羞酸子，肝膽論交友市屠。
> 忘卻本來眞面目，胭脂粉墨任人塗！

這種種的蒼茫迷離、幽思牢愁，以及自憐自艾的感歎，才是他垂老翻爲棉蘭客的眞正心聲！

（二）張杜鵑

張杜鵑，廣東梅縣人，是許南英次子贊元（叔壬）就讀黃埔軍校時的同學。〔註249〕或許是張鴻南的宗族晚輩。〔註250〕

許南英於民國五年九月到棉蘭，張杜鵑在民國五年冬天離開棉蘭，到雲南從軍，〔註251〕兩人相處的時間最多是三個月。雖然相處的時間並不長，但

〔註247〕許南英：〈偶成（柳梢青）〉、〈偶成（又一闋）〉（《窺園留草》），頁216、217。
〔註248〕許贊堃：〈窺園先生詩傳〉（《窺園留草》），頁245。「這樣的工作預定兩年，而報酬若干並未說明。先生每月應支若干既不便動問，又因隻身遠行，時念鄉里，以此居恆鬱鬱，每以詩酒自遣。加以三兒學費、次女嫁資都需籌措，一年之間，精神大爲沮喪；扶病急將「張君事略」編就，希望能夠帶些酬金回國。不料歐戰正酣，南海航信無定，間或兩月一期。」
〔註249〕許南英：〈步張杜鵑原韻〉詩下註言（《窺園留草》），頁174。以及〈贈張杜鵑〉（《窺園留草》），頁174。「舊與兒曹善，黃埔講武堂」
〔註250〕許南英：〈和杜鵑醉歌行原韻〉（《窺園留草》），頁176。「大盤已擘蟹雙螯，小簋猶撕雞半肘；葡萄美酒飛夜光，既醉謔呶猶強受。主人同姓又鄉親，自然交誼異常人。」
〔註251〕依許南英：〈送張杜鵑從軍雲南〉（《窺園留草》），頁187。從「浪跡江湖驚歲

是張杜鵑這位「品格清如許，豪雄氣未除」、「文章大似柳州柳，放浪旋傾酒泉酒；興來直吸如長鯨，贏得座人齊拍手」的兒輩，〔註 252〕卻和許南英「文章磁引芥，意氣漆投膠」，〔註 253〕並且激發出許南英的熱血豪情。他們經常談論家國之事：「棉蘭共話中原事，蒿目時艱議論生」、「新詩讀罷叫豪絕，知君日夜磨心鐵。借人杯酒慨當慷，翻累老夫嘔心血。爲君縷述辛亥之兵戎，……」〔註 254〕而對「安得醉臥中山一千日，恝然世事不合作蠻伸」〔註 255〕的張杜鵑，許南英以父執的心情，叮嚀鼓勵他：「頭顱大好擲何輕？武漢新軍莽莽行。豈爲勛名傳異代？須知種族有同情」〔註 256〕、「待旦戈猶枕，臨宵劍起鋩。長安紛未定，何事滯他鄉？」。〔註 257〕

許南英〈和杜鵑旅南雜感〉八首組詩、以及〈和杜鵑醉歌行原韻〉，寫得洋洋灑灑、恣肆奔流，詩情熱烈澎湃、豪氣干雲，在他晚年的作品中，顯得格外的突出耀眼。請看〈和杜鵑旅南雜感〉之六、之八：

　　閒氣鍾靈竟軼倫，將軍爽颯氣深淳。
　　逃亡宗社無餘子，破碎河山有替人！
　　竊國神奸難免死，開山寶藏不憂貧。
　　荊襄疑有王基肇，崇拜英雄切望塵。

　　列強如虎搏風腥，久睡神獅一瞥醒。
　　國會公言如築室，家臣帝制已盈廷！
　　艱難思肖藏心史，忠義文山照汗青！
　　新莽當時謙下士，至今獨惜太玄亭！

〈和杜鵑醉歌行原韻〉是一首長詩，不在這裡引錄，但詩「生動地描寫武昌起義的壯烈情景，而且通俗易懂。」〔註 258〕

「相逢未幾遽分襟，別酒臨歧感念深。」、「浪跡江湖驚歲晚，留君不住

晚」以及「侯門祗賸馮諼鋏，客路誰添季子裘！遠道天寒歸不得，春來冰泮發梅州。」詩句來判斷，張杜鵑離開的時間是冬季。

〔註 252〕前引詩句見〈贈張杜鵑〉，後引詩句同註 250。

〔註 253〕許南英：〈贈張杜鵑〉（《窺園留草》），頁 174。

〔註 254〕前引詩句出自〈步張杜鵑原韻〉，後引詩句引自〈和杜鵑醉歌行原韻〉。

〔註 255〕同註 250。

〔註 256〕許南英：〈步張杜鵑原韻，再疊前韻〉（《窺園留草》），頁 174。

〔註 257〕同註 253。

〔註 258〕王盛：〈一個不應被埋沒的臺灣愛國詩人〉（周俟松、杜汝淼合編：《許地山研究集》，南京大學出版社，1989 年），頁 44。

若爲情！」〔註259〕縱使離情難捨，許南英卻也很高興張杜鵑這個熱血青年回國去建設。

（三）徐貢覺

徐貢覺，廣東鎮平人，爲張鴻南所創辦的日里敦本學校教員。是許南英在棉蘭時期的詩友。許南英在棉蘭時，除了林景仁、林剛義兩兄弟的陪伴，另外，最常在一起的就是徐貢覺和張杜鵑了。徐貢覺經常和許南英在一起切磋詩藝，定題和作，如：〈落花，和貢覺原韻〉四首、〈落葉，和貢覺原韻〉三首、〈詠梅八首，和貢覺原韻〉、〈蘭花，和貢覺原韻〉等等，這些詠物詩中，有不少是寫物體物、切合人事的佳作。許南英對於能在異地得一琢磨詩藝的對手也頗爲歡喜，曾說：「天涯喜得談詩侶，璧月當空悟指頭」，又說：「準擬騷壇成小築，仗君風雅試開端」〔註260〕兩人切磋詩藝之餘，徐貢覺也多次宴請許南英，許南英有詩記曰：「陽阿嘯傲容晞髮，皋廡殷勤感授餐」、「肅客開筵，主人盛饌情何重！烹龍炮鳳，異味恣供養。自到南洋，祇有今宵暢；醉嘉釀，形骸放浪，佳句宜賡唱！」〔註261〕

在許南英「根觸鄉心看斷雁，迢迢隻影暮雲端」的孤單時刻，〔註262〕徐貢覺這位朋友，曾經帶給他溫暖及快樂，也化解了不少心頭的寂寞吧。

（四）張公善

張公善，即張步青，許南英滯留棉蘭時，他任當地華僑領事。〔註263〕許南英和他唱酬的作品共有九首，而其中有八首都是在棉蘭成德橋舉行落成典禮時，張領事邀約同慶，許南英應約前往，並應時景所寫作的。在「過橋踏踏唱新歌」之後，張領事安排了登山遊園的活動，每到一處，就令眾人按題限韻，相互酬唱。當時的熱鬧風雅，即使今日亦可想見。與許南英相善的徐貢覺也參加了此次活動，許南英也與他有和作。不過，這些作品雖然主題不

〔註259〕許南英：〈送張杜鵑從軍雲南〉（《窺園留草》），頁187。
〔註260〕許南英：〈和徐貢覺原韻〉、〈和貢覺原韻〉（《窺園留草》），頁176、178。
〔註261〕前引詩爲〈步張杜鵑原韻，再疊前韻〉，後爲詞作〈陪徐貢覺夜宴聯詩（點絳唇）〉（《窺園留草》），頁178、216。
〔註262〕同註260，頁178。
〔註263〕許南英：〈成德橋成，公善領事擬於冬日涓吉落之，感而成詩見示：敬和原韻〉一詩記領事之母徐夫人出資建成德橋。施士洁：〈棉蘭領事張步青母徐太夫人六十一徵詩〉（《後蘇龕合集》），頁277。詩中也說到此事：「萬里仙查博望候，板輿萊綵話棉洲。巴人臺築清能富，呂姥橋成德已酬。……」

同，但所用的韻都是平聲歌韻，如此唱酬，又一和再和，自是縛綁住詩人文思，囿限了詩才的表現。〈成德橋成，公善領事擬於多日涓吉落之，感而成詩見示；敬和原韻〉是此次活動中的第一首，即和張領事詩作之韻，用的是「歌」韻。之後的幾首，如：〈感懷，和張公善領事用前韻〉、〈自感，呈張公善領事用前韻〉、〈落葉，和公善領事用前韻〉、〈和公善遊山二首用前韻〉、〈和公善茂榕園即事用前韻〉、〈和公善遊仕武園用前韻〉全都是用前韻和作而成；當時與徐貢覺的和詩〈懷將帥，和徐貢覺用前韻〉、〈粵感，和貢覺用前韻〉、〈漫興，和貢覺用前韻〉、〈和貢覺遊極樂寺用前韻〉等，所用之「前韻」指的就是張公善第一首詩的韻部，也就是「歌」韻。這些作品內容，應酬客套的話較多，偶有抒發情感的，如「宦海風濤九折波，收帆老去倚西河」、「不盡林於蕭瑟感，天涯遊子發悲歌」、「似與梅村身世感，揮毫狂寫晦山歌」，也有議論時局的：「新軍走狗騷潮惠，舊帥驅龍駐肇羅」，但這些只是少數幾處而已。許南英另有一詩〈和張領事送周志忠君往占埤查匪〉，寫作時間不同，但也是唱和之作。

　　張公善身為當地僑領，又雅好結吟，當時在棉蘭的詩人騷客因此而會聚在一起。講起來，他對當地漢人文化及詩藝傳統的保存，也有其一定的貢獻。但就許南英與他唱和的作品內容來看，兩人沒有多少的接觸，也沒有多少交情。

第三章　時代與環境

第一節　清廷的衰落

　　清朝自西元 1645 年肇建之後，歷經了聖祖、世宗、高宗在位的一百五十年盛世，在高宗晚年開始呈露出衰微之象。接著是相迭交乘而來的內憂外患，使清廷陷入應變不及的窘境，在外交上，成為任人宰割的俎上肉，在內政方面，則是國計民生的蹇扼困頓。

　　造成如此境況，內外因素都有。內在因素方面，第一是清朝對漢人的壓抑抵制及八股取士的桎梏，使得士人的才智不易發揮創造。再者，清高宗晚年寵信和珅，任其奪權跋扈，也是清廷困衰的肇始原因之一。至於外在因素，先是清聖祖時限制西方傳教士的活動，世宗時又明令禁教，切斷了與西方的交流，使中國喪失接受外來刺激以求進步的動力。而清廷蹣頇老大的心理，常在與西方貿易通商時造成商人的不滿及誤會，埋下了日後中外衝突的遠因。

　　以下簡述清朝自中葉以降，所面臨的內憂外患。

一、清廷的內憂

（一）太平天國

　　清宣宗道光三十年（1850）洪秀全創立拜上帝會，在廣西起事，而於次年（文宗咸豐元年）定國號為太平天國，此次事件歷時十四年，牽動十餘省，至穆宗同治三年（1864）才由湘軍平定。造成人口大量減少及土地荒蕪，清

廷國力自此一蹶不振。

（二）捻亂

自文宗咸豐五年開始坐大，與太平軍聲氣相通，危亂黃河流域各省，至穆宗同治七年（1868）才由曾國藩督師進剿平定。

（三）回亂

咸豐年間，雲南、陝甘、新疆等地的回人與漢人雜處常起衝突，地方官又未秉公處理，以致回民生變，前後擾攘了二十年，對清廷國力亦造成不小的斲傷。

二、清廷的外患

（一）英國

英國大量輸入鴉片，嚴重影響我財政經濟，並戕害國民健康。道光十九年（1839）林則徐赴粵查辦，遂引起次年的鴉片戰爭，歷時兩年有餘。清廷戰敗，而於道光二十二年（1842）與英簽定南京條約，賠款之外，並開口通商、割讓香港。不僅遺害深遠，也開啓了前所未有的變局。

（二）英法聯軍

因咸豐六年（1856）的亞羅船事件及廣西西林教案，英法於咸豐七年聯軍，攻陷廣州、大沽。咸豐八年，清廷與之簽訂天津條約。因換約問題，英法發動第二次聯軍，進攻北京。清廷又與之簽定北京條約。其中，最惠國條款的約定，開啓日後列強大舉擾奪的先端。

（三）俄國

俄國覬覦我國土地已久，咸豐八年（1858），藉著英法聯軍之時，強迫黑龍江將軍奕山訂立中俄璦琿條約，令我喪失大片領土。兩年後，英法二次聯軍時，俄佯做調人，事後索求報酬，因而簽下中俄北京條約。短短三年之間，俄國趁我國內憂外患的機會，不費一兵一彈，取得了大半個東北。同治三年（1864）的塔城界約裡，我又喪失西北沿邊八十餘萬平方公里的土地。同治十年（1871），俄又乘新疆回變時進占伊犁。德宗光緒七年（1881），曾紀澤赴俄談判，爭回不少已經訂約喪失的權利，但俄國已鯨吞蠶食我中國許多土地。

（四）日本

日人以同治十年（1871）的牡丹社事件爲藉口，於同治十三年派軍犯臺。又於光緒十年（1884）煽動朝鮮開化黨發動政變，清廷與之約定：若朝鮮再變亂，兩國互相照知出兵。光緒二十年（1894）朝鮮發生東學黨之亂，兩國依約出兵。亂平後，日本拒絕退兵，並對中國、朝鮮發動攻勢，爆發甲午戰爭。戰中，牙山、平壤之戰，我國陸軍均失利。北洋海軍先是在黃海戰敗，剩餘艦隻又在威海衛覆滅，日本陸軍繼推進至東北境內。清廷派李鴻章前往日本馬關議和，於光緒二十一年（1895）訂立馬關條約，條約內容：中國承認朝鮮獨立，割讓遼東半島、臺灣、澎湖給日本，賠款二萬萬兩。

（五）瓜分危機

俄國出面干涉日本歸還遼東，並藉此機納東北於其勢力範圍之下，引起列強涎羨，皆欲在中國侵佔土地。光緒二十五年（1899），美國提出「中國門戶開放政策」，才使我國免除被瓜分的命運。

（六）八國聯軍

基於仇外的心理，以「扶清滅洋」爲口號的義和團，在慈禧太后的默許之下，於光緒二十六年（1900）進入北京滅殺洋人，清廷更下詔圍剿各國公使館，遂引起八國聯軍攻陷北京。次年，清廷與各國簽訂辛丑和約。巨額的賠款，使中國的財政破產，而各國更視清廷爲無物，日益進侵，中國危於夕旦。

在內憂外患紛沓雜擾、民無寧日之際，有志之士莫不深思細慮，試圖找出清朝沒落的原因以及解決之道，務力於追求中國的壯大與富強。各方提出的方法可分爲改革與革命兩端：改革者主張在既有的體制下進行人事與制度的變革，清末五十年間歷經的自強運動、戊戌變法、庚子新政、立憲運動等，均屬此類，其結果並無法挽救即將傾頹的清廷。而革命者則主張另立新政權，重建新制度。最後，革命運動匯聚成流，推翻了二百六十八年的滿清政權。〔註1〕

〔註1〕　本節所述，係參考林能士等著：《中國現代史》（台北大中國圖書公司，民國85年1月），以及李守孔：《中國近代史》（台北三民書局，民國79年8月）撰寫。

當清廷困於內外逼侵、焦頭爛額之際，清領之下的臺灣則面臨怎樣的情勢呢？這是下節所要論述的內容。

第二節　臺灣的情勢

清聖祖康熙二十二年（1683），明鄭投降，清廷佔有臺灣之初，就發生「臺灣棄留爭論」的問題。有人以為臺灣乃海上亂藪，不如棄置。靖海侯施琅則堅主必留，並上呈「臺灣棄留疏」，陳述必留之因，曰：

> 臺灣地方，北連吳會，南接粵嶠，……乃江、浙、閩、粵四省之左護。臣奉旨征討，親歷其地，備見野沃土膏，物產利溥，耕桑並耦，漁鹽滋生。……實肥饒之區，險阻之域。……臣思棄之必釀成大禍，留之誠以固邊圉。（《靖海事略》〈恭陳臺灣棄留疏〉）

大學士李霨力主按從施琅之議，棄臺之說始息。清廷乃於康熙二十三年四月將臺灣納入版圖，設一府三縣，隸屬於福建省。雖然如此，在乾隆年間朱一貴事件之後，又發生棄置臺灣之論，欲將臺灣總兵移置澎湖，幸賴藍鼎元、陳夢琳力爭，才止此議。

施琅雖力主留臺，但並無積極開發臺灣之意，只為防止臺灣再成為「盜藪」，這種消極態度也正是清廷早期對臺政策的出發點，而所頒布之渡臺禁令、眷屬入臺限制等規定，皆是因應而生的政策。〔註2〕其中雖有寬嚴變化，〔註3〕這種消極政策卻一直執行至同治十三年（1874），日軍以牡丹社事件為由進犯臺灣才停止。〔註4〕

牡丹事件使清廷了解到臺灣的重要，事平之後，改變以往消極的態度，命沈葆楨來臺從事建設，沈氏提出開山撫番、廢渡海禁令、增設並調整行政區等建言。光緒十一年（1885），臺灣正式建省，〔註5〕劉銘傳為首任臺灣巡撫。他以為：辦防以禦外侮，撫番以清內患，清賦以裕餉需，此三事均為急

〔註2〕 此論點，可見於郭廷以：《臺灣史事概說》（臺北正中書局，民國 82 年），頁 95。以及劉妮玲：《清代臺灣民變研究》（臺灣師範大學歷史所碩士論文，民國 71 年），頁 73。

〔註3〕 張炎憲：《清代治臺政策之研究》（臺灣大學歷史研究所碩士論文，民國 62 年），頁 7。以及劉妮玲論文，頁 74，均有列表論述。

〔註4〕 請參考本章第二節。

〔註5〕 尹章義：〈臺灣建省年月之爭〉（《臺灣近代史論》，臺北自立晚報出版社，民國 82 年 7 月），頁 159。他認為臺灣建省時間應為光緒十三年。

不可緩。〔註6〕在劉銘傳的努力之下，臺灣奠定了近代化的基礎。沈、劉二人在臺灣的開發史上有不小的貢獻，但一方面因為積習過深，一方面因為待改善的事項千端萬緒，而且清廷改變態度積極建設臺灣的時間只有二十年左右（1874～1895），所以清廷在臺灣的建設成績不易呈現。〔註7〕

　　在這種消極政策治理之下，再加上移墾社會的特質，〔註8〕清領時期的臺灣民變、械鬥、番亂事件頻生。這些事件所以發生，劉妮玲以為「社會騷動的本質遠在政治變亂性質之上」。〔註9〕就以許南英出生那一年（咸豐五年）起至其離臺那一年（光緒二十一年）的四十年來統計，民變方面有三次：一是同治元年戴潮春事件，二是光緒七年莊芋事件，三是光緒十四年施九緞事件。械鬥有三次：一是咸豐五年淡水閩粵分類械鬥，二是同治五年噶瑪蘭羅東分類械鬥，三是宜蘭西皮福祿械鬥。「番亂」方面則有十一次，都發生在光緒年間，地點則分佈在各地。〔註10〕這些頻起頻滅的社會事件，正是清代臺灣社會治安惡化的徵象。

　　清廷不了解臺灣的重要，而以消極政策處理臺灣事務。但列強各國卻覬覦臺灣島上各項豐富資源，也深知臺灣位於海上交通要衝的重要，因此常以各種藉口侵擾臺灣。先是乾隆年間，匈牙利官員貝尼粵斯基遊說各國，欲借各國之力以行其開拓臺灣之謀，雖未成功，卻引起各國對臺灣的注意。接著是道光年間，英、美兩國欲開臺灣煤礦而進犯臺灣。咸豐年間，英法聯軍之後所簽訂的天津條約中，有臺灣開口通商的條文約定，這是臺灣開港貿易之端，外國勢力由是進入臺灣。同治在位時，先是德人美利士與英人荷恩聯合侵墾大南澳；又發生英國以武力要脅樟腦自由買賣一事。另外，同治十一年，日本以牡丹社生番殺害琉球船員為由，進軍臺灣。光緒年間，首先是光

〔註 6〕　劉銘傳：〈條陳臺澎善後事宜摺〉、〈覆陳撫番清賦情形摺〉（《劉壯肅公奏議》卷二，臺北文海出版社），民國 55 年。

〔註 7〕　劉妮玲：《清代臺灣民變研究》，頁 97。張炎憲：〈清統治臺灣的政策及其演變〉（《臺灣歷史系列演講專集》，臺北臺灣分館編印，民國 84 年 5 月），頁 89。

〔註 8〕　劉妮玲：《清代臺灣民變研究》，頁 337。文中指出：移墾社會本為低文治之社會，而限制渡臺政策的關係，臺灣人口組合男多女少，而且游民特多，渡臺者又多冒險精神，民風遂以強悍健鬥為著。閩粵漳泉地域分類的習氣甚深，結拜與結會的風俗極盛，社會問題因而繁生。再加上吏政不良、班兵腐敗，民變也就因此而此起彼落了。

〔註 9〕　見其論文《清代臺灣民變研究》，頁 340。

〔註10〕　依連橫：《臺灣通史》卷二、卷四（臺北眾文圖書公司，民國 83 年 5 月）資料統計而得。

緒九年法軍侵入基隆；然後是光緒二十年（1894）甲午戰爭失敗，簽訂馬關條約，將臺灣割讓給日本。

清廷以爲臺灣乃不重要之邊域，而答應日本的強硬要求，割讓臺灣。但臺灣人民卻不願束手就異族之統治，籌組「臺灣民主國」與之對抗。雖然失敗了，但這類對抗日人統治的行動卻一直續繼到臺灣光復。

第三節　日本的野心

日本對臺灣的覬覦，可說是由來已久。遠在明朝萬歷年間，日本幕府將軍豐臣秀吉即有臺灣島招諭計畫，曾派遣部將到臺灣觀察。長崎代官村山等安也曾遠征臺灣，這可說是日本侵犯臺灣之嚆矢。德川幕府末年，日本在西方列強壓力下，主張佔領臺灣的言論更是時有所聞。日本的門戶被美國打開之後，吉田松陰則明白提出佔領從北方的堪姆察加半島至南洋的菲律賓群島間諸島嶼的建言，以諸島爲日本國抗拒歐美國家的藩籬，而臺灣正是其中之一。〔註11〕

同治十年（1871），一艘琉球船隻被暴風吹捲到臺灣南部海岸，有五十四名船員被當地土著殺害，其餘生還者爲漢人所救，在臺灣府縣及福州琉球館的安排下遣返琉球。當時的琉球處於中日兩屬的曖昧情況，〔註12〕日本即藉此事件興師問罪，於同治十三年（1874）派遣軍隊在臺灣南部琅嶠登陸。清廷授權沈葆禎專責處理，中日達成協議，清廷以賠款了結，但在無形中承認琉球爲日本屬國。這種結果，更加助長了日本窺伺臺灣的野心。

日本自明治維新運動成功後，野心勃勃，大舉展開其北進、南進的政策，急於擴張領土，於光緒二十年（1894）出兵朝鮮。清廷應朝鮮王之請，派軍隊前往協助，卻海陸軍雙雙失利，史稱「中日甲午戰爭」。次年，清廷派遣李鴻章到日本下關，與日本代表伊藤博文議和，簽訂馬關條約，其中有割讓臺灣、澎湖一條款。消息傳來，許多朝官如翁同龢、徐世昌、文廷式等皆上疏力陳割地的弊端，反對割讓臺灣。另外，在康有爲、梁啓超的策動下，在京城參加會試的舉人也赴都察院投遞，反對割臺，此即所謂「公車上書」。臺灣的紳民因事關切身，更是奔走呼號，一方面請巡撫唐景崧發電諫阻，一

〔註11〕黃秀政：〈臺灣割讓與乙未抗日運動〉（《臺灣文獻》，第39卷第3期，民國77年），頁4。
〔註12〕同註11，頁7。

方面向外國尋求援助。後來情勢底定，無法挽回，在丘逢甲及陳季同等人的倡議下，決定自主立國，以對抗日人的侵佔，並改臺灣省為「臺灣民主國」，建元「永清」，定藍地黃虎為國旗，公推巡撫唐景崧為總統，劉永福為民主大將軍，丘逢甲為團練使。許南英則為臺南團練局統領，率領義勇，防守臺南。〔註13〕

當時臺民有文布告天下，〔註14〕表明臺人抗日心聲，曰：

> 查全臺前後山二千餘里，生靈千萬，打牲防番，家有火器；敢戰之士，一呼百萬。又有防軍四萬人，豈甘俯首事仇？今已無天可籲，無人肯援，臺民惟有自主，推擁賢者，權攝臺政，事平之後，當再請命中朝，作何辦理。……惟臺灣土地政令，非他人所能干預，設以干戈從事，臺民惟集萬眾禦之，願人人戰死而失臺，決不拱手而讓臺！

這和義旗初舉時上奏的電文：「臺灣士民，義不臣倭，願為島國，永戴聖清」四句話一樣，說明了臺灣之所以獨立及其與中華民族的關係。

日本接收臺灣的首任總督樺山資紀在光緒二十一年五月來臺灣，攻陷基隆，進逼臺北。唐景崧見大勢已去，即於六月六日搭德輪回廈門。丘逢甲亦買舟返回原籍，林朝棟也內渡漳州。中北部民主國宣告瓦解。六月十四日，樺山資紀進入臺北城，日本對臺灣之殖民統治於此時開始。臺北之變消息傳來，劉永福沒有接受士紳的請求任總統之職，但仍以大將軍之職率眾人對抗日軍。除官兵佈署各地之外，義民有許南英之臺南團練，吳興湯之新竹義軍，林得謙之十八堡義軍，他們並且發出佈告：「本幫辦亦人也，無尺寸長，有忠義氣。任勞任怨，無詐無虞。如何戰事，一擔肩膺。凡有軍需，紳民力任。」〔註15〕

日本軍隊在中部受到強力抵抗，樺山資紀勸劉永福投降被拒後，改變戰略，採三路鉗形進攻，劉永福背腹受敵，事已無可為，因在九月初二密乘英輪內渡到廈門。日軍於九月初三進入臺南，「臺灣民主國」亡。日人懸像遍尋

〔註13〕 許贊堃：〈窺園先生詩傳〉（《窺園留草》，南投臺灣省文獻委員會，民國82年9月），頁237。

〔註14〕 〈臺民布告中外檄〉（龔鵬程等編：《國史鏡原》，臺北時報文化出版社，民國75年），頁373。

〔註15〕 盛清沂、王詩琅等編：《臺灣史》（臺北眾文圖書公司，民國83年5月），頁660。

許南英，鄉人乃於九月初五日送他到安平港，再坐船到廈門。〔註16〕

日人統治臺灣歷時五十年又四個月，依其統治策略不同分為三期：一、綏撫時期，二、同化時期，三、皇民化時期。綏撫時期乃自清光緒二十一年起至民國七年為止，而許南英於民國六年病逝於異域——蘇門答臘的棉蘭。

在日人統治初期，義民紛起，在各地展開游擊戰。日本除一方面以武力壓制打擊此類對抗力量之外，並且用盡方法來籠絡人心。首先，光緒二十五年（1896）時頒佈紳章制定的理由及條規，說是要彰碩學、崇有德，其實卻是「俾能均霑皇化，惟此乃最必要之事。」〔註17〕接著，光緒二十四年（1896）舉辦饗老典，光緒二十五年（1900）舉辦揚文會，這些都是日人籠絡士人遺老的策略，以緩和當時抗日的風潮。許南英在〈臺感〉〔註18〕第四首詩中，就提到「日人入城，收封予屋，號曰『亂民』；旋即起還，並給先叔以六等徽章，列於紳士。」可見當時日人籠絡手段之一斑。

1902 年以後，臺人抗日的活動被慢慢地消滅，不過受到辛亥革命成功的刺激，抗日活動再次燃起，在民國元年（1912）展開的武力抗日行動有：林杞埔事件、土庫事件、大甲大湖事件、臺南關廟事件、臺中東勢角事件；民國三年（1914）則有六甲事件；民國四年（1915）又爆發西來庵事件。在這同時，臺灣人民受到世界思潮的影響，了解到：光靠武力抗日是不夠的，必須喚起大眾的民族意識，並普及教育文化，提升臺灣人民的知識水準，才能與日本對抗。此後，抗日的行動改變方向，積極從事政治社會運動，爭取臺灣人民的權利。

第四節　新時代風潮

在一連串的戰爭和外交失敗之後，有識之士自覺到中國失敗原因，極欲變革以求自強。在林則徐、魏源、曾國藩和李鴻章先後努力推動之下，清廷於咸豐十一年（1861）在北京設立總理各國事務衙門，揭開清季自強運動的序幕。於是，各國公使入駐京城，教士展開傳教活動，列強在各通商口岸發行許多報紙書籍，並設立教堂學校，引入西方的知識和觀念，這對中國的近

〔註16〕許贊堃：〈窺園先生詩傳〉（《窺園留草》），頁 237。
〔註17〕見王詩琅：〈日據初期的籠絡政策〉（《臺灣文獻》，第 26 卷第 4 期、第 27 卷第 1 期合刊），頁 31。
〔註18〕見許南英：《窺園留草》，頁 82。

代化有不小的影響。〔註19〕

自強活動從咸豐十一年展開之後，呼聲響遍朝野，歷時三十餘年，運動重點在「師夷長技以制夷」，〔註20〕而時人多以爲「中國文武制度事事遠出西人之上，獨火器不能及。」因此，所謂的自強運動，實際祇是以軍事的學習爲中心，卻忽略了政治、社會、教育等的配合，再加上守舊派反對的阻力，這三十多年的自強自救、求國家強盛的夢想，被中日甲午一戰擊得粉碎。全國有志之士感於國勢日益艱危，紛紛投身於救國強種的行列，有鼓吹維新變法以求改善國情的，如康有爲、梁啓超等；有提倡革命、以力挽邦家傾危狂瀾的，如黃克強、孫中山等。

光緒二十一年（1895），強學會在北京成立，康有爲、梁啓超等爲其中重要成員，常辦理集會討論改革之道，後並發行中外紀聞、強學報、國聞報等，廣爲傳播該會之改革理想，頗受當時人的歡迎，造成風潮。康有爲並上書請求變法，德宗乃於光緒二十四年（1898）四月下詔變法。但受到慈禧太后及守舊派的反對阻撓，在八月六日發生政變，光緒被幽囚，六君子遭戮首，康、梁逃至日本，歷時一百零三日的戊戌變法宣告失敗。

光緒二十年（1894），孫中山在檀香山成立革命組織興中會，自此，展開一連串的革命活動，並刊行民報、中興日報等，揭櫫民族、民權、民生三大主義，推廣革命思想。在志士們十次的奮鬥犧牲之後，於宣統三年（1911），在武昌起義成功，中華民國成立。

民國成立了，卻因袁世凱爭權，禍國殃民，因而引發國民黨二次革命；革命失敗，袁世凱脅迫國會選他爲大總統，並進一步鼓吹帝制，改民國五年爲洪憲元年，但在蔡鍔、李烈鈞、唐繼堯護國軍聲討之下，當年三月帝制撤消，袁世凱退位。民國六年，又發生張勳藉機擁遜帝溥儀重登帝位的復辟事件，不過爲期十二天即被推翻。

武昌起義成功，各省紛紛獨立，形成地方權重的趨勢；再加上袁世凱爲擴大其北洋軍隊勢力，更授予軍政要職，造成歷時十多年軍閥亂政、內戰頻

〔註19〕 當時發行的報紙有上海的申報、新聞報、時務報，以及天津的時報、國聞報爲最著，定期的刊物有萬國公報、西國近世彙編等。而於光緒十三年在上海成立、以英美人爲主要成員的廣學會，則大量介紹西方的政治、文化、科學等知識進來。

〔註20〕 魏源：〈海國圖誌敘〉（《魏源集》上冊，北京中華書局編，1982 年 10 月第二版），頁 207。

繁的混亂情勢。

國外方面：世界局勢不安，民國三年至民國七年（1914～1917）發生第一次世界大戰，我國在大戰末期加入協約國參戰。另外，日本趁我國內擾攘未安之際，以對德開戰爲藉口出兵山東，並於民國四年提出苛刻無理的二十一條要求，當時任大總統的袁世凱居然覆文同意，此爲五九國恥。

在這些政治事件發生的同時，國內也展開思想、社會、文化等各層面的啓蒙運動，如：新思潮的引進、文學革命、新文化運動，婦女解放運動等。

許南英對家國至爲關心，在民國六年病逝之前，這些發生的事件都曾出現在他的詩詞之中，他不僅關懷大陸上新成立的國民政府，更注意在日本統治之下的臺灣情勢。以下筆者說明新風潮在臺灣的發展情形。

臺灣的新式教育在光緒年間因基督教會傳教活動而興起，官立之新式教育則自劉銘傳任巡撫時開始。劉銘傳以爲臺灣非引進西方學術，否則無法應世變而固邊疆，乃於光緒十三年（1887），試辦新式教育，以培育通達時務之人才。當時開辦的有西學堂、電報學堂、番學堂，惜在邵友濂繼任巡撫之後，全部被裁撤。〔註21〕

日本佔據臺灣初期，臺灣人民接連不斷的反抗怒潮，使日人忙於壓制打擊與安撫籠絡。孫中山先生領導國民革命，曾經數次來臺，秘密發展革命組織。至少有兩位臺籍的志士曾參加過黃花岡之役，一位是羅福星，另一個則是許南英次子——許贊元。許贊元於三二九之役失敗時被捕，恰巧清軍副將黃培松與許南英爲舊知，而偷偷將其釋放。〔註22〕辛亥革命成功，爲臺灣人民帶來希望，因而在兩年之中引發了七次抗日的行動。

宣統元年（1909），梁啓超來臺，造訪臺灣民族運動領袖林獻堂，勸其以愛爾蘭抗英之法，取得參政權以影響日人治臺政策，並伺機達到回歸祖國的目的。此說啓迪了臺灣抗日的新方向，也使得風氣大開，對於臺灣日後的政治、社會、文化運動等，產生廣泛而深遠的影響，臺灣父老也遣送子弟到日本求學。許南英次子許贊元即於宣統二年到日本就學。〔註23〕林獻堂等人成立了臺灣同化會、啓發會、新民會、東京臺灣青年會、臺灣文化協會……等組織，及創辦臺灣青年、臺灣民報等雜誌，以非武力的方式，鼓動臺灣抗日

〔註21〕 盛清沂、王詩琅等編：《臺灣史》，頁316。
〔註22〕 盛清沂、王詩琅等編：《臺灣史》，頁697。以及尹章義：《臺灣近代史論》（臺北自立晚報社，民國82年7月），頁32。
〔註23〕 許南英：〈次兒叔壬東洋就學，書此勉之〉（《窺園留草》），頁92。

民族運動的浪潮。

此外，第一次世界大戰前後，自由民主爲當時思想主流，美國總統威爾遜所提倡之民族自決原則等時代新思想、新風潮風起雲湧，對臺灣人民激起明顯的變化。

許南英對這些時代新風潮雖未能完全經歷，但憑他敏銳的觀察及高度的關懷，在他逝世之前，無論是世界局勢的轉變，或是有關中華民國、臺灣的變化，他都因此而有詩作創作。我們一方面可以藉此來認識瞭解許南英，另一方面，也可以從中求其詩作與史實之印證。

第五節　詩壇的情況

與許南英有關的臺灣詩吟社計有：斐亭吟社、崇正社、浪吟詩社、南社。許南英與這些詩吟社的關係究竟如何，歷來說法各異，莫衷一是。本節探討許南英與這些詩吟社的關係，著重於與許南英有切要關係的問題。

一、斐亭吟社

唐景崧任宦臺澎道時，將臺南道署內之斐亭重新修葺，邀僚屬與文士爲文酒之會，雅倡詩風。斐亭吟社成立於何時？或云成立於光緒十二年，〔註24〕或云成立於光緒十五年，〔註25〕或云成立於光緒十六年。〔註26〕關於這一點，筆者不予探究。筆者在此所要探明的問題是：許南英有無參加斐亭吟社活動？

關於這一個問題，有兩種完全相反的說法：一是有參加，〔註27〕一是沒有加入。〔註28〕抱持後者說法所依據的理由是：唐贊袞將唐景崧斐亭吟社社

〔註24〕 汪毅夫：〈略談臺灣近代文學史的分期〉（《臺灣近代文學叢稿》，福建海峽文藝出版社，1990 年 7 月），頁 113。以及劉登翰等著：《臺灣文學史》（福州海峽文藝出版社，1991 年 6 月），頁 247。

〔註25〕 賴鶴洲：〈斐亭吟會、牡丹詩社〉（《台北文物》，第 6 卷第 4 期，民國 47 年 6 月），頁 90。以及王文顏：《臺灣詩社之研究》（臺北政治大學中文研究所碩士論文，民國 68 年），頁 67。

〔註26〕 《臺南市志・文教志藝文》，頁 3521。

〔註27〕 劉登翰等著：《臺灣文學史》，頁 247。以及廖雪蘭：《臺灣詩史》（臺北中國文化大學中文研究所博士論文，民國 72 年），頁 1。

〔註28〕 汪毅夫：〈《臺灣詩史》辨誤舉隅〉（《福建論壇》，1994 年第 4 期），頁 76。許俊雅：〈光復前臺灣詩鐘史話〉（《臺灣文學散論》，臺北文史哲出版社，民國

友的詩鐘作品集結成《詩畸》一書，書中沒有許南英的作品。筆者查閱《詩畸》，書中所列作者爲臺籍文士的有安溪林鶴年、臺灣丘逢甲、安平施士洁、安平汪春源、嘉義林啓東、淡水黃宗鼎五人，確實未提及許南英，也未收錄他的作品。許南英的作品也沒有述及斐亭詩社，所以筆者也認爲許南英並沒有加入斐亭吟社。

　　唐贊袞於光緒十七年調臺澎道，兼按察使銜，旋補臺南知府；他將唐景崧等人的詩稿輯刊爲《澄懷園唱和集》。他在任上時，曾延丘逢甲主講崇文書院，與時賢名士多所往來。他有一詩〈偕施澐舫許蘊伯游竹溪寺〉，〔註29〕可見他與許南英是相識的。邵友濂纂修《臺灣通志》時，唐景崧擔任監修，他於光緒二十年時聘許南英入「臺灣通志總局」，協修《臺灣通志》；他任「臺灣民主國」之「伯理璽天德」，改臺南採訪局爲團練局，許南英任統領，〔註30〕可見他與許南英也是相識的。不過，這些都是稍後發生的事，也就是在許南英中會試之後的事。換句話說，許南英是在光緒十六年冬考中進士回臺之後，才進入仕宦階層的活動圈子的。因此，時間較早的斐亭吟社活動他並沒有參加。

二、崇正社

　　許贊堃〈窺園先生詩傳〉裡有段話：「（先生）在臺灣時發起「崇正社」，以「崇尚正義」爲主旨；時時會集於竹溪寺，現在還有許多社友。」〔註31〕後人依此段文字定論：許南英創立崇正社。這是沒錯的。但是，〈窺園先生詩傳〉裡還有另一段話：「二十四歲，先生被聘去教家塾；不久，自己又在『窺園』裡設一個學塾，名爲『聞樨學舍』。當時最常往來底親友是吳櫵山（子雲）〔註32〕、陳卜五、王泳翔、施澐舫（士洁）、丘仙根（逢甲）、汪杏

---

83 年 11 月），頁 42。賴鶴洲：〈斐亭吟社、牡丹詩社〉（《台北文物》，第 6 卷第 4 期，民國 47 年 6 月），頁 90。黃得時：〈唐薇卿駐臺韻事考〉（《臺灣文獻》，第 17 卷第 1 期，民國 55 年，頁 47。以上各家所持的理由相同：《詩畸》中所列臺籍名士只有施士洁、丘逢甲、汪春源、林啓東、黃宗鼎五人，許南英未列名其中。

〔註29〕　《臺南市志稿》卷五〈文教志藝文篇〉，頁 219。
〔註30〕　許南英：〈窺園先生自傳年譜〉、許贊堃：〈窺園先生詩傳〉（《窺園留草》），頁 225、226、236。
〔註31〕　許南英：《窺園留草》，頁 246。
〔註32〕　此時，吳櫵山已過世，許贊堃誤記。見本論文第四章第三節。

泉（春源）、陳省三（望曾）、陳梧岡（日翔）諸先生。他底詩人生活，也是從這時候起。」〔註33〕這一後、一前的兩段記載，後人併在一起看，而有「光緒四年，許南英在臺南創立崇正社」的說法。不過，此種說法有待商榷。

光緒四年，許南英二十四歲，在窺園裡設置「聞樨學舍」，從事教學工作，並常與詩友雅聚聯吟、切磋詩藝。這可從下列數首詩作內容看出：〈和王泳翔留別臺南諸友原韻〉：「文壇猶記竹谿西，一隊鞭絲帽影齊。南國香銷名士盡，杜鵑休向耳邊啼。」〈己亥春日感興〉之四：「琴歌酒賦竹溪西，香火情緣證菩提。舊址依稀蝴蝶夢，荒祠寥落杜鵑啼。詠觴勝會春風歇，貞節孤墳宿草迷。萬壑松堂僧在否，何人再讀壁間題？」以及〈六月二十四日與社友往竹溪寺參碣關聖〉其中兩句：「少年喜結詩文會，勝日同盟香火緣。」都說到當日的情形。若依作於民國元年的〈趙雲石贈詩，即步原韻二首〉之二：「竹溪溪傍舊詩壇，十八年來指一彈。」所記的「十八年」來推算，則許南英與詩友在窺園聚會吟詠的活動，一直持續到乙未割臺，許南英內渡為止。

在這樣長時間的詩人生活中，崇正社在第一年就成立了嗎？依許贊堃〈窺園先生詩傳〉那兩段話來看，是無法確定的，〔註34〕在〈窺園先生自定年譜〉裡並沒有記載這一件事，再遍查《窺園留草》書中的詩作，也沒有述及此事。所以筆者以為：依所見的資料，崇正社的成立時間是無法定論的。

雖然崇正社的名聲不甚著名，但對臺南詩風的推展有奠基之功，因此「南社諸社友飲水思源，遂有許南英創立南社的想法。」〔註35〕有人因此以為南社是許南英創立的，對於這一說法，在「南社」一項裡有所釐清。

〔註33〕 許南英：《窺園留草》，頁235。

〔註34〕 許丙丁於民國四十二年發表在《臺南文化》第3卷第1期的〈五十年來南社的社員與詩〉一文，在介紹崇正社時，引述了許贊堃：〈窺園先生詩傳〉裡的這兩段話，引述時，用刪節號來銜接，這或許是造成誤會的原因。許贊堃原文是在講完窺園先生的生平事蹟之後，在最後再補敘先生在臺灣時曾組織崇正社一事，兩段文字相隔了十一頁，敘述的語意並不相連貫。如果只看許丙丁先生的引文，是容易發生誤會的。

〔註35〕 許丙丁：〈五十年來南社的社員與詩〉（《台南文化》，第3卷第1期，民國42年），頁6。

三、浪吟詩社

有關浪吟詩社創立人、創立時間以及社員問題的說法，各家互異，相當紛歧。茲先分析歸納各家說法，然後再提出個人所見。

各家說法：

（一）許南英於光緒十七年創立浪吟詩社。〔註36〕社員有蔡國琳、趙鍾麒、胡殿鵬、陳渭川、謝瑞林。又有社員是蔡國琳、胡殿鵬、趙鍾麒、謝瑞林、陳渭川、鄒少奇、張秋濃、曾福生、楊癡玉等人的說法。〔註37〕

（二）連雅堂於光緒二十三年創立浪吟詩社。〔註38〕社員有陳渭川、鄒少奇、張秋濃等人。

（三）許南英於光緒十七年創立浪吟詩社，連雅堂於光緒二十三年重振浪吟詩社。〔註39〕採此種說法的，對於社員的看法，更是不一。或有云初期社友有蔡國琳、趙鍾麒、胡殿鵬、陳渭川等，乘連橫回臺，邀重振浪吟詩社。〔註40〕或有云許南英邀蔡國琳、趙鍾麒、胡殿鵬、陳渭川、鄒少奇、張秋濃、曾福星等組識浪吟詩社。二十三年，趙鍾麒乘連橫自上海回臺，和連氏與陳渭川、李少青、楊宜綠等人重振浪吟詩社。〔註41〕又有云許南英邀蔡國琳、趙鍾

〔註36〕 持這種看法的，有王文顏：《臺灣詩社之研究》（臺北政治大學中文研究所碩士論文，民國68年），頁68。廖雪蘭：《臺灣詩史》（臺北中國文化大學中文研究所博士論文，民國72年），頁207。

〔註37〕 前者說法見王文顏：《臺灣詩社之研究》，後者說法見廖雪蘭：《臺灣詩史》。

〔註38〕 持這種看法的，見許丙丁：〈五十年來南社的社員與詩〉，頁6、許俊雅：《臺灣寫實詩作之抗日精神研究》附錄二之附註一（臺北國立編譯館，民國86年），頁371、《臺灣省通志稿・學藝志文學篇》，頁14478、14556。但是，許丙丁在其所撰之《臺南市志文教志・藝文》，頁3521中談到浪吟詩社時，避開創立人是誰的問題，只說蔡國琳、謝瑞林、陳渭川、鄒少奇、張秋濃、曾福星、胡南溟、趙鐘麒等組織浪吟詩社。

〔註39〕 持這種看法的，有汪毅夫：〈略談臺灣近代文學史的分期〉（《臺灣近代文學叢稿》，福建海峽文藝出版社，1990年7月），頁116。劉登翰等著：《臺灣文學史》（福州海峽文藝出版社，1991年6月），頁257。盧嘉興：〈記臺南府城詩壇領袖趙雲石喬梓〉（《臺灣文獻》，第26卷第3期，民國64年），頁61。賴子清：〈臺南詩文社〉（《台南文化》新刊，第8期，民國69年1月），頁135。施懿琳：《日據時期鹿港民族正氣詩研究》（臺灣師範大學國文研究所碩士論文，民國75年），頁35。

〔註40〕 見汪毅夫：〈略談臺灣近代文學史的分期〉。

〔註41〕 見盧嘉興：〈記臺南府城詩壇領袖趙雲石喬梓〉。

麒、胡殿鵬、謝瑞林等人組織浪吟詩社；二十三年，蔡國琳邀連
雅堂、李少青入社。〔註42〕

　　從上述各種說法來看，可見歷來對浪吟詩社的說法相當錯雜，無論是創
立人、創立時間、還是社員是那一些人，都是各家說各家的，沒有一定的說
法。以下，筆者提出個人看法。

　　許丙丁在〈五十年來南社的社員與詩〉一文中說：「案考《窺園留草》年
譜浪吟詩社的創立，是在民國前二十二年（光緒十六年庚寅），時許南英三十
六歲。可是那年他為了應考的事，……」七年後，賴鶴洲發表〈臺灣古代詩
文社〉一文，〔註43〕文中說：「蘊白先後倡設崇正社、浪吟詩社，事載其所著
《窺園留草》年譜。」兩位先生都說〈窺園先生自定年譜〉有記載創立浪吟
詩社一事，但年譜裡卻找不到這樣的記錄。另外，許贊堃〈窺園先生詩傳〉
裡沒有提到浪吟詩社的事，許南英的詩作也沒有說及此事，甚至，在許南英
所留存的其他資料中，也不見有浪吟詩社的蹤跡，因此，浪吟詩社的創立人
不是許南英。〔註44〕所以上述第一、第三兩種說法是錯誤的。那麼，浪吟詩
社是誰創立的？創立在何時？

　　許俊雅在《臺灣寫實詩作之抗日精神研究》中提出連橫〈臺灣詩社記〉
及《劍花室詩集》〈哭李少青〉詩，〔註45〕證明浪吟詩社是連氏在光緒二十三
年時創立的。〔註46〕筆者依循此一線索繼續探求，發現有更多的資料可證明
這一說法：連橫《詩薈餘墨》中有一則記述：「浪吟詩社之時，余年較少，體
亦較弱。余嘗戲謂諸友，使余不先填溝壑，當為諸公作佳傳，一時以為醉語。
乃未幾而吳楓橋死，蘇雲梯死，張秋濃、李少青、陳瘦痕相繼死。今其死者

〔註42〕　見賴子清：〈臺南詩文社〉，施懿琳說法同此。

〔註43〕　見《臺北文物》，第 9 卷第 2、3 期合刊本，民國 49 年 11 月，頁 142。

〔註44〕　許丙丁：〈五十年來南社的社員與詩〉一文中說年譜中有記載浪吟詩社創立一
　　　　事的說法固然是錯的，但他在文中有提出兩點疑問，說明「許南英創立浪吟
　　　　詩社」是錯誤的說法。

〔註45〕　連橫：〈臺灣詩社記〉（《雅堂文集》，南投臺灣省文獻委員會，民國 81 年 3 月），
　　　　頁 99。「先是乙未之歲，……越二年，余歸自滬上，鄉人士之為詩者漸多，
　　　　而應祥忽沒，乃與瘦痕、吳楓橋、張秋濃、李少青等結浪吟詩社，凡十人。」
　　　　連橫：〈哭李少青〉（《劍花室詩集》，南投臺灣省文獻委員會，民國 81 年），
　　　　頁 113。詩中註文云：「丁酉春，余與李君及曾鶴笙，蘇捷稊諸人創浪吟詩社。」
　　　　請注意，連橫是說「結」、「創」浪吟詩社，不是「重振」。

〔註46〕　許俊雅：《臺灣寫實詩作之抗日精神研究》書中之表三說許南英有參加浪吟詩
　　　　社，值得商榷，因為那段時間許南英都在大陸，也沒有留存資料可以證明。

唯余與蔡老迁而已。……」〔註47〕另外，曾鶴笙過世時，連橫〈哭曾鶴笙〉詩中云：「浪社開時樂唱酬，翩翩裙屐自風流。」〔註48〕連橫又有一詩〈桃花扇題詞〉，詩題下註明「浪吟詩社課題」〔註49〕將這些資料統合來看，可以知道：連橫在光緒二十三年創立浪吟詩社，社員十人，他提到的有他本人、陳渭川、吳楓橋、蘇雲梯、張秋濃、李少青、蔡老迁和曾鶴笙。

四、南社

許丙丁在〈五十年來南社的社員與詩〉中說：

> 據社友談：「南社」創立遠在遜清時代，是由許南英倡起的，但是從《窺園留草》檢討起來，……可以證實遜清時代組織的不是「南社」。也沒有敍及他做過南社社長的記事。雖然，許南英風雅所寄者不是南社，而是不甚著名的崇正社，但是南社社友卻把南社創立之功歸之許南英。推究其故，或許是因爲崇正社係南社淵源所自；而由許南英、施澐舫、丘仙根諸君子所散播推演的詩風經崇正社而浪吟詩社，蕃衍至南社成立而始壯，南社諸社友飲水思源，遂有許南英創立南社的想法。

從這一段話，可以了解許南英對推展臺南詩風的影響及貢獻，南社社友因而有「許南英創立南社的想法」；但是事實是：南社並非許南英所創立的。〔註50〕關於南社的創立，連橫〈臺灣詩社記〉一文說得很明白：

> 始丙午冬，余以（浪吟）社友零落，復謀振起，乃與瘦痕邀趙雲石、謝籟軒、鄒小奇、楊宜綠等改創南社，凡十餘人。迨己酉間，入社者多至數十，奉蔡玉屏先生爲長。嗣玉屏逝，改奉雲石。辛亥春，開大會於兩廣會館，全臺之士至者百人。鯤身、鹿耳間，聞風而起者以百數。斐亭鐘聲，今繼響矣。

丙午年即光緒三十二年，連橫與陳渭川、謝瑞林等人組織南社；宣統元

〔註47〕連橫：《雅堂文集》，頁294。引文末句：「今其死者唯余與蔡老迁而已」，筆者懷疑脫落一「未」字。連橫：〈臺灣詩社記〉則記爲「今其存者，唯余與蔡老迁而已。」

〔註48〕連橫：《劍花室集》，頁98。

〔註49〕同註48，頁85。

〔註50〕雖然如此，林光灝：〈記許南英許地山喬梓〉（《暢流》，第34卷第7期，民國55年11月），頁6。文中仍說：「南社在文化古都的臺南並不陌生，很有歷史的。這個詩社，是我國近代學人許地山的父親許南英在滿清時代所倡起的。」

年己酉，奉蔡國琳為社長；〔註51〕同年九月，蔡國琳病逝，改由趙鍾麒任社長。南社社友在吟詠唱和之際，挖雅揚風，在當時產生熱烈而廣泛的影響，對漢學詩風的保存及發展，發揮了不小的力量，故連氏有詩云：「斐亭鐘斷後，南社復興時。」〔註52〕連氏也有多首詩作贈與南社同人或與同人雅聚而創作的，如：〈南社小集〉、〈題春日南社小集圖〉、〈酬瘦雲並和南社諸子〉、〈弔陳瘦雲並寄南社諸子〉、〈題南社嬉春圖〉、〈寄南社諸子〉、〈柳絮限韻，同南社諸子〉等。〔註53〕在《啜茗錄》中連橫也記載了南社相關資料：「南社之設，已經廿稔，社友亦多零落。……」此段文字發表於民國十四年十月出刊的《臺灣詩薈》第二十二號。民國十四年往前推溯廿稔，正是光緒三十二年。以上資料，都是連橫在光緒三十二年創立南社的證據。

　　這裡要附帶說明一件事。趙沛霖〈關於臺灣南社的初步認識〉〔註54〕與李家驤〈連橫與臺灣南社〉〔註55〕兩篇文章裡，認為南社是大陸南社的一個「特殊支社」，並且「儘管由於社會政治的原因，臺灣南社與總社之間沒有組織上的聯繫，臺社的名稱在南社社刊各有關文獻中也未見著錄，也終究改變不了這一客觀事實。」〔註56〕如此的牽強附會，只因南社與大陸南社名稱相同，成立時間接近。〔註57〕至於李先生文中提到連橫與大陸南社耆宿高吹萬有所往來，以此證明南社與大陸南社的關係，是無法令人接受的，因為那是民國時代的事，距南社成立時間已相隔了好幾年。〔註58〕

　　斐亭吟社、崇正社、浪吟詩社、南社與許南英的關係已明辨於上，這裡要交代崇正社、浪吟詩社與南社的脈絡相承的關係。光緒年間，許南英創設

〔註51〕　依連氏所言，則南社成立第一年，蔡國琳並未擔任社長，而是成立後第三年才開始。

〔註52〕　連橫：〈南社小集〉（《劍花室詩集》），頁102。

〔註53〕　連橫：《劍花室詩集》，頁102、109、90、3、33、54、32。

〔註54〕　見《蘇州大學學報》（哲學社會科學版），1986年，第3期，頁95。

〔註55〕　見《求索》，1988年，第3期，頁81。

〔註56〕　同註54，頁98。

〔註57〕　南社成立時間已述於正文中：大陸南社成立的時間，乃清宣統元年（1909）在蘇州虎丘正式開會成立。即使依柳棄疾本人的說法，大陸南社名目的出現，最早也是始於清光緒三十三年（1907），仍是比南社晚。

〔註58〕　連橫與大陸南社社員徐珂、高吹萬等人的往來資料，散見於連氏所著：〈尺牘〉（《臺灣詩薈雜文鈔》），頁45～61、《大陸遊記》、《雅堂先生集外集》。方豪：〈連雅堂與徐仲可〉一文，對連氏與徐珂開始交往的時間及交往情形，有詳細探討。

崇正社，與施士洁、陳日翔、王漢秋、丘逢甲等人擷藻揚芬、切磋詩藝，對臺南詩風有闢墾之功，奠下日後詩風興盛的基礎。雖然崇正社名聲不大，但造成的影響卻不容忽視，因此許南英兩次回臺，都受到南社社友的熱烈歡迎與招待。日本據臺之後，連橫為維續漢學脈祚及詩學之藝，先後創立浪吟詩社及南社，就是在許南英奠立的基礎上進一步推動的，並在南社時期，將臺南地區的吟詠唱和風氣發展至最顛峰。崇正社、浪吟詩社、南社之間，可說是脈絡相承的。

第四章 《窺園留草》及其版本

第一節 《窺園留草》簡介

　　《窺園留草》一書，是就許南英自輯的「未定本」編錄而成的。割臺以前的詩詞多半散失，由許南英依憑記憶重寫出來，因而有些作品的創作時間不能斷定。許贊堃按照詩的內容和原稿的先後加以編排整理，整理時，原稿殘缺或文句不完整的，就不列入；原稿刪掉而許贊堃以爲可以存留的，就重行鈔入；原稿有更改或擬改的字句的，許贊堃採用他認爲較好的句子；但刪補的不出十首，所以仍保有原稿的眞貌。書後附有「窺園詞」一卷，是許南英從舊日記或草稿中選錄出來的，也不確定寫作的時間，書中所編排的次序是許贊堃定的。〔註1〕

　　許南英於民國六年過世後，許贊堃兄弟就打算將此詩集出版，並在民國九年時，由許贊堃將稿子帶到北京，請父親故友施士洁、江春源、沈琇瑩、林景仁四人，爲父親的詩集作序；〔註2〕但因經濟的因素無法付印，便將詩集原稿存放在許贊羼處。民國十五年秋，因革命軍北伐武昌，許贊羼住處遭炸彈轟擊，一切都受到破壞，卻在瓦礫堆中尋到完整如故的詩稿，於是又將原稿交到許贊堃手中。〔註3〕民國二十二年，日本一再入侵中國，北京頻陷險境，許贊堃擔心原稿化成劫灰，因此，在柯政和的協助下，印刊了五百部。

〔註 1〕 許贊堃：〈窺園先生詩傳〉（《窺園留草》），頁 247。
〔註 2〕 見《窺園留草》書前四人之序。
〔註 3〕 同註 1。

〔註4〕此即《窺園留草》原刊本。

這五百部書並沒有標價，是非賣品，是用作自家寶藏並分贈親友的。〔註5〕民國二十二年，許贊堃應邀前往廣州中山大學講學，特地繞道臺灣，拜會庶母，並將所攜之《窺園留草》印本分贈親友，〔註6〕這是所以在臺灣能見到《窺園留草》的原因。但是，因為印本無多，又歷經時亂，原刊本不易得見。

後來，黃典權根據臺南許丙丁所藏的《窺園留草》原刊本作底，加上新式標點，並附添目錄，由臺灣銀行於民國五十一年九月出版，書分上、下兩冊，列為臺灣文獻叢刊第 147 種。

許贊堃〈窺園先生詩傳〉一文中說到：「在這『留草』裡，先生歷年所作以壬子年（民國元年）為最多，其次為丙辰年（民國五年）。所作最多為七律，計四百七十五首；其次七絕三百三十五首，五律一百三十二首，五絕三十八首，五古三十五首，七古二十三首，其它二首，總計一千零三十九首。在『留草』後面附上『窺園詞』一卷，計五十九闋。」從這一段話，我們知道了許南英詩詞作品的總數、作品體裁的類別及個別的數目。但是，按許贊堃所列之各式體裁詩作數目合計，則為一千零四十首詩，和其所言的數目不合。若據黃典權附於書前的目錄來數算，則應是一千零三十八首；筆者又按照書中所列之詩詞作品一一數過，也是一千零三十八首。所以，許贊堃統計的總數是錯誤的，詞作的數目則無誤。不過，這一千零三十八首之中，應扣除〈重九日呈崖岸先生用前韻〉這一首，〔註7〕確實的詩作數目為一千零三十七首。

第二節 《窺園留草》版本問題探討

關於《窺園留草》一書，目前可見的有四種版本：

〔註4〕 同註1。

〔註5〕 黃典權：〈後記〉（《窺園留草》），頁249。

〔註6〕 周俟松：〈隨地山臺灣行〉（《文教資料簡報》，1979 年 12 月），頁 21。「地山帶了南英先生的詩集《窺園留草》多部來到臺灣（1933 年春）。入境時，僥倖逃過檢查，得以暗中分贈親友。但在出境時，卻被查了出來，因為集中有抗日的詞句，檢查人當時就罵地山是『賊！』還要全部扣留。幸虧林錦堂先生出來說情，才許攜出境。」

〔註7〕 見本章第三節。

　　一、臺灣銀行經濟研究室編輯，臺灣銀行於民國五十一年九月出版發行，列爲臺灣文獻叢刊的第 147 種，分爲上、下兩冊。黃典權於是書〈後記〉中說明本版本之來源：「本書據臺南許丙丁先生所藏的『留草』刊本作底，加新式標點，添加目錄，作爲『臺灣文獻叢刊』的一種。」至於許丙丁所藏的「留草刊本」，應是許贊堃於民國二十二年在北京出版的《窺園留草》，並於同年回臺時，分贈給諸親友的其中一本。

　　二、民國八十二年九月，臺灣省文獻委員會印行，列爲臺灣歷史文獻叢刊之一。此版「係根據臺灣銀行文獻叢刊重新勘印」（是書封頁所言），但所謂「勘印」，實際衹是影印，所以，除了將臺銀版的上、下兩冊合爲一冊之外，在目次、頁次等安排是都不變的，誤植的錯字也都相同。

　　三、民國八十一年三月，龍文出版社印行，列爲臺灣先賢詩文集彙刊第一輯，編號七。此版也是依民國五十一年九月，「黃典權點校之『文叢本』影印」而成（是書封頁所言），所以，誤植字的問題相同。不過，在目錄的編製方面很用心，編輯者依照頁碼先後，將詩作題目一一列出，便於讀者翻尋。

　　四、民國五十五年，文海出版社印行，列爲近人中國史料叢刊第八十輯。書中未說明出版源由，是該社在民國六十三年時贈給中央圖書館的。此本和「臺銀本」有較大的不同：

　　（一）本版將〈窺園先生自定年譜〉和許贊堃〈窺園先生詩傳〉置於四篇序文之後，本文之前；「臺銀本」則將這兩篇文章放在書後作附錄。

　　（二）本版附有許贊牂所繪之「窺園之一隅」畫作一幅，這是「臺銀本」沒有的。

　　（三）本版書後附有許贊堃校對之正誤表兩份。「臺銀本」乃經黃典權校對後再行刊印，此版所附正誤表上的錯字都已更正，故無正誤表。但是，「臺銀本」在改正誤字再行刊印時，也造成了其他錯字，或有列印不清的地方。筆者經比對後，列出「臺銀本」勘誤表一份，附於本章之後。

　　如上所述，目前可見的《窺園留草》一書有四種版本，但確實說來，應該只有兩種版本，即：「臺銀本」和「文海版」。因爲，臺灣文獻委員會所印行的和龍文出版社所印行的都是依據民國五十一年黃典權點校的臺灣銀行排印本影印而成。

再進一步說,「臺銀本」和「文海版」兩種版本,除年譜、詩傳的編排順序上有些微的差異,以及正誤字的不同之外,所編列的詩詞作品及作品繫年是完全相同的。這種大同小異的情形,說明了《窺園留草》一書雖有不同的刊本,究其實,則只有一個源頭,也就是許贊堃於民國二十二年付印的原刊本。

第三節　《窺園留草》作品問題

一、《窺園留草》作品正誤

　　《窺園留草》作品所以發生問題,蓋因《窺園留草》在兵燹中遭到銷毀,許南英依憑記憶和舊日記裡的資料重新寫出,許多作品的創作時間無法斷定,而且《窺園留草》的最後編定是由許贊堃完成的,並不是許南英本人。汪毅夫和陳丹馨曾指出其中一部分的錯誤,筆者再提出所見到的其他問題。

　　(一) 汪毅夫《臺灣近代文學叢稿・在福建發現的臺灣近代作家之佚文遺物》一文指出:民國三年五月,菽莊主人林爾嘉四十壽辰,菽莊吟社社友皆有詩賀壽,許南英也寫了〈壽林叔臧侍郎四十初度〉、〈賀林叔臧侍郎暨德配龔夫人四十初度逢閏重慶〉二詩,而許贊堃將之誤編在民國二年。

　　(二)《窺園留草》頁 125〈遊臺北基隆雜詠〉一詩,是許南英回臺時和詩友至北部遊覽,並和北部詩友雅集聯吟而寫下的作品。許南英共回臺兩次,一次在民國元年,一次在民國五年,許贊堃將這首詩編在民國元年。但按這一組詩中第一首「來遊猶記少年曾?依舊山灣抱水澂。寰鏡樓頭收爽氣,詩人合住第三層。」的內容來看,許南英這次北上是住在寰鏡樓,而此樓乃基隆瀛社社友顏雲年所建,於民國三年落成。落成後,顏雲年經常邀約全省詩人至此小住。而且,顏雲年是許南英表弟謝汝銓的姻親,許南英在回臺時至北部找謝汝銓,再寄宿於寰鏡樓,是很有可能的事,但是時間應在民國五年,許南英第二次回臺時,因為民國元年時,此樓尚未建妥。〔註8〕

〔註 8〕顏雲年:〈環鏡樓唱和集自序〉(《基隆市志・文物篇》),頁 60。「歲壬子,擇地基津,所謂鯤身之首,獅球之下者,環山鏡海,結構茅茨,非求完合,聊蔽風雨耳。閱兩歲,而堂構初就,因榜曰環鏡樓。」壬子年為民國元年,則此樓落成之年是為民國 3 年。《瀛社創立七十週年紀念集》,頁 9 亦如是說。

　　（三）《窺園留草》頁 107〈南社同人在醉仙樓開歡迎會，酒後放歌〉、頁 109〈與謝石秋、星樓、林湘畹、黃茂笙遊岡山超峰寺中途遇雨〉、頁 125〈贈蕭蓮卿女史〉、頁 131〈壬子冬日吳園小集，以「鴛鴦」命題，林湘畹得雙元，謝籟軒、趙雲石俱得眼。餘興未已，往寶美樓開宴〉四首詩中都提到「林湘畹」，第一首詩中並有注云：「林湘畹竹友」。但當時同遊岡山超峰寺的謝國文所寫詩詩題爲〈陪蘊白前輩湘沅茂笙兩詞長並吳守禮　籟軒家叔遊岡山超峰寺〉，〔註 9〕林湘沅也有〈陪蘊白先生及南社諸同人遊岡山超峰寺中途不果有作〉一詩，〔註 10〕依此，應是「林湘沅」，而非「林湘畹」。林湘沅爲臺南人。或許由於初相識，或許由於當時歡迎會上人物眾多，以致許南英弄錯了。

　　（四）《窺園留草》頁 198〈重九日呈崖岸先生用前韻〉一詩，是林景仁贈予許南英的詩，而非許南英的作品，許贊堃誤編了。「崖岸」乃許南英的號，〔註 11〕應無呈贈詩作給自己的道理；而且，林景仁《摩達山漫草》即收有此詩，題爲〈重九贈蘊叟〉。〔註 12〕

　　（五）陳丹馨《臺灣光復前重要詩社作家作品研究》頁 191 指出：《窺園留草》頁 31〈防匪〉、頁 33〈防匪偶成〉二首詩所記爲臺南劉烏河叛亂、許南英率兵平定一事，事發於光緒二十年，〈窺園先生自定年譜〉及許贊堃〈窺園先生詩傳〉中都有述及，但許贊堃誤把詩作編在光緒二十一年。

　　（六）〈窺園先生自定年譜〉之中的光緒二十三年記載著：「長兄梓修公歿。」但是詩集中光緒二十三年丁酉、二十四年戊戌（兩年度的詩作合編在一起）部分收有〈送家兄梓修回臺〉一詩：

　　　　西風路渺雁聲長，一聲聲斷水雲鄉。
　　　　白雲垂天波浪闊，鴻雁分飛各一方！
　　　　迴翔無依在雲表，老雁饑鳴雛雁小！
　　　　天邊塞下稻粱肥，尚有空巢懸樹杪。

〔註 9〕　謝國文：《省廬遺稿》，臺北龍文出版社，民國 81 年，頁 124。
〔註 10〕　轉引自許丙丁：〈五十年來南社的社員與詩〉（《許丙丁作品集》，臺南文化中心，民國 85 年），頁 299。
〔註 11〕　「崖岸」爲許南英的號，請看本文第二章第一節所論。
〔註 12〕　見《臺灣風物》，第 22 卷第 2 期，民國 61 年，頁 18 之 6。此處所見之詩，詩題定爲〈重九贈蘊叟〉，雖和《窺園留草》所列有所不同，但內容只有一字之差，這首詩應是林景仁的作品才對。

－111－

舊時鴻雁是同巢，雙宿雙飛不忍拋。

彼鳥多情猶惜別，況君與我是同胞！

又，光緒二十五年〈己亥春日感興〉之二：

紫荊花發草堂前，燕子雙飛二月天。

昆季同懷分異域，鄉鄰一別已三年！

傷心狐鼠憑城社，轉瞬滄桑變海田！

最是清明惆悵甚，松楸墓道草生煙！

以及，光緒二十六年〈重過桃都，贈家子榮子明昆季〉詩作之四：

伯歌還季舞，一室喜相將；

座有詩書氣，人為族黨光。

荊花重老陰，蘭草發奇香。

我亦有兄弟，天涯各一方！

按這三首詩作內容來看，許南英長兄梓修公於光緒二十三年或二十四年時回臺，而寫於光緒二十五年及二十六年這兩首詩都表達出對在臺灣的梓修公的懷念。但是，這就和〈窺園先生自定年譜〉中所記的相牴觸了。截至目前為止，尚未有足夠資料可做出最後結論，故存疑置之。

（七）《窺園留草》頁65〈除夕日遊法華寺看梅〉一詩中所提及的「法華寺」，應是臺南南城外的法華寺，也就是明末李正青夢蝶園故址；而且，按詩內容來看，悠閒從容，這首詩應是乙未年離開臺南之前的作品。許贊堃編在光緒二十七年及二十八年這一部分，這時，許南英是在廣東徐聞任職。依《徐聞縣志‧秩祀》所載，該縣並無法華寺。

（八）《窺園留草》頁53〈送汪杏泉入都補殿試〉及頁54〈題畫梅，贈汪杏泉（時新登甲榜回籍）〉二首詩編排在光緒二十五年，但依《明清進士題名碑錄索引》所記，汪春源於光緒二十九年癸卯中進士第三甲第一百二十名，〔註13〕那麼，這兩首詩應是光緒二十九年的作品才對。清代科舉，鄉試逢子、卯、午、酉年舉行，會試於鄉試的第二年舉行，也就是逢丑、辰、未、戌年舉行，殿試與會試同年舉行。〔註14〕所以，光緒二十五年己亥並未舉辦科考；次年，也就是光緒二十六年庚子，是舉辦鄉試，汪春源沒有上京考殿

〔註13〕《明清進士題名碑錄索引》，臺北文史哲出版社，民國71年7月，頁2864。

〔註14〕黃光亮：《清代科舉制度之研究》，臺北嘉新水泥文化基金會，民國65年，頁106。

試。「光緒二十七年辛丑科值清德宗三旬萬壽，原定改爲恩科，正科則推遲一年，於次年（壬寅）舉行，但因北京貢院于庚子被燬，二科均暫停，至本年（筆者按：光緒二十九年）始合併補行。」〔註15〕所以，這兩首詩應是光緒二十九年，許南英在汪春源上京補考殿試之前以及考中後所寫的贈詩。

（九）《窺園留草》頁82〈臺感〉六首組詩編排在宣統元年，但第一首中云：「浮沈薄宦珠江畔，已別鄉關十六年」，許南英於光緒二十一年離臺，若依此詩所記，往後推十六年，那麼應該是民國元年才對。另外，這組詩作的第二首詩裡是推溯許氏家族在臺定居情形，第四首詩是講在臺南的日人對待許氏家族及籠絡許南英的情形，第六首是寫日人在臺建設的情形。從這些內容來看，更可證明這組作品應是民國元年許南英首次回臺時的作品，許贊堃誤編在宣統元年。

（十）汪毅夫〈《窺園留草》識小錄〉〔註16〕一文指出《窺園留草》書中三處問題，下面就引述汪先生的看法：

1. 許贊堃〈窺園先生詩傳〉中記許南英於光緒四年時設「聞樨學舍」，當時最常往來的親友是吳樵山、陳卜五……等人，但吳樵山已於光緒三年時過世，〔註17〕許贊堃所記錯誤。

2. 許贊堃〈窺園先生詩傳〉中記：「隔年（1890），中恩科會魁。」「會魁」之說不確，蓋會試第一名爲會元，俗稱會魁。光緒十六年恩科會試第一名是夏曾佑，許南英會試名次是十八名。殿試時，許南英被錄取爲第三甲第六十一名。〔註18〕

3. 許贊堃〈窺園先生詩傳〉中記民國四年（1915）林爾嘉組織詩社，並聘許南英入社。許南英於民國四年入菽莊吟社，在〈窺園先生自定年譜〉中也有提到，是沒錯的，但是菽莊吟社成立之年最遲不超過民國三年。

這三個問題，其中第一、第二兩點看法是對的，至於第三點，汪先生在他另外兩篇文章〈鹿耳聽鼓浪　菽莊望鯤濤〉〔註19〕、〈《後蘇龕合集》札記〉

〔註15〕 同註13，頁2865。
〔註16〕 見《福建論壇》，1988年，第2期，頁73。
〔註17〕 請參看本文第二章第一節妻妾一段。
〔註18〕 朱保炯、謝沛霖編：《明清進士題名錄索引》，臺北文海出版社，民國70年，頁2851。
〔註19〕 汪毅夫：《臺灣近代文學叢稿》，福建海峽文藝出版社，1990年7月，頁4。

〔註 20〕中，都說菽莊吟社成立於民國二年。但是依《板橋林本源家傳‧林爾嘉》一文所記，菽莊吟社的成立時間應是民國三年。〔註 21〕

二、《窺園詞》的問題

毛一波在〈許南英的詩詞〉〔註 22〕一文中指出：《窺園詞》中的〈無題（上行杯）〉和〈自壽（瑤臺聚八仙）〉的標點弄錯了。除了標點錯誤的問題之外，《窺園詞》裡尚有脫字、掉句的情形。下面所舉列的，就是將許南英的詞作和詞譜相互比對之後所發現的問題。

（一）〈晚秋（十六字令）〉

「寒日暮，高樓獨倚欄」；風習習，猶自怯衣單。

問題：按「十六字令」調譜，標點應斷為「寒，日暮高樓獨倚欄」。〔註 23〕

（二）〈防海（東風齊著力）〉

刁斗嚴城，元戎小隊，駐節江濱；滿天星斗，兵氣動鉤陳。方冀文章報國，誰知戎馬勞身；難道是輕裘緩帶，主將斯文？　　海外起妖雲，拚轉戰，浪撼鹿耳沙鯤。登陴子弟，憤愠勉從軍。翻恨庸臣割地盟城下，何處鳴冤！九州鐵，問誰鑄錯？成敗休論！

問題：1. 按「東風齊著力」調譜，〔註 24〕「誰知戎馬勞身」應是七字句，此處脫落一字，且應斷為上三下四才對。

2. 「難道是輕裘緩帶」，應斷為「難道是，輕裘緩帶」才是。

3. 「翻恨庸臣割地盟城下」則應斷為「翻恨庸臣割地，盟城下」。

（三）〈題朱翁子負薪讀書圖（百字令）〉

伯鸞德耀，看齊眉舉案，夫妻和煦。誰識買臣翁子苦，負耒橫經如

「廈門菽莊吟社創立於 1913 年。」
〔註 20〕 同註 19，頁 19。「由此可以確知，菽莊吟社的活動始於 1913 年。」
〔註 21〕 註參看本文第二章第三節註 193。不過，施士洁及許南英的詩作中，都曾提及「菽莊鐘社」一事，筆者懷疑此鐘社是否為菽莊吟社之前身？不過尚未有資料可證明。
〔註 22〕 《臺灣文獻》，第 15 卷第 1 期，民國 53 年，頁 227。
〔註 23〕 沈英名：《孟玉詞譜》第一集，臺北正中書局，民國 62 年，頁 1。「本調又名蒼梧謠。……有作三字起句者非也。按張于湖送劉郎三首皆以歸字起韻。有作詞名解者謂三字起為十六字令，一字起為蒼梧謠，謬也。」
〔註 24〕 沈英名：《孟玉詞譜》，第三集，頁 63。

故？挾卷三餘、負薪一束，日日行吾素。中年當信，蒼蒼不予誤！

可嘆十載糟糠，姬姜憔悴，竟下堂求去！轉瞬會稽官太守，不是單寒窮措。世外浮雲、門前覆水，此錯伊誰鑄？一坏黃土，至今尚留羞墓！

問題：按「百字令」調譜，[註25]「蒼蒼不予誤」一句應爲六字一句，此處脫落一字。

（四）〈再入都有感（摸魚子）〉

記慈恩，舊題名處，瓊林春宴通籍；六街策馬看花去，得意遍遊春陌。宣麻白，內院頒，紅綾恩賜承金闕。恩波疊疊，喜就職樞曹、贊襄武庫，詎意兵機發！　中東事，注意垂涎甌脫，鯤身鹿耳愁絕！長安索米三載，幾易冬裘夏葛！才又拙，嗟聽鼓應官，兩鬢生華髮！西山挂笏，決計不如歸；朝來對鏡，笑我頭如雪！

問題：1. 按「摸魚子」調譜，[註26]「長安索米三載」一句應爲七字，此處脫落一字。

2.「嗟聽鼓應官，兩鬢生華髮」應斷爲「嗟聽鼓，應官兩鬢生華髮」才對。

（五）〈歲暮與友人探梅（十拍子）〉

亭畔徜徉放鶴，橋邊偃蹇騎驢；問訊西谿冰雪路，知否寒花開也無？消寒作畫圖。　送舊一聲爆竹，迎新萬戶桃符；風雪滿天山欲暝，定有村醪野店，朦朧醉百觚。

問題：按「十拍子」調譜，[註27]「定有村醪野店」一句應爲七字，此處脫落一字。

（六）〈送友（青玉案）〉

愁腸得酒因成醉，滴滴化，離人淚；未卜何時期後會？亂山匹馬，斜陽殘照，躑躅西風裡！　花濃酒釅君須記，文采風流尚未墜，香火十年舊交誼；一鞭去也，前途珍重，寄我「平安」字！

問題：按「青玉案」調譜，[註28]「文采風流尚未墜」一句應爲上三下

〔註25〕 沈英名：《孟玉詞譜》，第一集，頁90。
〔註26〕 沈英名：《孟玉詞譜》，第一集，頁132。
〔註27〕 沈英名：《孟玉詞譜》，第二集，頁27。
〔註28〕 沈英名：《孟玉詞譜》，第一集，頁51。

三兩句，此處斷句有誤，且多了一字。

（七）〈有贈（疏影）〉

渡頭相遇，颺情絲一縷，被伊牽住。美眷如花，似水流年，來往瞿塘、灩澦。年來不帶看花眼，隨流水楊花飛絮；怎當他翠袖殷勤，切切淒淒私語！　背卻東船西舫，可憐宵，偷把金鍼微度；海誓山盟，生生世世！三月于歸定賦，好花還仗東皇護，怕巽二滕六含妒；且從今，捲起風帆，移入無風波處。

問題：按「疏影」調譜，〔註29〕「可憐宵，偷把金鍼微度」一句應斷為上五下四，但如此斷句則詞意晦澀了。

（八）〈菽莊修禊（燭影搖紅）〉

修禊蘭亭，右軍韻事重回首；偏逢上巳會群賢，老者偕諸幼，隨意詠觴永晝。問伊誰，新詩賦就；湖山嘯傲、洞壑流連，醉偎紅袖？　上聽潮樓，驚濤駭浪兼天吼。東山絲竹爾何人，猶自芳尊侑？疏懶閒雲在岫，小桃源花陰石竇；良辰美景，消受此間竹修林茂。

問題：按「燭影搖紅」調譜，〔註30〕「消受此間竹修林茂」應斷為「消受此間，竹修林茂」。

（九）〈有贈（念奴嬌）〉

東瀛眉史，數今時，裙釵首屈一指。習禮明詩，爭道是，絳帳髯僧弟子。筆仿簪花、才工詠絮，道韞差堪擬。幽情無限，苦處難與談起！　惜汝碧玉韶年，紅顏薄命，淚暗彈江水。翠袖春耐冷，作客嘉禾舊里；鸞度金鍼、蟲雕鐵筆，四海誰知己？少年薄倖，美人休矣！休矣！

問題：1. 按「念奴嬌」正格調譜，〔註31〕「數今時，裙釵首屈一指」應是上五下四，但若許南英是依蘇軾〈赤壁懷古（「念奴嬌」）〉之別格作的話，如此斷句則無誤。

2. 下闋寫作又依照正格，故「紅顏薄命，淚暗彈江水」兩句和東坡的譜不同。

〔註29〕 沈英名：《孟玉詞譜》，第一集，頁125。

〔註30〕 沈英名：《孟玉詞譜》，第三集，頁63。

〔註31〕 沈英名：《孟玉詞譜》，第一集，頁90。

3. 若下闋按正格調譜來看，則「翠袖春耐冷」一句應爲七字，此處脫落二字。

4. 「美人休矣！休矣！」一句應是六字一句，中間不斷句。

（十）〈除夕（紅娘子）〉

笑我爲覊客，霜鬢生華髮。爆竹迎春、椒花度歲，匆匆除夕。記前年此日在鄒江，問梅花浮白。　已把舊愁送，又把新愁積；拾翠東郊，看花南陌。香車油壁輸春來，勝事與時人，但相親歡伯。

問題：按「紅娘子」調譜，〔註32〕「香車油壁輸春來，勝事與時人」應斷爲「香車油壁，輸春來勝事與時人」。

（十一）〈恆心園品茗（殢人嬌）〉

謖謖松風，涼生庭院；挈都籃，安排茗戰。閒情顧渚舊臺陽，羨煮鳳餅龍團，一甌香嫩。　竹裡樵青，引泉送炭；借熏風，輕輕熬煎盧全七椀。清風腋畔，鎮日功夫，坐拋一半。

問題：1. 「殢人嬌」調譜，〔註33〕本作六十八字，分二疊；又有一體六十四字。許南英此闋有六十三字，按調譜，「涼生庭院」一句應爲六字。

2. 「閒情顧渚舊臺陽，羨煮鳳餅龍團，一甌香嫩」此一部分則標點、字數都有問題，按譜應是四、五、三、六字四個句子，共十八個字，原詞少了兩個字，標點也弄錯了。

3. 「輕輕熬煎盧全七椀」應斷爲「輕輕熬煎，盧全七椀」。

4. 「清風腋畔，鑽日功夫，坐拋一半」應是五、三、六字三句，共十四個字，原詞少了兩個字，標點也有問題。

（十二）〈戲和蔡鶴田詞（千秋歲）〉

桃花流水，似武陵源裡，牧豬奴，聊爾爾；逢場興倍豪，見獵心先喜。笑平生此道，非我擅長技。　別有酸寒子，險狠如蛇虺；一局坑人甘鴆醴，不使破家心不已。從今信誓，懺悔甘斷指；南洋遠，莫被人當作居里（居里，外國賤者之稱）。

〔註32〕 沈英名：《孟玉詞譜》，第二集，頁33。
〔註33〕 沈英名：《孟玉詞譜》，第二集，頁31。

問題：1. 按「千秋歲」調譜，〔註34〕「牧豬奴，聊爾爾」應是七字句，中間不斷句。

2. 「笑平生此道，非我擅長技」應斷爲「笑平生，此道非我擅長技」。

3. 「一局坑人甘鴆醴，不使破家心不已。從今信誓」應是三、三、五字句，原詞多出數字。

（十三）〈題眉生二公子摩耶看雲圖（洞仙歌）〉

冰天雪海，看天公遊戲，玉屑瓊瑤寒山寺。萬重山一片，寒影茫茫：花六出，點綴冬山如睡。　　有人攜笠屐，小立東風，試問山梅著花未？迴望舊家園，煮酒圍爐，高堂健，言歡度歲。憑雪印鴻泥寄阿兄，共領略摩耶，琉璃世界。

問題：按「洞仙歌」調譜，〔註35〕「萬重山一片，寒影茫茫」應斷爲「萬重山，一片寒影茫茫」。

（十四）〈思故園梅花（畫堂春）〉

釀春天氣雨霏霏，棉蘭有客懷歸；故山梅樹放新枝，惟有春知！　　耐冷巡檐有我，寄人遠道伊誰？天涯消息夢裡，依稀兩鬢成絲！

問題：按「畫堂春」調譜，〔註36〕「天涯消息夢裡，依稀兩鬢成絲」應是七、四字二句。

（十五）〈過日里棉蘭福建義塚（洞仙歌）〉

登樓作賦，悵美人遲暮！根觸鄉心如亂絮。過拉武漢外（日里地名），筆底沙邊（日里地名）；問碑碣，累累草纏荒墓！　　予心悲逝者，爲甚勾留？何故棲遲不歸去？且待過青春，作計還鄉，吟杜句，故人梓里！應準備擊鉢催詩，海南香微熏炷炷（？）。

問題：1. 按「洞仙歌」調譜，〔註37〕「過拉武漢外，筆底沙邊」應是三、六字兩句，但如此斷句意思全不通了。

2. 「應準備擊鉢催詩，海南香微熏炷炷（？）」應是三，五、五、

〔註34〕 張夢機、張子良編著：《唐宋詞選注》（臺北華正書局，民國 68 年），頁 55。由於沈英名《孟玉詞譜》未收此調譜，故依此書比對。

〔註35〕 沈英名：《孟玉詞譜》，第一集，頁 57。

〔註36〕 沈英名：《孟玉詞譜》，第三集，頁 63。

〔註37〕 沈英名：《孟玉詞譜》，第一集，頁 57。

四字三句，許南英此闋詞本有脫字，斷句又斷錯了。

（十六）〈自壽（瑤臺聚八仙）〉

戎馬餘生猶健在，對鏡具此鬢眉；頭顱亦好，一肚不合時宜！迴憶治兵鯤島，日問何人，危局撐持？殘棋只差一著，全局皆非！ 饑來索米燕市，笑樞曹散吏，悵悵何之！綰綬羊城，風塵俗吏何禪？此鄉聞是寶玉，獨冷宦年來兩鬢絲；清風兩袖，買山無計，素願相違！

問題：1. 按「瑤臺聚八仙」調譜，〔註38〕「戎馬餘生猶健在」應斷為「戎馬餘生，猶健在」。

2. 「迴憶治兵鯤島，日問何人，危局撐持」應斷為「迴憶治兵鯤島日，問何人危局撐持」。

3. 「殘棋只差一著」應是三、四字兩句，標點錯了，也少一個字。

4. 「清風兩袖，買山無計，素願相違」應是三、五、四字三句，許南英的字數沒錯，但若按調譜來斷句，則意思全不通了。

第四節 許南英作品輯佚

這裡所列的，是未見於《窺園留草》而散佚在各處的許南英的作品。雖然有些作品無法考證是否真為許南英的創作，但為避免再掛漏，並廣添參考的價值，仍然收入。

（一）邱煒萲《五百石洞天揮麈》中記載光緒二十二年（1896），許南英至新加坡時，閱邱煒萲舊稿《菽園贅談》後題寫二首律詩，次年翻刻時，邱煒萲就將之弁諸卷端，（引自邱煒萲：《五百石洞天揮麈》，頁175。）

思藉文傳本下乘，漫將此意例先生。

有能自照宜留影，花豈無香便累名。

不用人憐知舌在，從教鬼泣此詩成。

海枯天悶供搜索，知己殘更共短檠。（菽園孝廉原刻此詩時猶困童軍也，故追慰之。）

十年前事費評量，敢信時窮道不昌。

天老高才艱重任，名先不朽快文章。

性情摯處言偏淡，意氣眞時味愈長。

折推輪番添閱歷，冥冥位置未尋常。（孝廉詩多見道語，實從屢經鬱塞得來。）

（二）許南英爲臺南教坊女校書所寫的對聯（引自許丙丁：《許丙丁作品集‧臺南教坊記》，頁483、484、488）：

鳳頂格嵌字法：

1.「金丹擬駐竹年貌　杯酒能銷萬斛愁」（贈予金杯）

2.「玉骨冰肌神仙眷屬　鳳簫蝶板風月姻緣」（贈予玉鳳）

3.「秀出班行卻嫌脂粉　英多磊落絕勝鬚眉」（贈予秀英）

4.「金縷歌銷司馬恨　桂花香待步蟾攀」（贈予金桂）

雁足格嵌字法：

「故鄉作客聊猶豫　老眼看花獨惜卿」（贈予豫卿）

析字對：

「一日一夫無一了局　是女是我亦是前緣」（贈予春娥）〔註39〕

（三）許南英於民國元年回臺時，寄寓於門生吳筱霞嘯霞樓，並寫下〈嘯霞樓題壁兩首〉，詩有附註：「樓在門生吳筱霞花園，壬子回臺即寓樓上」。吳守禮：〈許南英父子與我家〉〔註40〕一文中提到這兩首詩，並抄有此詩詩序的詳文，現轉引於下：

予有窺園，荒蕪已久，壬子秋日，回臺省墓，無住處，移寓少瑕小園上，即景成兩詩，以誌鴻雪因緣，書與少瑕仁隸永爲紀念。蘊白，許南英識。

（四）許南英書於法華寺中堂匾額之文（轉引自賴子清：〈台南建置沿革〉，《台南文化》，新8期，民國69年1月）

讀全部□華經色相皆空佛是最上乘合與吾□稱大士醒半生蝴蝶利名

俱澹我若退一步想當來此地弔高人（筆者按：□爲缺漏字）

（五）光緒十六年，許南英上章稟請修建呂祖宮章文（錄自唐贊袞：《臺

〔註39〕 連橫：〈花叢迴顧錄〉（二）（《雅堂先生集外集》，南投臺灣省文獻委員會，民國81年3月），頁158。文中亦引錄此對句，但第二句爲「是女是我亦是可憐」。

〔註40〕 此篇文章收於陳信元編：《許地山代表作》（臺北蘭亭書店，民國72年6月），頁249。

陽見聞錄》，臺灣省文獻委員會印行，民國八五年，頁 135）

　　竊惟古今祀典，禦災捍患有功德於民者，例得專建祠宇，俾資崇報。嘉慶十年，黃流汎濫，淮郡幾成澤國；呂祖帝君雲端現相，指揮馮夷，百萬生靈，免遭魚鱉。經河都徐據情入奏，俞旨加封「燮元贊運」四字，並敕載入祀典；各直省建廟崇祀，紳民一體供奉。咸豐七年，復欽奉加封「保惠」二字。福州舊僅烏石山建有帝君贊化宮；同治四年，閩省水災，官民祈禱蒙庥，經閩浙督何奏請加封「翊化」二字，並蒙飭局籌給紋銀三百兩，以資經費。嗣閩邑於山及冶山先後建立，均援例請領在案。臺灣為海外之地，獨帝君之祀典缺如。夷考引心書院中舊有帝君神座，為百年前分巡是邦張觀察志緒所建；現今頹垣敗瓦，幾成廢地，英等素仰帝君至道咸靈，疊沐朝廷封號；各直省遍建專廟，未便使海（外）之地獨抱向隅。理合稟請官紳合建。伏乞恩准援案給予官款三百兩，俾成善舉；廣皇仁以昭祀典，迓神貺以慰輿情。

附表一：臺銀本《窺園留草》勘誤表

頁數	行數	誤	正
3	1	窺園先生自傳	窺園先生詩傳
3	7	石瞪六千層	石磴六千層
7	4	聞蔡絳卿司馬	聞蔡綺卿司馬（文海版亦誤）
8	3	傲肯自嶙峋	傲骨自嶙峋
33	7	一杯清茗泡香櫞	一杯清茗泡香橼
47	5	吏部投供以兵曹？縣	吏部投供以兵曹改知縣
48	6	見貽問？詩鈔	見貽問鸝詩鈔
55	4	送邱山根水部	送邱仙根工部
58	11	余以壬寅出宰徐陽	余以壬寅出宰徐聞
72	4	贈彭華絢原詔	贈彭華絢原韻
77	1	施澐訪	施澐舫
79	1	和邱倉海工部原題	和邱倉海工部原韻
87	7	聞於巳酉	聞於己酉
109	5	林湘畹	林湘沅

117	3	釣心鬪角時	鉤心鬪角時
125	2、3	林湘畹	林湘沅
131	2	林湘畹	林湘沅
133	3	飛來鳧？入清漳	飛來鳧舄入清漳
145	11	季繩、少眉叔姪	季丞、小眉叔姪〔註〕
145	14	衡泌且　遲	衡泌且棲遲
155	7	林少眉、莊貽華	林小眉、莊怡華
155	8	少眉	小眉
162	3	壽林季繩四先生	壽林季丞四先生〔註〕
170	2	絕鳥荒涼埋故鬼	絕島荒涼埋故鬼
172	7	林少眉	林小眉
180	11	和公啓遊山二用前韻	和公善遊山二用前韻
195	10	施耐師山長	施耐公山長
200	7	？老無成	垂老無成
203	4	感恩知已	感恩知己
208	10	過木棉菴	過木棉庵
216	1	少眉新居	小眉新居
216	13	柳邊、竹□	柳邊、竹邊（據文海版）
217	9	摩耶看雲圖	摩耶看雪圖
220	8	生番害殺五十四人	生番殺害五十四人
224	17	施九段	施九緞
226	8	轉之羅暹	轉之暹羅
229	15	宜統元年己酉	宣統元年己酉
231	15	六年丁己	六年丁巳
234	3	特齊公	特齋公（據文海版）
234	7	十月十四日	十一月十四日
244	11	馬公廟「恟園」	馬公廟「窺園」（據文海版）

附註：依施士洁〈乙卯十二月十有二日，林季繩公子二十有一初度，健人其猶子也，以詩爲壽，如韻和府〉（《後蘇龕全集》，頁 251）一詩詩題所記，亦稱林季繩。今依《板橋林本源家傳》頁45所記：「柏壽，字季丞，遜清光緒二十一年十二月十二月，誕於廈門。」故改爲林季丞。

第五章　許南英作品研究（一）

　　詩歌的分類，有助於詩歌體系的建立，也能提高詩歌的鑒賞與批評的水準。自古至今，詩歌的分類有其悠久的歷史，也有過各種的分類方式，如：依詩歌體式的不同而分、依題材的不同而分、依流派的不同而分……這些不同的分類法自有其價值所在。但也因為分類方法的多樣，以及長久年代的發展演變，詩歌的分類上有其相互重疊和矛盾的地方；即使是只依「題材」來做分類，也會發生詩歌類型義界、涵蓋範圍確定的困難。〔註1〕由於詩歌分類非本論文的論題，所以在本論文不做詩歌分類學的研究，而以一般所認同接受的義界及涵蓋範圍，做為探討許南英詩詞作品時的分類依據。

　　其次，是許南英作品本身分類的問題。許南英的作品數量不少，分類時大多數很容易就能確認類別；但是也有些作品同時兼具兩種或兩種以上的類型特色，不容易分類，如〈虞美人花〉一詩，以詠花為創作出發點，但又和虞姬的史實緊緊相扣，詩人並且在詩中充分抒發自己的感懷，可說是同時兼具詠物、詠史、抒情的特性；或者從題目來看是某一類型，若從內容來分辨卻是另一種類型，如〈題畫梅，贈吉村長藏君〉兼屬題畫及酬贈兩類，但就詩的內容看，應為詠梅之作。又如〈楊花五首，和沈琛笙大使原韻〉本為和韻而做，但詩作內容實為詠物。在這種情況之下，筆者做分類的依據，除按

〔註1〕譬如對「敘事詩」的義界，或有學者採西方 Epic 的說法，認為敘事詩乃「各民族遠古時期對自然、人類的起源和發展的解釋，以及關於民族遷徙等重大事件的經歷」而寫下的詩作。也有學者以為敘事詩須有「具備完整的情節和鮮明的人物形象」的條件。再有學者提出敘事詩的廣義解釋：「以記述為主要表現手法的寫景、記事詩歌。」

照一般的分類原則之外，又再依詩歌內容重點為判斷的參考。

分類之後，為避免繁雜瑣碎，筆者將類型特色接近的併在一起討論，也將作品數目不多，但各為一類型的作品合為「其他」一節，所以，在本論文中，將許南英的詩詞分為：詠懷、詠史懷古紀事、行旅登覽、詠物、酬贈唱和、其他，共有六節，依序論析。

這樣的分類研究，或許有其必然的缺漏，但卻能掌握住許南英大多數的作品，做較為週全的分析探討，以期在析論研究的同時，能對許南英的情懷、精神、志節有更深入而完整的認識。

第一節　詠懷詩

《文心雕龍・明詩》云：「人稟七情，應物斯感，感物吟志，莫非自然。」詩人或因四時的流轉，或因人事的變遷，或因個人的遭逢，或因家國的大事，在內心激發出個人主觀的感懷，並「流連萬象之際，沈吟視聽之區；寫氣圖貌，既隨物以宛轉；屬采附聲，亦與心而徘徊。」〔註2〕因此能反映出詩人的情感思想的詠懷詩就產生了。依照「詩言志」的傳統來看，詠物可以抒懷，詠史可以抒懷，行旅登臨可以抒懷，賀壽悼亡也可以抒懷，不過這些詩類除了抒懷之外，都還需再具備特殊的條件，如詠物詩需以物為題材，詠史詩需以歷史為題材等，因此各歸為一類討論。這一節所要分析的許南英詠懷詩作品，不為詩題所限，而以內容為據，只要在內容上較偏向於抒發許南英個人的情感思想，或是表現出對生命的感懷、或是表現出對家國的憂心，……就涵括在此詩類，在這些詩作中，許南英的形像明白地呈現出來。以下分成四項來討論。

一、故鄉之思

自從光緒二十一年臺灣割讓給日本之後，家山淪陷的憤慨悲嘆、有家不得歸的痛苦，就成為許南英詩詞作品的基調，他在各種詩作中都表露出這種情懷，詠懷詩更是直接抒寫出「湖龍化去開新國，海燕歸來失故巢。容我乾坤如許小，含恩生死忍全拋？」〔註3〕的感喟。

〔註2〕梁劉勰：〈物色〉（《文心雕龍》，臺北學海出版社，民國66年8月），頁693。
〔註3〕許南英：〈留別南社同人〉之一（《窺園留草》），頁132。

〈憶舊（霜天曉角仄韻）〉

已無生氣，進退真狼狽；半壁東南已去，忍不住，牛山淚。　　汐社杜鵑拜，河山悲破碎；多謝安平漁父，盪雙槳，來相濟！

這一闋詞回憶的往事，乃光緒二十一年九月，許南英在臺灣民主國失敗、臺南淪陷後，迫於日人懸像追捕，在漁人的幫助之下，驚險地坐船逃離臺灣一事。詞裡描寫的是當時進退狼狽的焦急緊張、家山終於不保的憤慨痛楚，而對冒險助他躲過日人搜索追捕的安平漁父，許南英滿心感激。

光緒二十二年九月初三日，臺灣淪陷滿一年，仍無恢復的跡象。許南英把保護臺灣的責任扛擔在肩上，臺灣失守、黎民成爲遺民，令他深深自責，日日受著懊恨痛苦的折磨，許南英說自己就如同「血枯魂化」的「傷春鳥」，又好像是「繭破絲纏」的「未死蠶」，這是他的肺腑之言。〔註4〕

光緒二十五年春日，許南英「栖遲謫宦此羊城，一醉屠酥百感生」，只因爲「傷心狐鼠憑城社，轉瞬滄桑變海田」，所以「太息家山會歷劫，敢云宇宙是無情！呼天慟哭周倉葛，問卜牢騷楚屈平」，尤其正逢清明時節，家家戶戶都去掃墓、祭拜祖先，自己卻故鄉遭劫，無法回鄉爲先人掃墓，只能任憑塚墓荒草漫長，更增添詩人內心惆悵：「最是清明惆悵甚，松楸墓道草生煙！」。但是，詩人仍勉勵自己：雖然「南船北馬走風塵，賸此沙場未死身」，但要做疾風中更見氣節的勁草，也要學冰雪中更見精神的寒梅：「勁草疾風知氣節，寒花晴雪見精神。」〔註5〕在這裏，我們可以看到許南英嘗試轉化家鄉遭劫的懊悔痛苦的心情，想要以積極的態度來生活，因爲他「尚有風塵未了因」，〔註6〕他所具有的生命使命感也令他不能無建設地活著。〔註7〕

許南英嘗試做改變，但是家鄉歷劫、黎民罹難的痛苦並未因此而消失，仍時時齧咬著許南英的心靈；身爲遺民的悲憤，是一輩子的烙印，不是時間的洗鍊所能磨滅的；臺灣晚一天收復，這痛楚就在心中再齧咬一天。

因爲故鄉遭劫而流落異地，身在異鄉的許南英時時思念家鄉，在徐聞吃到與臺灣的檨仔一樣味道的黃菓時，許南英感嘆：「異鄉忽味家鄉味，別汝於

〔註4〕 許南英：〈丙申九月初三日有感（去年此日日人登臺南）〉《窺園留草》，頁37。

〔註5〕 此段所引詩句見許南英：〈己亥春日感興〉之一、之二、之六（《窺園留草》），頁51。

〔註6〕 參考第二章第一節留髮頭陀一項。

〔註7〕 許南英曾說：「生無建樹死嫌遲」（《窺園留草》，頁86），這是他的人生觀之一。

今成十年！」〔註8〕他也常在夜半時分因思鄉而不寐：「昔我猶今我，鄉愁雜旅愁。平生未了事，一一上心頭。」〔註9〕他經常尋訪的家鄉舊地也常縈繞在心：「琴歌酒賦竹溪西，香火情緣證菩提。舊址依稀蝴蝶夢，荒祠寥落杜鵑啼。詠觴勝會春風歇，貞節孤墳宿草迷。萬壑松堂僧在否，何人再讀壁間題？」〔註10〕尤其在清明、中秋這兩大節日時，許南英更難掩心中的愁悵：

〈清明日，聞鄰人祭掃有感〉

　　浮家泛宅寄漳城，時有鄉心觸處生；
　　聞道隔鄰忙祭掃，一年難過是清明！

〈中秋夜（賣花聲）〉

　　今夕又中秋，獨上高樓，長空萬里暮雲收。何處笛聲吹折柳？動起
　　鄉愁！　　無計且勾留，酒侶詩儔，螢笈玉斝夜相酬。預擬春來煙
　　水闊，天際歸舟。

　　民國元年許南英首次回臺，終於如願以償爲先人掃了墓；在離臺之前，許南英有一詞作〈別臺灣（如夢令）〉，除對臺灣依然陷於異族掌中表示悲憤之外，最不捨的是先人廬墓，因爲不知要到何年才能再親自祭掃祖墳了：〔註11〕

　　望見故鄉雲樹，鹿耳、鯤身如故；城郭已全非，彼族大難相與！　　歸
　　去、歸去，哭別先人廬墓！

　　還有一點要提出的，許南英對於自己在臺南淪陷後爲躲避日人的追捕而內渡到福建這一件事，深深自責，他有他的苦衷，但也避諱人言。筆者在第八章會再詳論，這裡先引述他的一首詠懷詩做證明。

〈臺感〉之一

　　小劫滄桑幻海田，不堪回首憶從前！
　　某山某水還無恙？誰毀誰譽任自然！
　　我信仰天無愧怍，人譏避地轉顚連。
　　浮沈薄宦珠江畔，已別鄉關十六年！

〔註8〕　許南英：〈黃菓〉（《窺園留草》），頁59。
〔註9〕　許南英：〈不寐〉（《窺園留草》），頁94。
〔註10〕　許南英：〈己亥春日感興〉（《窺園留草》），頁52。
〔註11〕　許贊堃：〈讀芝蘭與茉莉因而想及我的祖母〉（陳信元編：《許地山代表作》，臺北蘭亭書店，民國72年6月），頁165。「我的『上墳癮』不是我自己所特有，是我所屬的民族自盤古以來遺傳給我的。」這段話可以說明許南英爲何老是寄掛著爲先人掃墓這一件事。

二、家國之憂

依照《窺園留草》一書來看，許南英在四十五歲以前，他的注意力大多集中在臺灣本土，爲經營臺灣而努力、爲挽救臺灣而奔走、因臺灣的割讓而憤怒；臺灣割讓後，許南英一家流離顛簸、經濟窘迫，直到他入京改官做知縣，在廣東省任職，情況才稍微轉好。許南英也就自這時開始注意到整個國家的全局問題，爲在頹敗清朝統治下的國家前途憂心。

光緒二十三年起，俄國就派兵侵佔我國旅順、大連，清廷派員交涉，卻無力討回；其後在俄國威脅之下，於光緒二十五年二月與俄簽定租借條約九款，於是東北成爲俄國的勢力範圍。許南英〈己亥春日感興〉之七、之八兩首詩，即是因此事而寫的詠懷詩：

> 雄心盡付水東流，莽莽河山抱杞憂。
> 宰相經綸揮麈尾，將軍事業換羊頭！
> 屏藩誰復維危局，帶礪何堪失上遊？
> 依舊文章官樣派，尚云聖主是懷柔！
>
> 蒼天何事假強胡？不戰甚於一戰輸。
> 十萬控弦屯北鄙，一書傳檄失東隅！
> 江河復報黃流決，庚癸頻聞赤旱呼。
> 有筆未能如鄭俠，盡將民隱繪成圖。

大陸學者趙沛霖認爲許南英在詩中一針見血指出：清廷將國土出賣給列強，卻說成是安撫和籠絡的無恥謊言，所謂的「聖主」「懷柔」云云，不過是官樣文章，自欺欺人而矣。〔註12〕

培育人才是建設國家的重要工作，許南英一向都很注重教育的推展。光緒二十九年，許南英委調廣東鄉試同考官，有詩一首表達他想爲國家徵得霸才賢士的焦慮謹慎心情：

> 〈癸卯鄉闈分房襄校，和同鄉虞和甫鎖院述懷原韻〉之二
> 不虛所學究人天，守舊維新各一偏。
> 但使霸才能富國，且同文士策籌邊（「富國」、「籌邊」皆本科題目）。
> 蟾宮組織登科記，羊石搜求避世賢；
> 尚恐遺珠珠海裡，惱人雙淚比珠圓。

〔註12〕　趙沛霖：〈清末臺灣愛國詩人──許南英〉（周俟松、杜汝淼合編：《許地山研集》，1985 年），頁 26。

又有〈癸卯復奉調簾之役，有感而作〉一詩，對當時年輕一代過度追求思想自由的學界風潮有所批評：

　　社會浪滔滔，風潮學界高！

　　群嗤先進野，自命少年豪！

　　思想主衝突，言詞擅貶襃。

　　寄言自由黨，入試爾徒勞！

光緒三十四年，許南英入北京城，看到達官貴人「馬龍車水騁康莊」，又看到歌樓舞榭裡「粉黛胭脂獨擅場」，[註13] 似乎大家都遺忘了八國聯軍在北京城裡焚燒、殘殺的慘痛及恥辱，他有詩抨擊：

〈戊申入都門感興〉之一

　　一瞥光陰已十年，艅稜翹望轉淒然。

　　國民自詡魂初醒，臥榻他人自在眠！

宣統二年正月初二日，倪映典等人率新軍在廣州起事，由於事出倉促，再加上香港的支援未至，此次義舉失敗，許南英〈庚戌元旦〉一詩記述了這一事件：

　　縮符一再再而三（余奉檄任三水已三度矣），薄德無功祇負慚！

　　六事本廉皆應分，九年立憲豈虛談！

　　乍除舊臘鴻鈞轉，忽報新軍蟻鬭酣（元旦，粵省新軍與警兵交鬨，

　　閉城三日。嗣以兵力解散）。

　　兵氣似隨春氣發，嶺南聞道又江南（初二日，江南新軍亦鬧事）！

「兵氣似隨春氣發」，許南英對革命軍的行動是抱著樂觀期待的態度的，可見許南英是支持革命的，而他的次子贊元於宣統三年加入革命軍、長子贊書於民國元年擔任廈門同盟會會長，是其來有自的。

鴉片戰爭失敗後，清廷致力於自強新政的推動，不過各項建設都以軍事為出發點，未能在政治、教育等方面一起配合，而且在過程中過於倚賴外力，譬如以重金向外國購買軍備或機器，購料時洋商任意剝削，又聘請外國人擔任教練或工程師，辦事洋員多非上乘之選，這些都是自強運動所以失敗的原因。許南英〈日言〉二首就是針對清廷自強運動措施的失當而發論的：

　　日言興學務，為國毓人才；崇拜東西鄰，晉用求楚材。少年歐、亞

_____

〔註13〕許南英：〈戊申入京門感興〉之三（《窺園留草》），頁76。

去，畢業歐、亞回；盧梭、達爾文，矢口交相推。興學已十年，人
才安在哉？但聞橫議黨，蚊聚便成雷！他日誤天下，何人是禍胎！

日言開五礦，盡力闢地利；金銀銅鐵煤，遍地惜棄置！重幣聘工
師，多金購機器；或薦美利堅，或薦德意志。鷖彼異國人，終非我
族類；無論無此才，有之亦終秘。留以待他年，蠶食吾土地。太息
資本家，錢了人無事！

〈和杜鵑旅南雜感〉之八一詩中，許南英表達出他對革命烈士們的敬仰
及欽佩，並言自己年紀雖已老大，但對烈士們義無反顧的犧牲，也感到熱血
沸騰：

掃清胡虜仗雄豪，革命更翻志不撓。

砍地悲歌時看劍，向天談笑自橫刀。

心中義利分俄頃，天下興亡屬我曹！

閱歷滄桑余老矣，填胸熱血湧如濤。

袁世凱在任大總統期間，即不斷地擴充他個人的勢力，楊度等人所組的
籌安會公開為袁世凱稱帝做宣傳。民國四年，參政院以國大總代表的名義擁
戴袁世凱稱帝，民國五年，袁氏帝國成立，在內引發許多反動聲浪，其中反
袁聲勢最壯大的是孫中山領導的中華革命黨，以及雲南的護國軍。袁氏帝制
終在民國五年三月二十二日撤消，袁世凱也於當年六月六日病逝。許南英〈感
事〉組詩即是因此事而興的感懷，下面引錄其中兩首：

問天何事秘奇才，八表陰霾翳不開？

已見操戈爭入室，何堪厝火忽燃灰！

生留遺孽如春夢，死有餘辜冷夜臺！

草澤國殤拚一戰，可憐捲土復重來！

萬里烽煙捲土來，求魚緣木竟成災。

奸雄末路多尋死，社稷前途實可哀！

藏蟄龍蛇甦漢時，失群麋鹿走蘇臺。

貞元倚伏天難問，何日鍾生濟世才？

對於袁世凱為逞個人野心並因此而死，許南英認為他死有餘辜，但最令
許南英憂心操慮的事，是國家又再度擾攘不安，國家前途究竟何去何從？
許南英不禁探問老天：「何日鍾生濟世才？」許南英對家國的關心在此展現
無遺。

　　民國六年，許南英遠赴蘇門答臘任事，但他對國內的情形仍是時時關心注意的。袁世凱死後，北洋軍閥趁機坐大，並各擁地盤，互相傾軋，完全不顧民生疾苦及在四周窺伺的強敵。許南英〈感時〉組詩是就此事而寫的，不過詩意較爲晦澀，不易明白所指究爲何事？何人？下面引錄其中第三、第四首：

> 朝市謠傳嘖嘖聞，負山無力笑餓蚍。
> 早知長白銷王氣，又見西歐熾戰氛。
> 翻恨病狂諸策士，養成跋扈一將軍！
> 荷戈赴敵西南省，忍見中原逐鹿紛？

> 削平洪憲已週年，病國阽危幸瓦全。
> 組織共和消帝制，諮詢庶政重民權。
> 邦交有道聞吳札，兵諫無端罪鬻拳。
> 垂死尚聞事黨派，內訌外患兩相連？

　　臺灣割讓後，許南英舉家遷移到廣東，他也在當地任職，慢慢地，許南英開始注意到全國的局勢問題，他的作品中首次言及家國大事的是寫於光緒二十五年的〈己亥春日感興〉組詩，而在光緒三十四年左右開始，這一類的作品數量大增，一直到他病逝棉蘭。從這裡我們可以看到生活對詩人創作的影響。此時，許南英年紀也已老大，所以詩作內容除表達出他對時局的關心及憂慮之外，所呈現的精神較爲消沈，並未見有積極奮發的作爲。

三、身世之嘆

　　家山遭劫，黎民罹難，許南英自此「此身踽踽留天地」〔註14〕、「作客如僧暫挂單」，〔註15〕在這「塵世勞勞覺萬難」〔註16〕的生涯裡，「幽冤誰訴與天知」？〔註17〕許南英將滿懷的心事化做一首首的詩歌。這裡所分析的詩作，是許南英在省視自己的生命歷程之後，將所感興的心情吟詠而成的詠懷詩。這樣內容的作品，多半是許南英中年之後的作品。許南英詩云：「中年遇

〔註14〕　許南英：〈和宗人秋河四首〉（《窺園留草》），頁 37。
〔註15〕　許南英：〈和陳丈劍門新秋偶興呈菽莊主人原韻〉之五（《窺園留草》），頁 149。
〔註16〕　同註 15。
〔註17〕　許南英：〈和王泳翔留別臺南諸友原韻〉之二（《窺園留草》），頁 33。

事多哀樂，老去情懷只自傷。」〔註 18〕這些感歎身世的詠懷詩作內容的基調也就明白可知了。

光緒二十三年，許南英自新加坡、曼谷浪遊回來，尋求南洋地區親友支助的希望落空，許南英決定「為貧為祿仕，聽皷五羊城」。〔註 19〕在上北京改官之前，他與家人在汕頭附近的桃都小聚，依靠宗人許子榮兄弟的幫忙以維持生活。這期間許南英寫下〈秋思〉一首：

> 出門惘惘有誰親？到處溪山是主人。
>
> 詩思復因秋後起，世情還覺夢中真。
>
> 晨星夜月傷行色，北馬南船歷瘦身；
>
> 我似散仙遭小劫，罡風再謫墜凡塵。

此時的許南英因故鄉失陷，深感飄泊流離的痛苦，雖然有許子榮兄弟這樣的善人與己相親，但是宇宙終究是無情；經歷了這一切之後，許南英自覺像是遭劫的散仙又被罡風吹落凡塵間般的苦不堪言。

〈和易實甫觀察原韻〉之二

> 宦況蹉跎氣轉醇，隨緣五嶺看青春。
>
> 不知避地依然我，始悔趨時不若人！
>
> 士本長貧終自好，官如此苦向誰陳？
>
> 還山無處思山隱，夢斷桃源世外民。

這首詩寫於光緒三十四年，是許南英卸下陽江軍民同知職務的次年。許南英在陽江任職期間，發生習藝所犯人越獄並劫監倉鬮所的犯人同逃事件；雖然許南英在三個月內捕回過半的逃犯回來，但仍受到撤開本任的懲戒；光緒三十二、三十三年兩年間是許南英宦途上最不得意的時候，這首詩敘述的就是當時的苦楚。

光緒二十二年，丘逢甲在廣東淡定邨創築心泰平草廬；宣統元年，許南英有詩一首〈寄題邱倉海工部澹定邨心太平草廬（用東坡「書王晉卿煙江疊嶂圖」原韻）〉，知道故人「卜築梅州幽絕處，買山更買數頃田」之後，許南英想到自己經濟上的拮据困厄，詩中云：

> 東望滄溟憶故山，十年前事已雲煙。同群瑣尾流離出，公等俱泰我
>
> 依然。自貶南交為末吏，不栖惡木飲盜泉。一家飄泊梗猶汎，孤舟

〔註 18〕同註 15，組詩中的第六首。

〔註 19〕許南英：〈和秋河送行原韻〉（《窺園留草》），頁 43。

斷纜浮長川。黃沙捲地迫我後，白浪滔天衝我前；掛冠便欲作漁父，
何處桃源別有天？

在兩相比較之下，許南英只有「披圖讀詩自嘆息，骯髒尚與山無緣」自
我調侃，對友人卻無一句探問的話。

宣統元年，許南英五十五歲，他驚覺時光的溜逝，也察覺到飛霜已上髮
鬢，在〈秋懷八首和邱仙根工部原韻〉之一一詩中，他回顧了這五十五年的
歲月：時代在輪轉，人物也更迭替換了，而自己心中永遠記掛不忘的，是那
黑水溝另一端尚未收復的家園：

轉瞬光陰五十過，羞將白髮慰蹉跎。

咸同人物銷磨盡，歐亞風潮變幻多！

夢寐昨宵飛黑海，澄清何日問黃河？

離憂萬緒無從說，拔劍橫天砍地歌。

民國二年，許南英五十九歲，他這時剛辭卸龍溪縣知事的職務，雖說「無
官一身輕」，但許南英總以為「人生無論做大小事，當要有些建樹，才對得起
社會」，身無職務倒讓許南英有些無所適從了；而且，在龍溪縣知事任內，曾
因禁止私鬥和勒拔煙苗為當地劣豪所忌，並遭其誣控侵佔公款；後經省府查
清並無其事，洗清所受冤屈，但在心中終留有陰影。〈和施耐公感興原韻〉之
四詩中，有難掩的老邁之態，卻更強調其不為濁流所染的傲骨：

未肯清泉混濁流，長安換取爛羊頭。

啣杯倦眼天何醉？擊劍雄心氣已秋。

不舞已成羊子鶴，無文自笑鄭家牛。

肚皮不合時宜久，傲骨狂名到處留。

下面二首是寫於民國三年的〈和陳丈劍門見贈原韻，再疊前韻〉之一，
以及作於民國五年的〈和林少眉見贈原韻，八疊前韻〉：

一官已掛西山芴，自逐西風薄笨車。

赤嵌廿年思故里，紅塵十丈冷京華。

湘中蘭芷伊誰贈？江上芙蓉自怨嗟！

早識窮通原有命，十年悔不讀書賒。

到底迂儒一介輕，少年悔不列商行，

搢紳自足官僚派，祿米徒繁仕宦情。

自昔管城無肉相，從來貨殖有規程。

欲追端木爲師範，結駟連騎講治生。

　　許南英對於自己「肚皮不合時宜」的個性是肯定的，即使環境再艱難困頓，他依然堅持「傲骨自嶙峋」，不過，在垂老之際終不能無怨嗟之言。平心而論，雖偶有勞騷怨語，大致說來，許南英一直都堅守住自己做人做事的原則，表現出不同於常人的堅毅、耐苦、貞節的精神，他自己曾說：「亂世自甘薇蕨榮」、「貧猶傲世眼翻白」，〔註20〕下面再引一首詞作做證明：

　　〈和陳智君（洞仙歌）〉

　　　啞然一笑，甚功名爭競！杖履歸山亦天幸。想當年薄宦，羊石浮沈。遭坎壈，惟有樂天知命。　　有時招伴侶，拈韻敲詩，亦自饒余老年興。搔首望昆明，滿目牢愁；傷心處，戰雲無定！爲甚事干戈日鏖爭，歸隱謝時人，薜蘿山徑。

四、個人心志

　　許南英詠懷詩中所詠嘆的個人心志內容頗爲多樣，筆者略舉下面五個小項論述：落榜心聲、自我激勵、達觀曠達、悠然閒淡、傷逝嘆老，每一項中各列舉兩首詩做例子。這些項目有的看似相互矛盾不統整，筆者以爲：人的生活是多向的，詩人善感的心因喜而樂，因悲而傷，這些都是生命的一部分。許南英在作品中如實地記下他在生活中的各式不同面貌，這兒所談的只是其中一部分。

（一）落榜心聲

　　光緒十二年，許南英第一次入京參加會考，結果落榜；光緒十五年，許南英第二次參加會考，一樣是名落孫山外，〈和郭士梯感懷原韻〉、〈被放出都〉二首詩的內容就是許南英落榜後的心情：

　　〈和郭士梯感懷原韻〉

　　　本來名士不求知，疏懶如雲出岫遲。

　　　人到忘貧無異富；詩能不俗便稱奇。

　　　有才何必名登榜，無累依然酒滿巵。

　　　試看東風花歷亂，落紅偏是最高枝！

　　〈被放出都〉

　　　捫心自覺此心平，自古文章有定評。

> 不信再來猶有望，依然兩度未成名！
>
> 計偕遠道悲翁子，對策傷時笑賈生。
>
> 甚欲邯鄲尋夢去，人間無枕可通靈。

第一次落榜時，許南英尚能冷靜面對，也未喪失自我的信心，但是詩末說出「試看東風花歷亂，落紅偏是最高枝」這樣的話，心中終究是有些酸葡萄的難過心情。第二度再落榜，心情就明顯地消沈多了，頷聯二句中的「不信……猶」、「依然……未」句法，是許南英考試失敗後對自己的貶抑。即使許南英無意追求富貴，落榜依然帶來很大的挫敗感。

（二）自我激勵

〈寒夜起坐〉

> 蕭條瘦菊英，尚耐西風冷；
>
> 豈我不如花，未堪當此境？

這首絕句寫得簡潔俐落，詩的意旨直接而明白，許南英以耐寒的瘦菊自勉，鞭策自己要能不怕困難，並能經霜愈傲。這是許南英早期的作品，而這種「經霜愈傲」的堅毅精神，許南英一直到老都做到了。

〈閒居〉

> 與世殊不合，於人無所求。
>
> 科頭踞松下，洗耳擇清流。
>
> 入幕都超老，下車馮婦羞。
>
> 兒曹能食力，老子又何憂！

這一首五律是許南英晚年的作品，寫於民國二年剛辭卸龍溪縣知事職務之後。卸任後，許南英兩袖清風，又有子女還在就學，因此有朋友勸他入京投故舊以謀求差遣；舊識彭華絢則函召他到廣州，原來當時廣東省長是許南英任陽春知縣時的幕僚，但許南英卻未應許，因為他「最恨食人之報」。〔註21〕許南英寧願嚼菜根過活，就因為他堅持「無所求」、「擇清流」的原則。第三聯用典表明自己不願再出仕的原因，一方面是年紀已老，另一方面則是「他從前曾在我部屬，今日反去向他討噉飯地，豈不更可恥嗎」〔註22〕的面子問題；最後則是自我安慰的話。

〔註21〕 許贊堃：〈窺園先生詩傳〉（《窺園留草》），頁245。

〔註22〕 同註21。

（三）達觀曠達

〈林景商觀察招飲怡園，酒後口占〉之二

舊是經綸濟世才，如何蟄伏老巖隈？

讓人干預蒼生事，容我鏖詩薄醉來。

包恆新以為「讓人干預蒼生事，容我鏖詩薄醉來」兩句，流露出詩人隨緣自適，不想過問世事的消極思想。〔註23〕許南英在晚年階段的思想態度較為消極是沒錯的，不過，筆者以為這一首詩呈顯的卻是達觀曠達的精神。一生盡心付出，為家國憂、為生民愁的許南英，在鬢髮斑白、容顏蒼老之際，他思考著如何面對年紀老大了的自己？原本的堅持當然會繼續努力，這從他民國六年在棉蘭所寫的〈感時〉詩可以證明，但終究年老了，總是力不從心，而且身無職務，位微言輕；欣慰的是「長江後浪推前浪，一代新人換舊人」。這和「後起青年勤淬厲，前途黃種卜靈長」、「合為諸生開望眼，相期祖國煥輝光」〔註24〕這種期待於新起後學的心情是一樣的。

〈野興〉

一生幾兩芒鞋福，隨意林東轉水西；

遠浦日烘芳草活，平田風押稻苗齊。

未妨乘興孤村醉，莫遣回頭歧路迷！

翹首長安何處所，病夫何事逐輪蹄？

首句「一生幾兩芒鞋福」點出全詩主旨，也帶引出後面的詩句：人生短暫無常，不應為爭名奪利互相傾軋傷害，惟有懂著惜福的人才能玩賞天地萬物的美，也才能有自適自在的人生旅程。這首詩表現出曠達自適的心情，人與自然融洽相合。末聯運用問句，造成突顯強調的效果，病夫的愚痴也就更明白了。

（四）悠然閒淡

〈暮雨〉

薄暮雨霏霏，寒鴉幾點歸；

尚留空外影，遠浦度殘暉。

這一首小詩靜中有動，寫得淡然悠遠，餘韻無窮，頗有王維山水詩的意

〔註23〕包恆新：〈臺灣愛國詩人許南英及其創作〉（《福建論壇》，1982 年，第 2 期），頁 98。
〔註24〕許南英：〈留別陽春紳士〉之五（《窺園留草》），頁 69。

境。這種意境的表達所以成功，是因為許南英靈活運用時空的變化造成的：首句「薄暮雨霏霏」，呈現的是濛濛灰黑的「面」，次句「寒鴉幾點歸」則用重筆在這一片灰濛的面上點上幾個黑「點」，「尚留空外影，遠浦度殘暉」兩句是描寫歸鳥的動態，將第二句中的「點」移動，在畫面上拉出數根「線」條，同時，也把空間拉遠了，時間拉長了，這時我們才發現詩人靜靜地站在那兒凝望歸鳥飛逝有好一陣子了，在這凝望的片刻間，剎那化成永恆，悠遠恬靜的氣氛也就呈顯出來了。

〈恆心園品茗（殢人嬌）〉

諓諓松風，涼生庭院；挈都籃，安排茗戰。閒情顧渚舊臺陽，羨煮鳳餅龍團，一甌香嫩。　　竹裡樵青，引泉送炭；借熏風，輕輕熱煎盧仝七椀。清風腋畔，鎮日功夫，坐拋一半。

即便是浮生裡暫時偷得的半日閑情，也能令人忘記煩憂，這時，什麼也不想，就盡興於眼前的涼風茶香、就凝神於引泉送炭的過程裡。這樣的情景，在許南英迍邅的一生中，是難得有的。

（五）傷逝嘆老

時間一刻也不停地流逝，生命的花朵逐漸枯乾失色，任誰都要為之扼腕嘆惜；而如果，這逐漸失去血色的正是自己的生命，內心的驚慌會使人無措。許南英也有這樣的感受。

〈移居〉

移居嫌近市，市遠亦維艱；
負郭先租屋，關門當入山。
興來賒薄醉，老去漫偷閒。
對鏡愁看汝，先生鬢已斑！

這是民國四年的作品，此時許南英經濟依然窘迫，租屋而居，但他倒頗能自得，妥善排遣卸職後的清閑生活，但是已斑的鬢髮卻令他不知所措，只能與鏡中的自己愁眼相望。

〈再和健人倒疊前韻〉

日輪不返魯陽戈，太息年華瞥眼過。
惡睹江山留破碎，苦將筆墨事吟哦！
照人朗朗崑山玉，悲我悠悠逝水波！
問天已無酬世具，自甘晞髮老陽阿。

這一首詩傷逝嘆老的感喟又更見深沈，似乎就認命自己的生命已無光彩與熱力的事實，一絲對抗奮爭的念頭也沒有，就任生命憔悴枯萎吧。詩末句言「自甘」，並非真的甘心，而是自知無法抗拒時間對生命的消磨所故作的曠語，這可從詩裡「太息」、「苦」、「悲」等用語，看出許南英真正的感受。

第二節　詠古詩、懷古詩、紀事詩

一、詠古詩

詠史詩，是以歷史事件或人物為詩歌的題材，詩人並藉此題材以論古諷今、言志抒情的一種詩類。〔註 25〕詩人在寫作時，從眾多歷史事件人物中淘選出觸動他心靈的對象，加以詠歎、評論或藉以抒發個人情志，在這創作過程中，歷史是吟詠的對象，同時，我們也可從中了解到詩人的思想感情，以及他的人生態度。〔註 26〕下面所論析的即是許南英的詠史作品，並嘗試從分析中來了解許南英。

許南英詠史詩詞共有三十首，除〈詠史〉四首為雜詠詩外，其餘都是專詠一人；所題詠的對象，按年代來看，從先秦到明代都有，計先秦一人，秦漢十一人，〔註 27〕三國魏晉四人，隋唐三人，明代一人。從這裡可以發現：許南英詠史詩的題材選擇，較偏重於秦漢和魏晉時代。

依許南英詠史詩詞所題詠的對象的身份來分，計帝王三人，嬪妃三人，

〔註 25〕 對於詠史詩界義的認定，一般都同意它是以歷史題材為歌詠對象的詩類，如張火慶：〈中國文學中的歷史世界〉（蔡英俊編：《抒情的境界》，臺北聯經出版社，民國 74 年），頁 273。「歌詠歷史人物的事蹟與人格，藉此表白自我的欽慕、歎惋與襟懷，這種心情可說是詠史詩詞的最初格調。」蔡英俊：《興亡千古事》（臺北故鄉出版社，民國 71 年），頁 3。「詠史詩是藉著歷史事件或人物做為詩歌作品的敘述對象（也就是詩的題材），而表達作者個人對於歷史事件或人物的觀感。」降大任：〈古代詠史詩初探〉（《晉陽學刊》，1983 年，第5 期），頁 30。「詠史詩是中國古典詩中作者直接歌詠歷史題材，以寄寓思想感情，表達議論的一個類別。」
〔註 26〕 降大任：〈古代詠史詩初探〉（《晉陽學刊》，1983 年，第5 期），頁 34。「詠史詩作為一種精神產品，它又是作者本人思想意識的反映。它還可以向我們提供有關詩歌作者的思想觀點、政治主張以及人生態度等多方面的材料，有助於我們了解和研究作者本人。」古遠清：《詩歌分類學》（高雄復文圖書公司，民國 80 年 9 月），頁 72。亦云：「在史的背後，藏著作者本人的形象。」
〔註 27〕 〈雜詠〉組詩所題詠的是漢代史事，若再加上其中所提到的人物，那麼許南英詠史詩中所吟詠的秦漢人物則為十五人。

臣屬將相七人，豪傑志士七人。不同身份對象所題詠的詩作數目則是：帝王五首，嬪妃六首，臣屬將相八首，豪傑志士七首。從這裡可以發現：位高權重的帝王並非許南英注意的對象，臣屬將相和豪傑志士的作為才是他所關心的焦點。

　　依照許南英詠史作品所表現的思想內容來分析，許南英有時在詠史作品中表達出對古人的仰慕及欣賞，如〈孟叔達墮甑〉：

　　　本無我相無人相，豈有金剛不壞身！

　　　人尚如斯何況物，區區一甑碎微塵。

　　孟敏，東漢人，個性剛直剖決。有一次，背負之甑墮地，不顧而去；郭泰問他，他說甑落地已破，再檢視也無用。許南英此詩是就此事稱讚孟敏的疏放曠達。

　　又如〈孫武子〉一詩，敘述了深諳帶兵之要的孫武將嬉鬧的嬪妃宮女約束訓練成遵守律令的士兵一事，表達出對孫武的欽佩，並將欽佩之情化為具體行動，要研究學習孫武所著的《兵法》十三篇，〈孫武子〉詩云：

　　　講武思孫子，吳人聽鼓鼙：

　　　書生權上將，號令肅深閨。

　　　自古言行陣，真銓在止齊。

　　　十三篇尚在，按劍細參稽。

　　再如〈徐福〉一詩：

　　　五百童男女，樓船東復東。

　　　神仙原渺渺，方士竟匆匆！

　　　留種能開國，藏書亦見功。

　　　墓門在何處？翹首海暾紅。

　　「神仙原渺渺，方士竟匆匆」，許南英不信神仙之說，是其務實精神的表現；「留種能開國，藏書亦見功」兩句，則是肯定徐福泛海求仙的影響，這個影響是什麼？不是為秦始皇求得成仙不死藥，而是徐福和同行的童男女到日本後就居住了下來，成了日本的祖先。這首詩是許南英民國元年回臺時所作，在侵略者的壓制之下，許南英以「海暾紅」暗喻日本國，不過，詩的旨意是非常明白的。

　　有時，許南英藉吟詠史事來議論古人，對古人的行事做一是非善惡的評價，如〈詠史〉之一及之二：

太公置俎上，高祖欲分羹；

帝王有大度，父子無餘情。

天性已如此，何恤韓與彭！

慷慨楚項羽，猶守弟兄盟！

秦亡漢嗣統，報韓願已酬；

明哲善保身，留侯不可留。

願棄人間事，欲從赤松遊。

鳥盡良弓藏，淮陰羞不羞？

　　第一首詩中，許南英以為劉邦的個性陰忍絕情，所以做出許多天理不容的行為，〔註28〕詩末則藉因多情猶豫而未能掌握殺敵先機的項羽做反襯，烘托出劉邦雖然爭到了天下，卻在人格上成了最大的失敗者。第二首詩是讚譽張良深明黃老之道，故能在受封為萬戶侯王之後急流勇退，保全性命；詩末則藉不懂得「不伐己功、不矜其能」〔註29〕的韓信做反襯，烘托出張良雖然放棄了名利富貴，卻能安享天年，是真正的大贏家。

　　除上述兩類之外，許南英的詠史詩還呈顯出「不以成敗論英雄」的思想，這樣的想法可在下列幾首詩中看出：

〈荊軻入秦（洞仙歌）〉

感恩知己，白衣冠易水，風雪蕭蕭聲變徵。恨武陽不武，膽小如鼷！太辜負，市駿燕丹太子！　　圖窮匕首見，走柱迴環，嚇殺秦廷諸武士。翻悔樊於期，殺身成仁；還問爾，頭顱有幾？倘若是漸離與君來，又何致劫盟，荊卿枉死！

　　許南英以為：荊軻所以失敗，是因為「武陽不武，膽小如鼷」，壞了大事；荊軻當時在威勢凜凜的秦廷之上，手持匕首追擊秦王，嚇殺秦廷武士，這種勇氣，有幾人能夠？雖然刺殺秦始皇的行動失敗了，但許南英仍誇許荊軻是「殺身成仁」烈士。

〈項羽〉

學書尤學劍，願作萬人豪。

〔註28〕劉邦的絕情，除許南英詩中所舉的分羹食父、殺害功臣兩事之外，在《史記·項羽本紀》中還記載著：劉邦為逃避緊追在後的楚軍，而連續三次將自己的兒女推下車。

〔註29〕司馬遷：《史記·淮陰侯列傳》，藝文印書館出版，頁 1066。

韜略輸韓信，威名奪漢高。

虞兮生不幸，騅也爾徒勞！

蓋世英雄氣，烏江吼怒濤！

許南英以爲：項羽氣勢無雙、威名蓋世，卻因爲不諳韜略謀策，再加上一時心軟，沒有按照范增的計謀，在鴻門宴席上殺掉劉邦，最後反落得自刎烏江的下場。項羽在楚漢之爭中是失敗了，但是許南英仍說他是難得的「蓋世英雄」。

〈李廣射虎〉

一身都是力，不偶數迍邅。

亦識將軍勇，其如天子偏！

讒言金可鑠，神射石能穿。

經過北平地，天高月不圓！

李廣，漢文帝時人。他膽識過人，卻因當時文帝景帝施行黃老治術、偃旗休兵，而無法發揮他的軍事長才；接著又受小人讒言牽制陷害，抑鬱不得志；年老時，終有機會與匈奴決戰，卻又被陣前換將、迷途誤軍機。他的一生遭遇迍邅，空有一身膽氣，許南英不禁爲之歔欷嘆惋「天高月不圓」！

荊軻、項羽、李廣三人，在一般人眼中是失敗者、失意者，但對許南英來說，他看到的是這三個人在生命過程中所迸放出來的燦爛光彩。

許南英在寫作詠史詩時，經常運用反襯的技巧。除了前面提到的〈詠史〉之一、之二兩首詩外，下面幾首也是使用同樣的技巧來強調主旨：

〈徐德言破鏡〉

私奔尚不追紅拂，情俠無如老越公！

天上團圓懸一鏡，人間何靳半青銅？

徐德言是南北朝陳人，娶陳後主女弟樂昌公主，會逢陳國政衰，兩人破鏡各執其半，約他日以正月望日賣於市。陳國亡滅，公主爲楊素（越國公）所得。徐德言至京，有蒼頭賣半鏡者，徐德言出半鏡合，又題曰：「鏡與人俱去，鏡歸人未歸。無復嫦娥影，空留明月輝。」公主得詩，悲泣不能食。楊素召徐德言，以公主還之。許南英詩以紅拂女和老越公做映襯，在堅定、多情的紅拂女、老越公映襯之下，徐德言的懦弱，以及因爲懦弱而無法保護愛情的形象更加突顯。

〈太眞〉之一、之三

　　捨身爲遣六軍行，掩面君王太不情！

　　比翼鳥分連理折，負他有殿號「長生」。

　　委地花鈿了不存，馬嵬坡下渺芳魂。

　　如何道士傳來語，尚有金釵達至尊？

　　馬嵬坡前六軍不發，唐玄宗無情賜楊貴妃死；貴妃命如落花墜地，往日長生殿中的恩愛也就成了一片虛幻；許南英藉著「長生」殿的名號，反襯唐玄宗賜貴妃死的無情；既然無情，卻又念念不忘貴妃，請來道士做法，欲與貴妃魂魄相見；許南英以「尚有金釵達至尊」一句反詰語，烘顯出玄宗當日的無情與今日看似有情的矛盾，再一次強調玄宗的無情。

　　從上面的分析，我們發現許南英在這些詠史詩中，常對歷史人物的作爲做理性的、道德上的臧否批判，表達出他的思想及愛惡，在他臧否批判之際，也呈顯出他的個性及志節。

二、懷古詩

　　懷古詩和詠史詩同樣都是以歷史爲創作的的題材，不過，懷古詩是詩人登臨歷史遺跡時所引發的感歎與體悟，這和詠史詩是據史書所載史事而加以推想寫作成的是不相同的。〔註 30〕在眼前所見的歷史遺跡的觸動之下，詩人更易興起撫今追昔的感喟，因此，懷古詩較詠史詩更「偏向抒發作者個人感想與襟懷，抒情成分重」。〔註 31〕

　　許南英寫了二十首懷古詩，依朝代來看：與南宋滅亡史事有關的有五首；與明鄭史事有關的有九首。依地點來看：登臨臺灣的古蹟而寫的懷古詩有九首，其中有七首是以延平郡王祠、五妃廟爲題的；其餘的作品大多是遊宦廣東、客居福建時寫的，其中值得注意的，以木棉庵爲題的有兩首。

　　抒情成分的比例較濃，是懷古詩的特色，不過，許南英常以「鋪陳其事」的賦筆方式來陳述史事，感興的抒發則夾雜其中，這是許南英懷古詩的特色。

〔註30〕　向以鮮：〈漫談中國的詠史詩〉（《人文雜誌》，1985 年，第 4 期），頁 109。「所謂懷古詩，就是抒發遊覽名勝古蹟時所引發的『思古幽情』。」
〔註31〕　蔡英俊：《興亡千古事》（臺北故鄉出版社，民國 71 年），頁 11。

〈夢蝶園懷李茂春先生（李先生，龍溪人，明末進士。避亂，隱於臺灣）〉

喃喃口誦波羅蜜，避跡東來毗舍耶。

名士晚年多好佛，古梅無主自開花。

荒園蝶夢猶留址，瘴海龍潛未有家。

二百餘年香火地，孤松蒼鬱有栖鴉。

李茂春追隨鄭經渡海來臺時，年已近五十，他築草廬，植梅竹，日日持齋念佛，悠然塵外，人稱李菩薩；陳永華爲其寓所題名「夢蝶園」。許南英這首詩中，平實地敘述這件史事。在〈秋日謁延平郡王祠〉這首詩中，有三分之二的篇幅使用陳述的方式寫作，敘述鄭成功復臺、建臺的經過：

八月清秋秋皎潔，白帝初除三伏熱；赤嵌幾處有專祠？獨拜有明鄭忠節。忠節起自閩南安，彬彬儒服亦儒冠。軸覆樞翻明鼎革，慨然我獨爲其難！干戈滿地降旗遍，甲馬樓船拚轉戰。蒼穹有意眷孤忠，大海忽將荒島見。茫茫瘴雨雜蠻煙，橫海將軍氣萬千；北望已無明社稷，東來獨闢古山川。一鼓荷蘭戰則克，寓兵於農教稼穡。惟公具有大經綸，知道足兵先足食。幾回旗鼓出鯤身，恢復中原志不伸；紀島火光銷烈燄，天教海外死孤臣！回天隻手嗟無術，天命有歸神州一。二百餘年隸版圖，英雄心事如天日；禦災捍患護臺陽，野老春秋奉瓣香。一自聖恩崇祀典，從來潛德有幽光。

這種陳述的方式，看似平淡無新意；但事實上，這些內容已經過詩人選擇安排，並不完全是史事的復誦，讀者閱讀時，自能從其中體會到詩人的情志。尤其，這首詩也抒寫出謁延平郡王祠的感興，許南英的想法也就更明白了。「禦災捍患護臺陽，野老春秋奉瓣香」是臺人對鄭成功護臺、建臺貢獻的感激。「天教海外死孤臣！回天隻手嗟無術」是慨嘆鄭成功最後的失敗。「赤嵌幾處有專祠？獨拜有明鄭忠節」、「二百餘年隸版圖，英雄心事如天日」，則表示臺人在政治立場上是認同明朝。〔註32〕

〈過海澄感事〉之二這首懷古詩抒發的感興更多了：

唾手功名稱異數，平心而論總非宜。

人除清室存明室，公助胡兒殺漢兒！

〔註32〕 連橫對鄭成功也很欽仰，在《雅堂先生餘集》（臺灣省文獻委員會出版，民國81年），頁111。有一段關於鄭成功在臺灣功業的評論：「延平郡王精忠大節，聲震寰球，百世之下，猶深仰止。……余撰臺灣通史，列之紀中，以臺灣由延平而啓也，闢物成務，厥功甚偉。」

　　班爵自應功狗冠，蓋棺莫使草雞知！

　　易朝氣節都如是，豈特泉南靖海施！

　　施琅原隨鄭成功對抗清軍，後來兩人因故失和，鄭成功殺其父與弟，施琅因而投靠清廷，帶軍攻臺，鄭克塽遂降，施琅受封為靖海侯。清廷以臺地險遠，欲虛其地，施琅上疏力陳不可，又奏請減臺灣地租，說起來對臺灣也是有功勞的，但在許南英詩中，對施琅頗有怨怒之詞，說他是沒有氣節的人，甚至進而慨嘆改朝換代時，總是會有無氣節之人倒戈。這樣的說法是憤怒激烈的，許南英所以會這樣，就因他在政治認同上是傾向明朝的關係。〈厓門弔古〉這一首懷古詩也可證明這一點。〔註33〕這詩在追弔自沈於海的宋末代帝王昺和丞相陸秀夫之後說：「中國祇今新易主，胡兒未必盡天驕」，詩是作於民國元年，那麼「胡兒未必盡天驕」當然是指亡滅了的清朝，說滿族是胡兒，說清廷不是天驕，這樣的口氣，很明白地表示出許南英對於清廷的態度了。

　　因為這樣的政治立場，許南英對鄭氏家族是一再的褒揚，我們可以從他登臨延平郡王祠、五妃廟等古蹟時寫下的懷古詩中明白看出：

〈五妃墓（墓在臺南城外新昌里，墓碑題曰「明寧靖王從死五妃之墓」)〉

　　海山無處竄天潢，果爾王亡妾亦亡。

　　同日維經完晚節，有星魚貫照新昌。

　　蘋繁合附孤忠薦（同治甲戌，沈文肅奏以延平郡王鄭成功祠列入祀典，五妃與焉)，碑碣猶留十字香。

　　監國夫人墳在否（監國夫人，陳永華之女、鄭成功之孫鄭克𡒰之妻也。克𡒰監國遇害，夫人隨夫盡節，葬北門外洲仔尾，其地瀕海，波浪沖沒，不知其處。)？淒涼洲尾弔斜陽！

　　這是光緒十三年時候的作品，詩中充滿歎惋、弔念、感傷之情。民國五年回臺時，正逢五妃殉節紀念日，許南英與趙鍾麒同往祭奠，在〈二十五日為五妃殉節日，同雲石祭奠，成詩二首〉之二云：

　　長嘯西風賦大招，荒墳剝落轉幽寥。

　　魂歸環珮西江月，氣壯山河大海潮！

　　奇節竟符天地數，闡幽尤待聖明朝。

〔註33〕許南英：〈厓門弔古〉(《窺園留草》)，頁124。「殘山剩水厓門下，有宋君臣草草消。大海迴瀾猶有恨，荒祠冷月轉無聊！趙家塊肉隨流水，陸相忠魂化怒潮。中國祇今新易主，胡兒未必盡天驕。」

離離秋草王孫泣，寄語山民莫採樵！

又有〈謁延平郡王詞（滿江紅）〉詞一闋：

赤手擎天，是明室，獨鍾閒氣！想當日，橫師海上，孤忠無二！誓死不從關外虜，故藩擁戴朱術桂。看金、廈，兩島抗全師，伸敵愾！　亡國恨，遺臣淚；存國脈，回天意。剩廟宇空山，古梅憔悴。故國尚存禾黍感，荒祠不忘蘋繁祭。聽怒潮，嗚咽草雞亡，神鯨逝！

晚期的兩首作品中，歔愴之情依舊，但口氣轉爲堅毅，詩的氣象更爲開大，詩人的心志也蘊涵在當中；尤其是詞作的下闋，許南英將古事與今事相對映，把鄭成功復明行動失敗的憾恨和對家國禾黍的憂心相疊，形成無盡的悲嘆，悲嘆之中又隱隱透露對鄭成功這類英雄人物的期待。趙沛霖則認爲：「秋日謁延平郡王祠和五妃墓，熱烈歌頌民族英雄鄭成功的歷史功蹟和五妃堅貞不屈的節操，在對于鄭氏滅亡的痛悼中表現出詩人對于英雄的崇敬和強烈的民族自豪感。」〔註34〕

在臺南李茂春夢蝶園故址北畔有一古墓，題名曰「閑散石虎之墓」，石虎究爲何許人並不知曉，考諸志乘也無所得，不過，既以閑散爲號，墓又築於夢蝶園畔，所以許南英以爲石虎和李茂春同爲隱逸居士，並爲其寫下〈閑散石虎墓〉一詩：

夢蝶園邊一坯土，殘碑斑駁勒「石虎」。墓中虎骨化灰塵，頭銜獨以閑散取。不知年代何許人，是清是明難判剖。臺灣自鼎革而還，鄭氏開荒爲初祖。其時亦有濟時賢，文武衣冠難僕數：王辜盧沈張郁俞（王忠孝、辜朝薦、盧若騰、沈佺期，沈光文，張士櫛，張灝，張瀛，郁永河，俞荔、此十人皆臺灣流寓），刺桐花下詩壇聚。正青先生別一流，好佛自作蝶園主。之數人者我俱知，理亂不聞謝簪組。吁嗟乎！生才亂世總不祥，不如閑散之爲愈！斯人不聞與虎群，虎亦不與斯人伍；賸水殘山一虎墳，春草秋花薦牧豎。短歌當虎墓誌銘，鳴乎石虎足千古！

眼前所見的斑駁殘碑，令許南英回想起明鄭時期濟濟文士相聚論詩的情形，他們對臺灣文學有開創之功，若非他們播下的種子，臺灣文學恐怕無法

〔註34〕 見趙沛霖：〈清末臺灣愛國詩人——許南英〉（《許地山研究集》，1985 年），頁26。

開花結果；當年流寓臺灣的文士，除沈佺期、郁永河等人外，另有李茂青、閑散石虎這一類的人，他們在經歷戰爭離亂之後，對生命別有所悟，因而潛入佛禪世界。許南英爲生於亂世的他們嗟嘆，卻也稱許他們應對的智慧。許南英自己在歷經離亂之後也研究佛禪之理，希望尋求解脫之道，應是早年在臺時受到李茂青、閑散石虎二人的影響。

下面談的是許南英其他的懷古詩，〈息鞭亭（在粵省東門外，舊爲燕塘試砲將軍停站之處）〉之二：

> 城東十里路，城北五層樓；
> 野色一翻變，山光四顧收。
> 柳營新鬼哭，花塚女兒愁。
> 日落西山下，青燐滿地遊。

這首詩的一、二聯是寫眼前所看到的自鞭亭景色，頸聯寫的是當年的戰爭造成的傷害，末聯則是許南英對戰爭的控訴：戰爭不停，就永遠有無辜亡魂飄盪在荒野。

〈黃金臺〉

> 一望蜃樓海市虛，殘山賸水有樵漁；
> 我來不見黃金址，爲報燕昭一尺書。

戰國燕昭王爲洗雪爲齊襲破之恥，築黃金臺，置千金於臺上，以招覽天下賢士。許南英登臨黃金臺舊址，景物已非，只遺殘山賸水，當年燕昭王舉兵伐齊的往事也早就雲飛煙滅了；但，眼前的虛幻卻無法澆息許南英欲爲識才知音效命的熱情。

南宋理宗時，賈似道因其姊爲貴妃，官至右丞相；元兵攻鄂州，賈似道割地納幣議和，竟又上表請功，權傾一時；宋德祐元年，元兵再犯鄂州，賈似道重施故技，惟元不許，揮軍南下，逼近建康；陳宜中等人上疏彈劾，賈似道謫爲高州團練副使，安置循州。鄭虎臣之父爲賈似道所殺，他亦被充軍邊疆，赦後任稽溪縣尉；此次恰巧奉命押解賈似道至循州，行經漳州城南木棉庵時，揮劍刺死賈似道。後人在庵外立了一碑，上刻「宋鄭虎臣誅賈似道於此」，謳歌鄭虎臣壯舉。民國二年，許南英任龍溪縣知事，曾遊木棉庵，並有詩作一首：

〈過木棉庵〉

> 小朝廷，小於鼠，平章軍國癡兒女！半閒堂，閒於僧，笙歌夜夜西

湖燈。滿堂鬥蟀秋風起,相公行樂醉未已!醉中不見強胡來,縱使胡來亦可喜。胡來祗殺趙家兒,豈殺媚胡一蕩子!金繒歲幣民膏脂,臨安王氣危乎危。咄爾何物賈秋壑?自壞北門之鎖鑰。正士朝端一旦空,權奸突過秦長腳。偉哉上書太學生,綱常爲重身爲輕;「鋤奸」一紙奸膽落,邊荒萬里循州行。君之去路人歸路,可憐狹路偏相遇;贈君一曲「行路難」,撤蓋屏輿何處住?木棉庵,漳城南,樹獨如此人何堪!鄭虎臣,宋小吏,屠賊直如屠狗易!報仇十載心,愛國兩行淚!皮囊可惜入佛堂,遺臭至今尚圊廁。我來庵畔弔斜陽,千古忠奸兩渺茫!爲問木棉花在否?殘碑留得姓名香!冬青已老六陵沒,宋家無地葬奸骨。金龍玉枕安在哉?長臥草間聽蟋蟀!

許南英以賦筆的方式,陳述賈似道禍國殃民的種種,並說賈似道身爲宋朝臣子,竟然有「醉中不見強胡來,縱使胡來亦可喜。胡來祗殺趙家兒,豈殺媚胡一蕩子」的居心,而「自壞北門之鎖鑰」,引敵入室,這種天理不容的罪行,不僅時人要誅伐,賈似道也「遺臭至今尚圊廁」,爲世人所唾棄。這是反面的批判。鄭虎臣刺殺賈似道,不單報了父仇,更爲國家除奸,所以能「殘碑留得姓名香」。這是正面的肯定。雖然許南英也慨嘆「千古忠奸兩渺茫」,無論是忠義的,或是邪奸的,人終歸要死亡,但在正反兩相對照之下,蘊涵著警惕意思,強調出人生在世時的所作所爲,都是後人論斷的根據,那你是「留得姓名香」呢?還是「遺臭至今尚圊廁」?

許南英另有一詞作〈過木棉庵(沁園春)〉,〔註35〕也是以賈似道縱敵誤國一事爲題材寫成的懷古作品,創作手法相似,用賦法陳述正反兩方的作爲,在映照比較之下,強調出主旨,不過創作形式改換成詞,感興的抒發較多:

矯矯虎臣,爲國除奸,的是可人。喜清漳道上,炎陽酷烈;木棉庵外,劍影生寒!辛苦瘴鄉,郎常遣戍,私意君恩奉赦還。西湖上,悵笙歌散盡,夢冷湖山!　　蘭亭玉枕誰觀?與金籠蟋蟀一例殘。嘆平章誤國,養奸縱敵;彌天罪案,有口難分!一世稱雄,六州鑄錯,聚鐵添如鑄佞臣。停蕭寺,看將軍斷碣,苔蘚生斑!

<hr>

〔註35〕許南英:〈過木棉庵(沁園春)〉(《窺園留草》),頁208。

三、紀事詩

這裡所論的紀事詩，是指許南英取特定時事為吟詠主題的詩作。這樣的詩作數量很少，有〈防匪〉、〈與柯參戎月波會勦石梯、珠環土匪紀事六十韻〉、〈紀事〉、〈紀私鬥〉、〈和杜鵑醉歌行原韻〉等，其中，除了〈紀事〉一詩為律詩八句之外，〈防匪〉是組詩，共有六首律詩，〈紀私鬥〉一詩有五十二句，〈與柯參戎月波會勦石梯、珠環土匪紀事六十韻〉有一百二十句，〈和杜鵑醉歌行原韻〉有九十句，都是長詩的形式，寫作的技巧都是採用敷陳鋪敍的賦法，很明顯呈現出許南英創作的特色。

光諸二十一年，清廷割讓臺灣予日本，臺灣鄉紳成立民主國，對抗日人接收臺灣。在這紛亂擾攘之際，臺南附近的劉烏河起來叛變，擔任臺南團練局統領的許南英帶兵蕩平，〈防匪〉組詩即是當時所作。在異族窺覦入侵之際，臺人未能團結一致對抗，許南英感嘆「城社已遭狐鼠毒，溪山竟聚犬羊群」，在這內外交侵、擾亂危急之際，書生出身的許南英臨危受命，「書生獨任斬樓蘭」，他師法前賢「夷吾自創連鄉法，龔遂空傳諭賊文」，並且「練軍小隊駐南莊，號召團丁遍四鄉」，當時情形是「群酋自恃秦關險，諸將爭歌蜀道難」，不過許南英心中篤定，「剿撫兼施操勝算，管教爭獻夜郎王」，再加上我方「健兒越嶺如飛鳥，擲獻頭顱血未乾」，亂事終於平息。〈防匪〉之二寫賊人作亂、義軍對抗的情形，〈防匪〉之五寫直搗賊窟、蕩平亂事的經過，〈防匪〉之六寫戰爭造成的破壞，以及詩人對生民的關懷，錄詩於下以資參考：

> 赤子潢池敢弄兵，梗頑竟自外生成。
> 殺人壇作萑苻盜，命將何勞細柳營！
> 白水漈頭屯野壘，烏山崙上聽殘更。
> 荷戈禦賊皆農父，太息犁鋤盡息耕！
>
> 揮軍直搗甲山埔，亂石圍營虎負嵎。
> 鳥合紛飛巢破碎，羊腸曲折路崎嶇。
> 操刀聊試從戎事，傳檄先安脅從徒。
> 從此南人長不反，望塵鄉老拜征途。
>
> 雞犬桑麻付劫灰，流離瑣尾怯歸來。
> 倉箱有粟鳥爭啄，籬落無人門自開。
> 避地偶隨親友去，隔溪潛約女兒回。

斯民憂樂誠吾事，滿目淒涼亦可哀。

廣東省陽江縣「倚山瀕海，氣習頗殊，好勇輕生，不循禮法。僑寓多惠潮之人，朋比爲奸，鋌而走險。」〔註36〕「光緒二十四、五年，盜賊日起浸淫」，〔註37〕石梯、珠環位於陽春、陽江比鄰處，由於林密箐深、山壁峭峻，向爲兩邑盜賊逋逃淵藪。光緒二十九年，許南英調署陽春縣知事，因對匪盜剿撫兼施，功蹟甚著，乃調任陽江軍民同知兼辦清鄉事務。光緒三十年十一月，土匪廖倫與黨徒夥聚在石梯，許南英與陽江游擊柯壬貴帶兵分路圍剿，〔註38〕〈與柯參戎月波會勦石梯、珠環土匪紀事六十韻〉這首詩就是記述這一件事。詩的開端先說明剿匪的地理環境，接著敘述盜匪劫掠鄉民的情形，以及歷年官府招撫盜匪，盜匪卻更猖獗的問題，就因爲盜匪日益張狂，以致現在不得不採剿滅的方法。許南英以敷陳鋪敘的手法記述事件的來龍去脈之後，又精彩生動地描寫柯游擊帶兵有方、用計高明、英勇殺賊的經過，引錄於下：

大帥西征靖匪氛，軍聲叱吒變風雲；盡將瑣尾流離子，寄與柯公續備軍。柯公弢鈐有奇特，能使健兒齊致力。六路分攻八面圍，群盜欲逃逃不得。匹馬身爲士卒先，將軍小隊出淋田；萬山壁立羊腸迂，險仄崎嶇馬不前。將軍縱鞭驅坐騎，冒險故犯兵家忌；諸將賈勇爭先登，附葛攀藤猶整隊。群盜拍手立山頭，翻笑將軍殊不智；輕將馬上千金軀，爲我兄弟入危地！忽聞巨砲如雷轟，上下四旁皆醜類；彈雨紛紛下不止，群盜四圍伏莽起。揮兵轉戰一當千，將軍一鎗廖倫死；覆巢之下卵無完，竟入虎穴得虎子。矛突狼莽賊自潰，更有一軍擊其背；因風縱火焚賊巢，先圍黃山次良愛（村名）。練紳許生膽亦壯，弱不勝衣與賊抗；陳新、陳文齊受擒，群盜慄然心膽喪。蕭蕭落木寒風號，天接峰頭百丈高；捨命突圍匿山谷，計窮將以逸待勞。斷崖絕壁懸空際，虎以負嵎爲得計；將軍下令縱火攻，復嚴要隘斷接濟。天公作美怒飛霜，凍者墮崖餒者斃。用兵不過三旬餘，擒賊已有百數計。

這段文字連貫緊湊、張力十足，栩栩如生地呈現柯壬貴領兵滅匪的情

〔註36〕 《陽江志》卷七，成文出版社，民國63年臺一版，頁411。
〔註37〕 同註36，頁417。
〔註38〕 《陽江志》卷二十，頁1007。

形，許南英以他所擅長的賦法，將這件史事記錄了下來，讓我們如親眼目睹一樣，了解了當時的一切。詩末，許南英敘寫鄉民得知匪徒肅清的消息後歡天喜地慶賀的情形，也表達自己審匪辦案的哀矜之情，這一部分仍是以陳述的方法寫作。〔註39〕

民國二年，許南英任龍溪縣知事，當地有不肖之徒鼓噪鄉民械鬥以謀利，〈紀私鬥〉一詩所記即是許南英帶兵肅禁私鬥的經過：

> 半生不爲利，今日豈爲名？鄉鄉有鬥者，不俟駕而行。當頭戴烈日，揮汗事長征。來是爲何事？爲人平不平。詎識愚民愚，意氣尚競爭；各挾其砲火，霹靂苦相轟。不知官法重，其視人命輕：東村因鬥死，西村死相仍；紛紛請相驗，鬥殺疊案成。死鬥無日息，無已調大兵；軍隊一到鄉，砲火寂無聲。東村父老遁，西村雞犬驚。軍曰「備糗糧」！糗糧美且精；軍曰「備宿舍」！宿舍敞而明。軍言「不如意」！叱吒莫敢攖。任意肆搜挟，簏倒而囊傾。憐彼鄉父老，畏之縮如鼃！推原此禍始，出自愚父兄：盛氣分強弱，武力較輸贏。一村爲戎首，鄰社俱聯盟：如秦與六國，合縱而連衡。集鄉弱之財，什一計取盈。如或斃敵人，出資眾社擎；倘如被敵斃，死者徒犧牲！雖有續命財，強者相吞并；以此愚父老，利用鬥爲生！

這首詩也是寫得靈活逼眞，當時械鬥的情況，聲響俱聞，鄉民態度前後的轉變也如目可見。由於寫得眞切，令人對鄉民的愚痴禁不住要扼腕嘆惜！而所以能有這樣的成果，是因爲許南英成功地運用敷陳鋪敘的手法。

〈和杜鵑醉歌行原韻〉一詩，也是以賦法寫成的紀事詩，所記的內容是民國建立的經過，以及民國成立後，野心家謀圖恢復帝制、擴充個人權力的事件。以下引錄其中一部分，以明證許南英運用賦法的便捷成功：

> 那知烈士號呼日奔走，炸彈連天山谷吼！鐵血幾輩爭犧牲，武昌雄鎮爲吾有。招手志士東西洋，特萃此邦作淵藪；中山克強響應歸，天喪胡庭信非偶。何物袁氏貪天功，妄謂歷數在爾躬！五族共和興論定，九年憲法彼童虹。宵小弄權謀帝制，金錢運動展神通。專制號令操當軸，昆明一軍偏不服。爰舉義旗向北征，赴義六軍齊慟哭。是眞義憤感蒼穹，帝制無成洪憲終。

〔註39〕原詩甚長，筆者不予全部引錄，請參看《窺園留草》，頁70。

第三節　行旅詩、遊覽詩

一、行旅詩

　　梁蕭統《文選》「行旅類」所錄三十五首作品的共同主題是仕宦情志的抒詠，其「行旅」之辭義乃鄭樵《通典》：「禮，君行師從，卿行旅從。」之意。〔註40〕筆者這裡論許南英的行旅詩，採的是較寬緩的意涵：凡詩作內容是寫往來交通於路途過程中的勞頓、見聞或所思、所感等，都歸屬至此類詩作。按照這樣的定義所得的許南英詩約有三十首，筆者依其所以往來交通於路途的原因再分為：（一）赴京趕考、（二）奉職赴任、（三）因職務出巡、（四）為某事趕赴某地四個小項。

（一）赴京科考

　　光緒十一年乙酉，許南英到福建省城福州參加鄉試，〈乙酉鄉試，舟至馬江口占〉：「扁舟一棹馬江平，席帽依然太瘦生；賣藕小娃猶認得，笑余三度到榕城。」詩中云「三度到榕城」，除了這一年參加鄉試來到榕城之外，另外兩次是在什麼時候呢？許南英首次到榕城的時間，依〈鼓山紀遊〉中所記：「我昔在家山，曾讀《古閩誌》：榕城有鼓山，日夕縈夢寐。想欲一登臨，林君有同嗜（林致和）；邱君喜欲狂（邱君養），王子爭附驥（王泳翔）。壬午中秋後，同人畢秋試；相約出南臺，不待攜樸被。」可知許南英於光緒八年首次到榕城，目的是為暢遊日夕縈夢寐的鼓山。這次的旅行雖非為赴科考，但對許南英行跡的了解是有幫助的。第二次是在光緒九年，許南英到榕城參加科試。科試的目的在選拔生員參加鄉試，凡生員要應鄉試的必得參加。科試是在省城舉行的，當時臺灣府縣的生員都要渡海到福建參加。

　　光緒十二年、十五年、十六年，許南英三次赴京參加會試。這一路上道途遙遠、跋涉艱困，又需注意行程時間的掌握，許南英有詩記述其中的勞苦困頓：

　　〈天津道中〉

　　　　攎夢驅車出，星河欲曙天；

　　　　草光珠滴露，柳暗黛含煙。

〔註40〕陳晉卿，《六朝行旅詩之研究》，臺北淡江大學中研所碩士論文，民國85年，頁19。

野鳥喧初日，寒驢吸冷泉。

枯腸費搜索，入望酒帘懸。

〈煙臺道中〉三首〔註41〕

破曉事晨征，冬山尚酣睡；

偎寒不勝寒，白雲爲之被。

朔風捲地來，飛雲連天積；

日暮芝罘山，輪蹄一孤客。

雲積高於天，雲消深於淵；

寒驢亦饑渴，忍凍吸冰泉。

曙光才露，山峰仍酣睡，旅人就得踏上征途，直到腹飢腸鳴，才尋找客店休息用餐。尤其，會試於二月舉行，北方苦寒，這樣的氣候對生長在南臺灣的許南英來說，眞是無法言喩的滋味，冷得他羨慕起擁「雲被」而眠的山峰，冷得他憐憫起因饑渴而「忍凍吸冰泉」的驢；甚至，連夢魂也冷得僵凍而飛越不過鄉關，請看〈申江旅次〉：

晚來飛雪又重重，亂酌無巡興轉濃；

擁被欲尋歸去夢，冷魂飛不過吳淞！

在旅途的勞苦困頓之中，許南英仍保有幽默風趣。入京的前一天，許南英在一個名叫「茶倉」的地方寄宿，他自我調侃：「顧我如秭米，今宵宿茶倉。」〔註42〕光緒十六年，許南英第三次參加會試，考中三甲第六十一名，回鄉途中的心情悠閒自得，因此能放懷欣賞自然美景。下面二首詩，寫得悠然淡遠，餘韻無窮：

〈吳淞夜泊〉

船向吳淞淺處行，楚人水調倚窗聽；

笛聲吹落江心月，水上漁燈天上星。

〈通州舟次〉

輕舟一夜響潺潺，知過河流第幾灣？

〔註41〕這一組詩，許贊堃編排在光緒十三年，但這一年裡，許南英應沒有到大陸。筆者以爲：按詩作內容來看，這首詩寫作時間應是在許南英三次赴京考試中的其中一次。

〔註42〕許南英：《窺園留草》，頁7。許南英這首詩的靈感應得自《莊子‧秋水篇》：「計中國之在海內，不似秭米在大倉乎？」

曉起推蓬窗外望，依然身在麥花間。

在上述這一些詩作裡，許南英未曾表達他對科舉考試的看法，我們也看不出他對功名有什麼熱烈的期待；考中進士後，也沒有追求到科名的得意自豪，只是輕鬆自在地徜徉在自然之中。

（二）奉職赴任

光緒二十三年，許南英到北京投供吏部，自請開去兵部職務，「自貶南交為末吏」，〔註43〕在歸程中寫下〈吏部投供以兵曹改知縣，歸途車中口占〉：

何處桃源遂隱淪？風塵復現宰官身！

此生久已如旋磨，未死何堪更轉輪！

半世駒光愁到老，一巢燕子苦依人！

勞勞自分無閒福，少得餘閒病又親（時痾疾未愈）！

許南英若有意為官，在他內渡大陸後即可投供吏部改職；但他遠走新加坡，浪遊兩年，為的是要找尋別的維生方法。不過實在也別無他法可想，他囊金蕩盡，在家人催促下回國。在家庭經濟窘迫的壓力下，他仔細考慮，決定接受宗人許秋河的建議，走上他不願走的仕宦一途，這是許南英痛苦而無奈的決定。丘逢甲〈送蘊白之京〉之二：「一官垂老如雞肋，百口長貧借鶴糧。」〔註44〕是知音之言。許南英詩一開端先寫自己因家山淪陷，原本建立的基業全毀，生活失去依靠，不得不走上仕宦之途，猶如桃花源中人墜落凡塵般的無奈與痛楚。接著寫自己早年喪父，家境清苦，艱辛了半輩子，雖未死於戰亂，卻在四十三歲的中年時期要一切從頭開始。最令他煩憂的則是尚寄居在桃都許子榮兄弟那兒的一家老小，〔註45〕全家生活就要靠他撐持，而自己卻又宿疾未癒。現實生活帶給許南英的苦惱、病痛、重擔，層層疊疊的，壓得他喘口氣都難，詩裡則充滿自艾自憐的情緒。

他另有〈舟次北海龍門渡口〉之二，是光緒二十九年完成廣州鄉試閱卷工作後，復奉調欽州查案的途中所寫的：

〔註43〕 許南英：〈寄題邱倉海工部澹定邨心太平草廬〉（《窺園留草》），頁80。
〔註44〕 丘逢甲：《嶺雲海日樓詩鈔》（南投臺灣省文獻委員會，民國83年5月），頁212。
〔註45〕 當時許南英一家九人，除他自己、妻子吳慎，另有七個小孩，長子十四歲，長女十歲，次子七歲，三子六歲，四子五歲，五子、六子同年生，才三歲。長兄和他的二個妾，還有弟媳吳氏帶著孩子，通通住在一起。

蠻煙瘴雨一孤舟，薄宦飄蓬海盡頭。

潮至月來雙槳動，滿天風露入欽州！

　　船隻在波濤險惡的海上晃盪顛簸，令許南英興起宦海無常、只有奔波勞碌向前行的感喟。在同一趟旅程中，許南英還有〈過欽州平南古渡天涯亭〉一詩：

謫宦天涯尚歸然，平南渡口夕陽天；

東坡昔日經行處，能否重留八百年？

　　許南英生平景仰蘇東坡。〔註46〕他因職務來到平南古渡天涯亭，風波險惡，令他有飄搖流盪之嘆，但想起八百年前蘇東坡也曾踏上這天涯邊際的亭台，心中遂生效仿蘇軾歸然行誼之志。他崇仰蘇軾，也藉以策勵自己。

　　〈戊申入都門感興〉這一組詩寫於光緒三十四年，引錄其中第二、第四首於下：

車前十丈起紅塵，冠帶相望一例新；

絕似渾忘庚子事（庚子聯軍入京），銅駝荊棘淚無痕！

故土遺黎祖國來，傷心會館紀「全臺」！

天公妒爾名無實，一炬三椽付劫灰！（全臺會館於三月間失火）

　　許南英關心國家前途，對於時局的演變時時刻刻都在注意，自臺灣割讓十三年來，他也一直期望著清廷能收復臺灣；但他入都門在北京城裡所看到的，是日益衰頹的清廷，既無力反抗列強殖民勢力的擴張，卻又縱溺於聲色享樂之中；他藉全臺會館毀於火難一事，宣洩他對清廷無力光復台灣的悲痛與憤慨。

（三）因職務巡視屬地

　　許南英無意為官，走上宦途是無奈的，但是上任之後，他克盡厥職，愛民護民，無論調職至何處，處理縣裡大小事務，絕無敷衍苟且之情事，這可從下面的分析看出其中之一二。

　　在徐聞縣令任上，許南英曾至徐聞南邊的海安巡視，並寫下〈海安所〉四首組詩，描述海安的環境及居民的生活情形，組詩的第四首，充分表達出許南英身為地方父母官對居民生活品質的關心：

蛋女扁舟傍水涯，一篷雙槳便為家。

〔註46〕同註21，頁246。

如何近水還無水，飲水相從汲白沙？（海安水惡劣有瘴，居人食水
皆汲自白沙）

依水生活的蛋民卻沒有水可供飲用，海安居民生活上的迫切問題，在這一次巡查後，就縈繞在許南英心頭，而日夜苦思著解決的辦法。

初任三水縣令，許南英即閱讀《三水縣誌》，以求了解當地的人文地理。之後，在實地的巡查過程中，他把親眼所見到的和縣誌上所記載的互相印證，這是許南英對職務的用心。〔註47〕〈舟次蘆苞岸上晚眺〉一詩就述及此事：

晚眺林於外，松陰日氣消。

萬山雲裡睡，一席水中搖。

玉鏡臺何在？青雲路自遙。

華山山上石，仙跡問山樵。（玉鏡臺、青雲路、華山上仙人掌石，皆
蘆苞古跡，載於縣誌。玉鏡臺已不知在何處）

在三水縣令任時如此，想必在徐聞縣令、陽江縣令時，許南英也都是這樣做的。宣統二年，許南英再次巡視蘆苞，但是，心情卻是凝重的。這一年夏季蘆苞苦旱，稻禾枯死，農民損失慘重，生活無以維繼。許南英這一趟出巡，是要查看災害的情況，以便為民向朝廷申請濟助。他寫下三首詩，記錄了這一趟行程中的心情：

〈北江舟次〉（時適苦旱議賑）

鼓棹北江平，南風若有情；

盡驅三伏暑，相送一帆輕。

水淺行舟緩，禾枯旱象成；

老農沙際語，不忍聽呼庚！

「水淺行舟緩，禾枯旱象成」是寫所見到的枯旱景象；而「不忍聽呼庚」的人不僅是老農，許南英也是相同的心情。

〈蘆苞道中苦熱〉之一

一熱竟如許，炎荒熱轉加；

長途困行旅，烈日炙桑麻。

樹影乘涼蓋，泉聲止渴茶；

〔註47〕 許南英在〈高安東門〉、〈三水雜詩〉詩中，都提到他閱讀方志的事。他任龍
溪縣令時，也曾計劃重修《龍溪志》。可見，他對方志的重視。而到某地上任，
就閱讀當地的方志，以便了解該地的民俗風情，是許南英一貫的做法。

　　輿中猶憚暑，還為僕夫嗟。

〈蘆芭夜泊〉

　　薄宦等浮萍，蘆芭畫舸停。

　　山高吞素月，水靜印明星。

　　枕上四更柝，窗前數點螢；

　　詰朝猶有事，未曉夢先醒。

　　抬轎是僕夫的工作，許南英因天氣炎熱逼人而禁不住為僕夫嗟嘆，這是他深厚同情心的自然流露。為了訪視苦旱災害情形而辛苦奔走的許南英，即使在夜裡夢中，仍為乾旱的侵害煩惱焦慮而不得好眠，他期待天色早些開明，好展開這一天的救災工作，這是他關心民瘼、愛民護民的表現。

　　許南英曾表明他對出仕的看法，他說：「一個人出仕，不做廊廟宰，當做州縣宰，因為廊廟宰親近朝廷，一國大政容我籌措；州縣宰親近人民，群眾利害容我乘除。這兩種才，是真能為國效勞的宰官。」〔註48〕許南英自己正是一個親近人民、乘除群眾利害的州縣宰，無論他轉調到那裡，擔任那個地方的州縣宰，他都為追求人民福祉而努力。這一點在本論文第二章第一節中已有論述，這裡引述的幾首詩，更是清楚看出許南英的心跡。

（四）為某事趕赴某地

〈過二重溪〉

　　一村初過雨，野水尚回漩。

　　橋斷思通竹，林疏漸補煙。

　　草光浮極浦，樹色染遙天。

　　歸去前途靜，高槐咽暮蟬。

　　這首詩寫於光緒十三年，詩內容是記經過二重溪時所見的雨後景色，也抒發了當時的心情。就詩來看，許南英為了什麼事，從什麼地方要趕赴到另外什麼地方，我們不得而知，這裡就只敘述經過二重溪時這一片段。雖然如此，詩句卻記錄了當時臺灣夏季裡的一場大雨將橋樑摧毀，致使交通中斷的情形。

〈自揭陽夜發普寧〉

　　榕江微雨裡，潮至響潺潺。

─────────────────

〔註48〕同註 21，頁 243。

一棹鐵峰道，三更玉滘關。

帆隨風信轉，舟逐水痕彎。

醉眼推篷看，漁燈明滅間。

這段夜間的行程，是從揭陽出發，要到普寧。由於正值潮漲，再加上風力相助，所以船行速度很快，頷聯連用兩個地名，就表達出這種快捷的速度感。而漁燈所以明滅的原因，一是因為微雨，二是因為醉眼，三則是因為船行速度快的關係。

〈壬子春日過霞陽訪馬君亦籛，得觀所藏圖書，復賞所植花木。信宿三日，踰蘇嶺，歸海滄〉

霞陽達海滄，蘇嶺貫其腹。昨自霞陽歸，筍輿入林麓。山靈訝俗客，足音響空谷。鼓吹海山花，東風送香馥。拾紛上翠微，俯瞰高人屋：屋中何所有？圖書千萬軸；屋外何所有？春蘭與秋菊。主人不出山，甘為花之僕。花下自讀書，消受山中福。我欲從主人，來往山路熟。佇立蘇嶺頭，天風吹野服；翹首望八荒，龍蛇滿大陸！

這首詩的特別處在於運用倒敘的技巧。許南英在行旅結束後，回憶這次行旅的經過，先介紹路途所經，再描述沿路所見的美麗山光，尤其令許南英珍惜的，是與馬亦籛之間的相契投合，因為這樣，使得這趟行旅令人歡欣喜悅。從詩內容我們可以明白：在許南英心目中，馬氏學問淵博，個性恬淡風雅，〔註49〕是許南英欽仰的人，也是他樂易親近的人，所以他經常越過蘇嶺至霞陽去拜訪馬氏。至於馬亦籛是何許人也，沒有足夠的資料可以知道。〔註50〕

許南英又有一行旅詩〈甲寅閏五月七日偕沈琛笙、徐薀山赴菽莊詩社；夜發鷺江，曉至江東橋，趨謁黃石齋先生講堂〉，詩作內容無什可述，但詩題所記，可印證許南英的事跡，以及許南英介紹沈琇瑩與林爾嘉相識一事。〔註51〕

〔註49〕許南英：〈別馬亦籛徵士〉(《窺園留草》)，頁160。「主人淡似東籬菊，已過重陽尚寂寥。」

〔註50〕許南英：《窺園留草》述及馬亦籛的就兩首詩，但詩內容並未提到馬氏身世。施士洁：〈馬亦籛茂才贈詩和韻〉、〈感懷疊前韻示亦籛〉、〈次亦籛韻並柬邱薀山明經〉(《後蘇龕合集》)，頁179、180。這三首詩和馬亦籛有關，但也未提及馬氏生平。

〔註51〕請參看本論文第二章第三節沈琇瑩部分。

　　遍觀許南英的行旅詩，固然有記述跋涉之勞累困頓的，但更多的是描述路途所見的美麗風光，以及他當時恬適自得的心境；特別要注意的是他行旅詩中所表達的悲天憫人的襟懷，這是要認識許南英所不可不知的。

二、遊覽詩

　　遊覽詩和懷古詩兩種詩類的範疇有重疊之處，即兩者都是因遊覽某地而寫下的詩；但兩者之間也有相異的特徵，懷古詩是抒發遊覽名勝古蹟時的「思古幽情」，而遊覽詩所表達的是現在的所見所聞所感，有十足的現實性。筆者因此將許南英紀遊詩中具有這種「現實」特性的紀遊詩作歸為遊覽詩類。

　　一般而言，遊覽詩多是詩人在悠閒自在之際，主動去接近山水、賞玩自然時而寫的創作，所以詩句多是摹寫山水之美，或抒發與自然的融洽之情；但是由於許南英的特殊遭逢，我們無法純一的以「心靈得到安頓後的遊覽」〔註 52〕做為分辨他的遊覽詩的依據。固然許南英也有「真正能心無掛忿，盡情山水」〔註 53〕之後而寫的遊覽詩，但更多的時候，他的遊覽詩作所呈顯的，卻是舊地重遊的無限蒼桑感喟。為什麼會如此呢？

　　離臺之前，許南英只寫了四首遊覽詩；光緒二十一年至宣統三年，先是流離避難，無心遊覽，任官職後又常為「官守所羈」，〔註 54〕無法遊覽，所以遊覽詩作不多；卸下官職之後，他有較多的閒暇親近山水，所寫的遊覽詩也就多了，尤其是在民國元年、民國五年兩次回臺的期間，以及在蘇門答臘棉蘭為張鴻南編輯服官事略的時候。在兩次回臺時，許南英「垂老重遊桑梓地」，〔註 55〕一再感受到「昔為此邦人，今為此邦客」〔註 56〕的衝擊，他逐一接觸到的，無論人、地、事，都明白向他揭示：「滄桑一瞥化雲煙」的無常；何況，他此刻所見到的家鄉正淪於異族的統治，許南英心中的悲痛，也就在

〔註 52〕　王文進：〈謝靈運詩中「遊覽」與「行旅」之區分〉（臺南成功大學中文系主編，《魏晉南北朝文學與思想學術研討會論文集》，臺北文津出版社，民國 82年），頁 2。

〔註 53〕　同註 52，頁 9。

〔註 54〕　許南英：〈重九日，徐展雲先生、林致和孝廉偕遊石門嶺，酉兒執鞭從之；余以官守所羈，不獲同往〉之四（《窺園留草》），頁 61。「勞生底事為誰忙，見說遊山願未償。偏是一官能束縛，海天辜負此重陽！」

〔註 55〕　許南英：〈趙雲石贈詩，即步原韻二首〉之二（《窺園留草》），頁 106。

〔註 56〕　許南英：〈南社同人在醉仙樓開歡迎會，酒後放歌〉（《窺園留草》），頁 107。

創作時隨著詩句宣洩出來了，這也就難怪這段期間的遊覽詩，充滿著無限感傷。〔註57〕

（一）離臺之前

光緒八年中秋，許南英與王漢秋等友人同遊榕城鼓山，有〈鼓山紀遊〉詩：

> 我昔在家山，曾讀「古閩誌」：榕城有鼓山，日夕縈夢寐。想欲一登臨，林君有同嗜（林致和）；邱君喜欲狂（邱君養），王子爭附驥（王泳翔）。壬午中秋後，同人畢秋試；相約出南臺，不待攜襆被。命僕買扁舟，呼童裹乾糒；馬江一帆風，出門頃刻至。一水慰溯洄，眾山何嵬巋。斯遊亦有緣，拾級從此始。萬壑遍秋聲，數家饒野思。松柏蔽天青，藤蘿纏石翠。樵牧時或逢，猿鳥遙相避。百丈流泉飛，一聲清磬墜。已到半山亭，有僧掛錫寄。揖客入禪房，席地蒲團位。我亦腳力疲，跏趺脫芒屩。老僧前致詞，夕陽人影裡：「請看摩厓碑，欲罷不能字。努力向前途，勿負初來志。」石磴六千層，縱步憂顛躓。盪胸暮雲升，刮面西風恣。更衣攬小亭，聞是王忠懿。巒嶂秀摩天，殿堂高矗地。聽經喝水巖，禮佛湧泉寺。山僧問來由，高譚有清致。座上證菩提，佛前看舍利。亦有百歲僧，袈裟脫半臂。捫蝨向斜陽，旁若無人意。山樓亦明淨，開筵飯疏食。指點翠微間，大師驅山魅。獨登岧嶢峰，與天通聲欬。蒼崖翠壁間，處處探幽邃。掃石讀新詩，妙語中心醉。山鳥啄稻梁，池魚爭餅餌。月影入簷低，苔痕上堦積。山樓枕簟涼，疏鐘擾清睡。勝遊足千秋，客心空萬累。歸來有短吟，當作遊山記。

這首五言古詩共有七十八句，先記遊山的緣由，次敘遊山的時間、偕遊的同伴，以及行前的準備；接著詩的重點在摹寫遊山的過程：眼睛所見到的是不斷輪換、令人應接不暇的山景，耳朵所聽到的是山野林間的各種天籟；在半山亭稍做休息後，繼續往上登爬，直到黃昏時刻才到達山頂的湧泉寺；同伴累乏了，許南英獨登岧嶢峰，感受到與天相通聲息的暢快大氣，也在蒼崖翠壁間深探幽邃，聆聽到自然的奧秘之音。在體力發揮到最大限度累極疲極之際，許南英的心靈也得到洗滌淘鍊之後的澄淨，他不禁讚歎：「勝遊足千

〔註57〕 在表達這種情懷的詩作，雖然有述及「前塵往事」，但所指的往事，時間局限在許南英的年代，因此仍歸於此詩類。

秋，客心空萬累。」

　　同是登山的主題，不同於〈鼓山紀遊〉的長篇鉅作，〈登山〉這首絕句玲瓏小巧，而且趣味盎然：

　　　　山後轉山前，山前別有天；山前山未了，山後又山連。

　　在「山後」、「山前」兩個詞的重覆疊沓中，我們彷彿看見許南英在綿亙無盡的群峰中迤邐前進。

（二）浪遊時期

　　光緒二十一年，許南英的行跡來到廣東揭陽，他因行程之便順遊當地丁家絜園，但在〈乙未秋日遊丁家絜園〉三首組詩裡，一點也沒有遊山玩水的輕鬆歡愉，反倒充滿落難的失意與倉惶，下面引錄其中第三首：

　　　　湖山原欲小勾留，無奈愁人倍有愁。
　　　　非是陶潛能卜宅，劇憐宋玉善悲秋。
　　　　功名險作焚身象，眷屬渾如不繫舟。
　　　　眼底滄桑無限感，西風不忍再登樓。

　　雖然「揭邑於吾是故鄉」，眼前所見也是紅蓼白蘆的湖山美景，但這時的許南英滿懷傷痛，怎麼也無法靜下心來欣賞庭園之美。

（三）仕宦時期

　　這一時期，由於仕宦，許南英常為職責所在巡察各地，而少有遊覽詩作，但在他任三水縣令任內，於宣統元年、二年兩年之間，三遊位於三水縣署對面的鼎湖山，並留下〈遊鼎湖山三十六韻〉、〈遊鼎湖山（清平樂）〉、〈重遊鼎湖山短吟八首〉、〈秋日與蔣梓舒明府再遊鼎湖〉等作品。

　　〈遊鼎湖山三十六韻〉這首五言古詩，是許南英第一次遊鼎湖山的作品，所描述的鼎湖山景色固然不同於榕城的鼓山，但作法和〈鼓山紀遊〉一詩相似，在交代遊山緣由及同伴之後，就側重在沿途所見山光水色的摹寫：「老樹當路隅，疏鐘度林裡；佛寺隱山腰，寺外環垣堨。隙地起樓房，高墻築壁壘；紅白間草花，青蒼纏葛藟。」詩又云：「獨鶴與高飛，眾山皆俯視。怪石遠如人，健牛小於蟻；矗地青芙蓉，屹立成鼎峙。樹影陰滿衫，雲氣寒生屣。」描寫的技巧是更加靈活多變了，最後以映襯烘托的手法稱頌鼎湖山之美作結，也不同於〈鼓山紀遊〉的收束方式，但大體而言，章法結構是相似的。

　　許南英或許覺察到這一點，所以又以詞的形式再創作一遍，也就是〈游鼎湖山（清平樂）〉：

　　　　山門初地，便有西來意：水色澄鮮、山色翠，行腳病僧一二。　　　小
　　　橋流心潺湲，仰觀樹杪飛泉；試問鼎湖湖水，長流流到何年？

　　由於形式上的規束，許南英僅捕捉住鼎湖山的景像特徵加以描述，而在山顛的鼎湖尤其引發許南英的好奇和注意，禁不住要問：「長流流到何年？」整闋詞顯得輕靈巧潔。

　　同年，許南英二度上鼎湖山，這次似乎他一個人獨行。不像第一次上鼎湖山時的好奇與興奮，他放緩腳步，踽踽踱躞，慢慢地、仔細地欣賞鼎湖山的美，最後以〈重遊鼎湖山短吟八首〉八首五言絕句記下這些美的片段。鼎湖山之美，美在它的和藹可親、美在它的平易近人，在半途上可能「偶逢行腳僧，圓頂頂尖笠」，也可能「彳亍阡陌間，牛與人爭路」。走累了，「路旁有盤石，少坐歇遊蹤」；腳乏了，「在山泉水清，可以濯我足」。即使是「排決天上泉」的山頂湖水，也曲折迴繞來到人間，「移灌民間田，滴滴如甘露。」這樣可親的鼎湖山，是可一遊再遊的，許南英自問：「何日再來遊，夢繞鼎湖曲？」

　　許南英果於宣統二年，與友人蔣梓舒三上鼎湖山。這次，許南英改以四首七言絕句來記錄遊蹤。下面引錄〈秋日與蔣梓舒明府再遊鼎湖〉之二：

　　　　石徑秋風作勢驕，舊經行處響蕭蕭；
　　　　千山落葉無人掃，盡逐山泉過野橋。

　　這是鼎湖山的秋季面貌。許南英在遊鼎湖山時，渾然陶醉在自然之中，這時，沈重的家計、煩雜的職務都暫時離他遠去，他盡情享受自然的美，融入自然之中。另外，許南英嘗試以不同的形式創作，這是他對自己詩藝的琢磨及挑戰。

　　宣統三年辛亥，革命軍起，許南英無職務在身，先後住在福建的漳州、海滄壚，他藉地利之便，多次出遊附近的名勝古蹟，也留下了記錄當時遊蹤的遊覽詩，如遊漳州南門外的南山寺，有〈辛亥冬日與徐蘊山、胡君湘游南山寺〉一詩記其事；遊漳州東郊，有〈漳州東郊廢院瞻銅佛〉一詩記其事；漳州是水仙花的故鄉，尤其近郊的圓山琵琶坂滿山開遍水仙，又有一董仙祠，許南英特地去遊賞，寫有〈圓山〉一詩及〈遊圓山琵琶坂董仙祠（賣花聲）〉詞一闋；他和陳畹蘭等友人同遊蓮花洲，寫了〈蓮花洲小山（在蓮塘學堂後，

爲侯堂陳氏別墅）〉，又一起放舟滄江，體驗盪舟遊江之樂，寫下〈壬子午節前一日，與蓮塘學校陳畹蘭教員並陳其純諸昆季放舟滄江〉；他也曾越過九龍嶺，到雙坪的許氏宗祠去謁拜，〈遊山過九龍嶺，夜宿雙坪〉、〈謁雙坪大宗祠〉二首詩即記述這一次行程；而漳州江東橋是許南英到鼓浪嶼菽莊詩社的必經之地，他寫有〈江東橋〉詩，盛讚橋勢的雄峻，江東橋的歷史文化意義也引發他的深思。〔註58〕這些遊覽詩作，讓我們知道許南英的行蹤，了解到他的活動範圍。

（四）回臺期間

　　民國元年、五年，許南英兩次回臺的期間內，分別寫有重遊家鄉舊地的遊覽詩，雖然其間相隔四年，但詩作所呈顯的感情類似，都是不勝滄桑之感，因此筆者將這兩次回臺所寫的遊覽詩合併在一起論述。

　　民國元年六月二十四日，許南英在南社社友陪同之下，重回早年與詩友雅聚聯吟的地方——竹溪寺。舊地重遊，處處是回憶，卻也處處都改變了：

　　〈六月二十四日與社友往竹溪寺參謁關聖〉之三

　　　　南郊健步免扶筇，芳草迷離舊徑封。

　　　　寺外新分一脈水，門前不見十圍松！

　　　　山僧已死空禪室，遠客重來動午鐘。

　　　　且息塵緣謀住此，溪山是否肯相容？

　　改變之後的竹溪寺，熟悉中有著生疏，想要留下來重溫往日情懷，卻又擔心溪山是否肯相容？這種疑惑不確定，正是離臺十八年後回來家鄉的許南英的心情。而且，改變的不僅是環境，人事也變了：「忠義千秋懸日月，滄桑一瞥化雲煙。登堂禮樂從先進，入座衣冠盡後賢。」〔註59〕關聖大帝依舊坐鎮竹溪寺，但十八年來滄海桑田，新舊迭替，今日同遊竹溪寺的同伴不是早年舊友，是新起的後賢，歡愉之中隱隱有些欣喜，最後卻都籠罩在滄桑雲煙

〔註58〕 江東橋邊遺有名儒黃石齋的講堂；髮匪之亂時，林剛愍殉難於此。

〔註59〕 許南英：〈六月二十四日與社友往竹溪寺參謁關聖〉之一。另外，〈滿城風雨近重陽〉：「滿城風雨近重陽，旅客他鄉是故鄉。遍插茱萸猶有恨，獨看鴻雁不成行。……」、〈秋日書懷〉：「西風蕭瑟惱人天，獨客他鄉更悄然。松菊已荒三徑外，滄桑頓變廿年前。漫云歸里如元亮，且自登樓效仲宣。珍重秋鴻傳數字，平安爲寄美江邊。」、〈重陽前一日吳園分韻小集〉之二：「作客他鄉唯獨我，逢時覓句有同人。」（見《窺園留草》，頁 108、118、110、120）這些詩句都在在顯示許南英這時有故鄉他鄉的認同問題。

的無奈心情之中。

在種種矛盾不定的情緒糾葛衝擊之下，許南英每至一個舊地，就急著要找出他相識熟悉的地方，但尋著的彷彿依稀的模糊影子裡，有著許多他不識得的，他感受到「海燕歸來失故巢」的悽涼，〔註60〕而這終究無法安頓的感情，也就成為他回臺期間的遊覽詩的基調。在〈晚香樓即景（樓為吳紳書齋。日人領土後，改為博物館，原田春境君管理）〉詩中，就明白顯示這種「尋覓——失落」的過程：

> 一瞥滄桑十八年，延陵齋館已雲煙！
> 尚餘青草數弓地，況是黃花九月天！
> 博雅參觀方物貴，清高親炙主人賢；
> 兒時我亦頻來此，再上高樓獨愴然！

他拿眼前所見來和他心中所記憶的影像做比對，得到的結果是感慨萬千，無法言喻。在〈十六晚遊公園，與茂笙、石秋、景山各口占數詩〉之一與之三兩首詩裡，也可看到這「尋覓——失落」的軌跡：

> 溽暑新收夜氣清，樹間燈火錯綜明；
> 白龍黃藥知何處？不見當年拱北城。
>
> 孤軍海上困田橫，二十年前此用兵。
> 猿鶴蟲沙同一瞥，雲煙散盡月長明！

「傍人不解感滄桑」，人事皆非的家鄉帶給許南英強烈的無限滄桑感，這是旁人無法明白的痛楚，接繼而來的，許南英覺察身為遺民的無奈與孤獨，情感在重重的衝撞之下，許南英最後如何安頓自己？從民國五年所作的〈遊開元寺小集，同雲石、籟軒分韻得魚字〉之二一詩中，我們可以看出許南英的態度：

> 一肚牢騷不合宜，自家心事自家知。
> 老猶作客遊終倦，少不為僧悔已遲！
> 彌勒跏趺成一笑，耶穌安息遠相期。
> 曇花落盡諸天淨，笑與山僧強說詩。

許南英嘗試在宗教裡（主要是佛教）尋求安頓，他晚年有不少作品表達他對佛理的體驗。不過，許南英對宗教的態度是游移不定的，儒家思想才是他的人生觀，這一點在第八章中有進一步的論述。

〔註60〕許南英：〈留別南社同人〉（《窺園留草》），頁132。

回臺期間，〈遊關嶺（柳梢青）〉、〈下關嶺（柳梢青）〉這二闋詞的內容和上面所述的以無限滄桑為基調的作品迴異。這是民國五年，許南英與南社社友到關嶺遊覽時所寫作的，〈遊關嶺（柳梢青）〉一詞中，將美得如詩如畫的關嶺喻為桃花源，人在美景中，雖仍感到作客故鄉之悲，但心情是閒適自在的：

> 浮嵐積翠，楓林坐晚，停車還愛。桑柘村間、桃花源裡，問今何世？　嫩紅一樹櫻花，亦稍慰，客中風味。如癡似笑，飯後酒餘，任人調戲。

遊覽中，許南英乘坐的輕便車出軌，因而受了傷，在〈下關嶺（柳梢青）〉一詞裡記述了當時的情況：

> 征車下嶺，朝曦初上，前山山頂。岫霧猶寒、天風乍冷，忽吹人醒。　小輶似箭離弦，險莫險，折肱脫臏！多謝山靈，先生不死，亦云僥倖！

下關的文字多麼精鍊緊湊，多麼生動傳神。不過，難得的閒適自在心情，以及突發意外的驚險，只是許南英回臺遊覽詩滄桑雲煙主調中的插曲。

（五）棉蘭時期

在滯留棉蘭的這一段時間裡，許南英有不少閒暇可以遊山玩水，遊覽詩作也不少。例如：遊仕武蘭園後作〈和公善遊仕武蘭園用前韻〉；遊茂榕園後作〈和公善茂榕園即事用前韻〉；遊檳榔嶼極樂寺後作〈和貢覺遊極樂寺用前韻〉；而兩次遊馬達山則分別寫下〈遊馬達山，和貢覺原韻〉、〈秋日與林眉生遊馬達山〉。

在棉蘭這個異鄉，許南英以一個外來客的心情，盡興於此地的熱帶風光，也觀察到它獨特的風土人情，如：

〈秋日與林眉生遊馬達山〉

> 冒險排雲馭，迴峰彎復彎；
> 侵晨還日里，向午在雲間。
> 摩達（番名）椰棚破，蘇丹（王號）草殿閒；
> 野居成部落，興廢不相關。

又如：

〈和公啟遊山二首用前韻〉之二

> 山中潭水縐文波，蠻婦巫人聚隔河。

撞布當春收吉貝，機絲永夜挈波羅。

側聞棕種淪亡久，尤賴荷人庇覆多。

祖國八荒何處所？告哀爲爾作新歌！

這樣的記實詩作是少了些詩味，卻有諷詠土俗瑣事的竹枝風格。

在這時期的遊覽詩中，表達出浮雲遊子心情的，有〈遊恆心園（清平樂）〉：

尚留殘暑，陣陣椰椰雨；度臘殘荷今又吐，一味新涼如許。　　　倦
來夢入黃粱，蘆簾、竹簟、藤床；誰道羈人萬里，華胥當作還鄉。

舒適愉快的環境，令人有身在夢裡的錯覺，最末「誰道羈人萬里，華胥當作還鄉」這一反問，顯示許南英心中其實是明白清楚自己是異鄉的遊子。

而在〈過日里棉蘭福建義塚（洞仙歌）〉一詞裡，更明白表示出期盼歸鄉的心情：

登樓作賦，悵美人遲暮！根觸鄉心如亂絮。過拉武漢外（日里地名），
筆底沙邊（日里地名）；問碑碣，累累草纏荒墓！　　　予心悲逝者，
爲甚勾留？何故棲遲不歸去？且待過青春，作計還鄉，吟杜句，故
人梓里！應準備擊鉢催詩，海南香微熏炷炷（？）。

雖有脫漏字，這一闋詞仍清楚傳達出許南英內心的焦慮與煩憂，「予心悲逝者，爲甚勾留？何故棲遲不歸去？」這兩個粗看似乎是許南英詢問逝者的問題，事實上是許南英在內心對自己的追問，所以接著是許南英對自己許下的諾言：「且待過青春，作計還鄉，吟杜句，故人梓里！」可嘆的是，許南英沒能達成對自己的承諾，他病死異鄉，也成了異鄉的一座孤墳。

第六章　許南英作品研究（二）

第一節　詠物詩

一、詠物義涵

劉勰《文心雕龍・物色》：

> 春秋代序，陰陽慘舒；物色之動，心亦搖焉……歲有其物，物有其容；情以物遷，辭以情發。一葉且或迎意，蟲聲有足引心，況清風與明月同夜，白日與春林共朝哉！……是以詩人感物，聯類不窮；流連萬象之際，沈吟視聽之區。寫氣圖貌，既隨物以宛轉，屬采附聲，亦與心而徘徊。

這段話說明了：自然萬物對詩心的引發激盪，詩心對自然萬物的觀察感應，正是詠物詩所以創作的原因。詩人以「物」為創作主題，極盡「工」、「切」之力，寫出「窮物之情」、「盡物之態」的詠物詩，之後，詩人並不以此為滿意，又進一步運用「不即不離」、「比興」、「擬人」、「象徵」等各種寫作技巧，在「體物」、「狀物」的同時，有所託寓諷諭，表達出詩人內在的情懷、志節。發展到這裡，詠物詩不只是詠「物」，更巧妙呈顯出「詩人」的精神、品格。所以詠物詩的主要特徵在於：「通過巧妙的比喻和豐富的聯想，充分掌握住物的形神，又將作者的人格蘊含在物的形像之中，從而達到神與物遊、物我合一的境界。」〔註1〕詩人在詠物抒懷時，有時也會特意選擇描繪「物」

〔註1〕 古清遠：《詩歌分類學》（高雄復文圖書公司，民國80年9月），頁65。

的醜態，以揭露社會中的不平不義，所以我們也不可忽略了詠物的另一個作用——諷諭。黃永武在〈詠物詩的評價標準〉〔註2〕一文中，提出詠物詩的積極評價標準：

（一）詠物詩的基本條件是體物得神，參化工之妙，使神態全出。

（二）詠物詩必須因小見大，有所寄託，才能使筆有遠情。

（三）詠物詩最好有作者生命的投入，從物質世界中喚起生命世界與心靈世界。

（四）詠物詩自然會觸及民族思想及文化理想。

這四個標準已綜合歸納了詠物詩的藝術特色及價值，可爲辨別詠物詩優劣的依據。其中第四點所言及的，乃詩人所題詠的「物」之象徵意涵，會因不同時代的社會歷史文化內容而有所差異，形成各自不同的風韻及意境。〔註3〕但是在這同時，不同時代所吟詠的「物」，卻具有民族共通的理念。〔註4〕因此，從詠物詩作中，我們可以了解詩人志節、品格的獨特性，以及其所處時代的共同精神。

二、許南英詠物詩綜論

許南英的詠物作品數量不少，分類統計，共有一百十六首。〔註5〕依寫作年代來排列，得表如下：

（一）光緒十年：二首

（二）光緒十一年：八首

（三）光緒十二年：一首

（四）光緒十三年：二首

（五）光緒十七年至十九年：四首

（六）光緒二十三年至二十四年：五首

（七）光緒二十六年：一首

（八）光緒二十七年至二十八年：四首

（九）光緒二十九年三十年：四首

〔註 2〕 此文收在黃永武：《詩與美》一書中。（臺北洪範出版社，民國 73 年），頁 167。

〔註 3〕 鄧家林：〈談詠物詩的審美特徵〉（《河北學刊》，1983 年，第 2 期），頁 132。

〔註 4〕 同註 2，頁 177。

〔註 5〕 分類的困難，第五章第一節總言已說明，故此數目乃依筆者之見統計而得。

（十）光緒三十一年至三十二年：三首

（十一）宣統二年：一首

（十二）宣統三年：十三首

（十三）民國一年：三十一首

（十四）民國二年：五首

（十五）民國三年：一首

（十六）民國四年：一首

（十七）民國五年：二十一首

（十八）民國六年：六首

　　許南英的詠物創作中，有三首是詞作，在《窺園留草》一書裡，詞作並未標明寫作時間，所以未列入上表。不過，〈水仙花（減字花木蘭）〉一詞創作的時間應在民國二年。因為，許南英另有一詩〈圓山（離龍邑城十里）〉，依作品的內容判斷，這二首創作都是記在圓山看到的水仙花，〔註6〕詩的創作時間為民國二年，所以筆者推論詞作也寫於民國二年。而〈落葉（瀟瀟雨）〉這一闋詞，按「餘生如此樹，值深秋，蕭瑟落江潭；似杜陵老去，支離南北、飄泊東南。」的內容來看，應是晚年的作品，而且和民國五年所寫的〈落葉，和貢覺原韻〉一詩，都呈顯出佛家的精神；〔註7〕又依許贊堃的編排，這首詩列在〈題蟬窟主人「摩達山詩草」（高陽臺）〉、〈丑兒入京游學，作此送之（花發沁園春）〉之後，這都是民國六年時候的事，〔註8〕所以〈落葉〉這一闋詞的寫作時間應是民國五年或六年。至於〈燕子〉一詞，當是回臺和詩友雅集時的作品。

　　從上列表中，很明白地看到，許南英在民國元年及民國五年兩年裡，詠

〔註6〕許南英：〈圓山（離邑城十里）〉（《窺園留草》），頁140。「卷石呈孤秀，廣輪面面圓；頂天空倚傍，蟲地絕牽連。澤自饒雲母，清宜種水仙。石獅嚴咫尺，一勺試廉泉。」〈水仙花（減字花木蘭）〉（《窺園留草》），頁209：「黃冠玉質，異種流傳英、美、日；仙坂琵琶，遙指圓山是妾家。　　春風一度，待送春歸歸故處？省識東風，又醒芳魂映日紅。」

〔註7〕許南英：〈落葉（瀟灑雨）〉、〈落葉，和貢覺原韻〉（《窺園留草》），頁217、182。

〔註8〕周俟松：〈許地山年表〉（《文教資料簡報》，1979年12月，第96期），頁4。「暑假后，往北京，入燕京大學文學院讀書。」另外，陳漢光〈林健人先生詩作彙輯〉（《臺灣風物》，第212卷第2期，民國61年），頁88。「摩達山漫草，成於民國6年，係景仁旅居南洋、新婚燕爾之作也。」從這兩段資料可確定這兩首作品的時間。

物詩的創作數量最多。許南英曾於民國元年、民國五年回到臺灣省墓,並和親友敘舊,在這兩次回臺的日子裡,許南英「日與詩社諸友聯吟」、「復與舊友周旋數月」。〔註9〕所以,許南英這兩年裡詠物詩作創作最豐,應和這個原因有關。《窺園留草》第131頁許南英留下「壬子(民國元年)冬日吳園小集,以『鴛鴦』命題,林湘沅得雙元,謝籟軒、趙雲石俱得眼。」這一段文字,描述了詩友聚集,定題而作的實況,其中談到的吟作詩題——鴛鴦,許南英在民國元年正有一首以「鴛鴦」爲題的詩作,這點可做爲證據。

若按天象、地理、鳥獸、草木、蟲魚、器物、建築七種題材來細分,則得表如下:

　　(一)天象:三首
　　(二)地理:四首
　　(三)鳥獸:九首
　　(四)草木:六十九首
　　(五)蟲魚:十一首
　　(六)器物:十六首
　　(七)建築:四首

由此列表,我們發現許南英對「草木」情有獨鍾,吟詠「草木」的作品數量,遠遠超過以其他題材爲吟詠對象的總合數目(六十九比四十七),佔了詠物詩總數的十分之六強。固然歷代詩人多愛以草木爲吟詠對象,〔註10〕但,這樣高的比例,是值得的注意的現象。天象、地理爲題材的只有七首,建築方面也只有四首。可以說,許南英對有生命的花草蟲魚較爲感興趣,有更多的觀察與體會。

在草木類的詠物詩裡,有以黃菓、芒核、紅柑等爲題的作品,在器物類的詠物詩裡,有以林投帽、竹煙筒、花露水等爲題的作品,這顯示出許南英創作選材時,能兼顧生活化及時代性。

〔註9〕 許贊堃:〈窺園先生詩傳〉(許南英:《窺園留草》,南投臺灣省文獻委員會,民國82年9月),頁244、245。

〔註10〕 歷來詩人都愛吟花詠草,作品數量佔了詠物詩的大部分,而以古人詠花詩爲研究對象的論文,有陳聖萌:《唐人詠花詩研究》(台北政治大學中文研究所碩士論文,民國72年)、馬寶蓮:《兩宋詠物詞研究》(臺北師範大學,《國文研究所集刊》第28集,民國73年6月)、蕭翠霞:《南宋四大家詠花詩研究》(文津出版社,民國83年)等論文,可見前人吟詠花草的作品數量之豐。

三、許南英的詠梅詩

　　許南英深愛梅花，曾在斜風料峭的初冬時節，親自鋤土種梅。〔註11〕他關心著梅花的開放成長，或是「獨惜歲寒無雪意，梅花消瘦太無聊」，或是「小園報道梅花放，約爾探春共倚欄」。〔註12〕他也愛畫梅，所畫的墨梅「清絕不俗，構圖佳妙」，〔註13〕親友時常向他索畫，他也因此寫下為數不少的題自畫梅花詩，〔註14〕而以梅花為吟詠主題的詠物詩詞就有十五首。許贊堃說：「先生生平以梅自況，酷愛梅花，且能為它寫照。」〔註15〕因此，本文先分析許南英的詠梅詩，看他如何為梅寫照，如何以梅來興寄自己的身世及心境，藉以了解許南英的精神風骨，以及他身為近代離亂中國一份子的心聲。為便於討論，筆者亦參考許南英的題自畫梅花詩。

　　梅花它「蟠龍一樹籠煙密，獨鶴千年帶雪飛」，〔註16〕梅花它「水邊籬落自橫斜」，〔註17〕梅花它「搓枒傲骨茁冰肌」；〔註18〕在雪地裡，梅花冰清玉潔的風姿，正是許南英所欣賞的。梅花它「瓊樓玉宇成香國，絕點塵埃即是仙」，〔註19〕梅花它「稜層老榦饒香韻」，〔註20〕梅花它「三兩著花香在骨」；〔註21〕在雪地裡，梅花淡雅芳馨的幽香，正是許南英所歡喜的。在深愛梅花的許南英眼裡，梅花猶如「絕世美人」，和他「有約春初信」；又如「空山高士」，向他傳送著「空谷聲」；〔註22〕梅花也像「姑射仙人」，「天真浪漫」，「不受塵埃半點汙」。〔註23〕許南英禁不住而「亭畔徜徉放鶴，橋邊偃蹇

〔註11〕　許南英：〈題畫梅，贈陳煥耀〉（《窺園留草》），頁27。

〔註12〕　許南英：〈聞樨學舍即景〉、〈歲暮約王泳翔窺園飲酒〉（《窺園留草》），頁12、24。

〔註13〕　國立歷史博物館編輯委員會編輯：《府城文物特展圖錄》（臺北國立歷史博物館，民國84年），頁130。

〔註14〕　同註9，頁246。「在他的題畫詩中，題自畫梅花底詩佔五分之三。」

〔註15〕　同註9，頁246。

〔註16〕　許南英：〈古梅〉（《窺園留草》），頁127。

〔註17〕　許南英：〈為楊海帆同年作梅花並題〉（《窺園留草》），頁50。

〔註18〕　許南英：〈題畫梅，贈吉村長藏君〉（《窺園留草》），頁124。

〔註19〕　許南英：〈詠梅八首，對梅〉（《窺園留草》），頁183。

〔註20〕　許南英：〈為姜芝眉太守寫梅〉（《窺園留草》），頁69。

〔註21〕　同註16。

〔註22〕　許南英：〈讀宋人張澤民梅花詩，戲次其韻〉、〈詠梅八首，尋梅〉（《窺園留草》），頁141、183。

〔註23〕　許南英：〈為王伯嵩題畫梅〉、〈詠梅八首，夢梅〉（《窺園留草》），頁47、184。

騎驢；問訊西谿冰雪路，知否寒花開也無？」〔註 24〕更爲了「疑是隔前程」的梅花幽香，而「耐冷未妨登絕壁」。〔註 25〕這時，「偃蹇空山賞識稀，不隨紅紫鬥芳菲」〔註 26〕的梅花，一定不再覺得寂寞了，因爲有了許南英這樣一個知音。

「破臘東風苞玉英」〔註 27〕的梅花，也是春信的使者，它「春魁獨占群芳譜，陽氣光回數點心」〔註 28〕、它「昨夜開滿枝，春色到疏籬」；〔註 29〕它抖擻精神、不畏嚴寒，在冰天雪地裡綻放，爲歷盡風霜的萬物，帶來春天的希望及溫暖。

以梅花爲創作主題始於六朝，但到了宋代，受了理學勃興的影響，詩人除掌握住梅花的精神意象，並將自己的生命懷抱融入詩中，以花比德，進而以花擬人。〔註 30〕范成大〈梅譜〉：「梅以韻勝，以格高。」一語說明了宋人看待梅花的基本態度，詩人在詩詞裡爲梅花塑造出純潔堅貞、卓越出群的意象，這也是詩人自身所追求的理想人格。〔註 31〕在許南英的詩詞創作裡，繼承了此種「藉物興寄」、「託物詠懷」的詠物傳統，並在作品中呈現出自己的胸襟懷抱。劉勰以爲「吐納英華，莫非情性。」〔註 32〕因此，下面藉著分析許南英詠梅詩詞作品所呈顯的象徵意涵，以探知許南英的精神性情。

許南英以爲梅花「冷癖本天生」，秉受乾坤清靈之氣，〔註 33〕以一身嶙峋傲骨，〔註 34〕在一片白茫茫的冰天雪地裡，「醞釀春風不諱癡」。〔註 35〕梅花「淡嘗世味與人殊，寄跡孤山伴亦孤。不去洛陽爭富貴，卻來庾嶺號清臞。」〔註 36〕雖然孤獨，梅花卻「濯魄沁冰壺」〔註 37〕、「清高不受塵」，〔註 38〕保

〔註 24〕　許南英：〈歲暮與友人探梅（十拍子）〉《窺園留草》，頁 206。
〔註 25〕　許南英：〈詠梅八首，尋梅〉《窺園留草》，頁 183。
〔註 26〕　同註 16。
〔註 27〕　同註 25。
〔註 28〕　許南英：〈詠梅八首，詠梅〉《窺園留草》，頁 183。
〔註 29〕　許南英：〈讀宋人張澤民梅花詩，戲次其韻〉《窺園留草》，頁 141。
〔註 30〕　蕭翠霞：《南宋四大家詠花詩研究》（臺北文津出版社，民國 83 年），頁 61。
〔註 31〕　參考蕭翠霞：《南宋四大家詠花詩研究》第三章第三節、黃永武：〈梅花精神的歷史淵源〉（《詩與美》，臺北洪範出版社，民國 73 年 12 月），頁 203。
〔註 32〕　梁劉勰：〈體性〉（《文心雕龍》，臺北學海出版社，民國 66 年 8 月），頁 505。
〔註 33〕　同註 29。
〔註 34〕　許南英：〈題畫梅，贈宗人穆堂同年〉《窺園留草》，頁 36。
〔註 35〕　許南英：〈詠梅八首，憶梅〉《窺園留草》，頁 183。
〔註 36〕　許南英：〈詠梅八首，問梅〉《窺園留草》，頁 184。

有清新脫俗的湛潔。許南英並且期許「古幹虯枝能屈鐵」〔註 39〕的梅花，能夠「耐寒莫嘆無知己」〔註 40〕、「橫斜古榦無妨傲」。〔註 41〕從這些詩句中，可以發現，在梅花傳統的象徵意涵，如：美人、高士、仙人等之外，許南英的詩詞中，最常以「清」、「孤」、「傲」三種精神來描寫梅花的風骨，而這也是許南英所追求的理想人格，是其精神性情的呈現。

　　光緒二十年（1894），許南英有感於「時中日失和，海氛方熾」，而寫下〈題畫梅，贈陳煥耀〉一詩：「斜風料峭到冬初，愛種梅花手自鋤。躑躅荒園猶有恨，荊榛滿地未芟除。」透露他的憂慮和殺敵報國除大難的決心。〔註 42〕之後，他「每每以寒梅自比。特別是日本侵略者占領臺灣后，詩人筆下高傲、聖潔、孤芳自賞的梅花，儼然成了遺民的形象。」〔註 43〕如：「欲作師雄酣一夢，冷魂歸去已無家！」〔註 44〕寫出亂世兒女在時代的翻天巨浪衝擊之下，無法愛其所愛，而且要離土離根、顛沛失所。又如：「金石圖書付劫灰，那堪問訊故園梅？憐渠傲骨嶙峋甚，獨自含香海外來。」〔註 45〕寫出對自我的期許：縱使巨浪翻天，仍應秉持志節，無畏風雨考驗，就如那在霜天雪地之間盛開、傲骨冰肌的梅花一樣。這種藉詠物以抒懷，並表達出遺民悲痛心聲的詩作，還有兩首重要的作品：

　　〈窺園梅花二株被日人移植四春園，聞亦枯悴而死；以詩弔之〉為民國元年回臺的作品：

> 主人宜避地，問汝亦何辜；
>
> 共受鋤根苦，誰憐傲骨枯？
>
> 清高原是累，依附況相詆？
>
> 太息蟠根地，終應變道途！

〔註 37〕　許南英：〈詠梅八首，夢梅〉《窺園留草》，頁 184。

〔註 38〕　許南英：〈畫梅，題贈彭季軒貳尹〉《窺園留草》，頁 75。

〔註 39〕　許南英：〈陳子承司馬囑題梅花圖，為其母鄭太宜人寫照〉《窺園留草》，頁 45。

〔註 40〕　許南英：〈畫梅，題贈鄧君壽〉《窺園留草》，頁 81。

〔註 41〕　同註 35。

〔註 42〕　趙沛霖：〈清末臺灣愛國詩人——許南英〉（吳俟松、杜汝淼所編：《許地山研究集》，南京大學出版，1989 年），頁 26。

〔註 43〕　包恆新等撰：〈臺灣愛國詩人許南英及其創作〉《福建論壇》，1982 年，第 2 期），頁 98。

〔註 44〕　同註 17。

〔註 45〕　同註 34。

〈弔梅〉爲民國五年二次回臺的作品：

> 延平郡王祠舊有古梅一樹，今茲來遊，枯萎死矣。樹猶如此，人何
> 以堪！意鐵幹冰枝，亦不忍受新朝雨露乎？悵然有感。

> 孤忠抗節海之濱，香火空山草木新；
> 獨有梅花偏耐冷，枯根不受帝王仁！

在這兩首詩裡，許南英以花擬人、以古喻今，在爲枯槁而死的梅樹嘆
惋、傷痛之後，他高聲呼喊出「太息蟠根地，終應變道途」的亂世兒女心
聲，並且讚美「獨有梅花偏耐冷，枯根不受帝王仁」。許南英悲傷地憑弔枯槁
的梅樹，也爲自己及時人必須面對時代的創痛而問天，但即使深受著「刜根
之苦」，他依然堅持以「傲骨」、「清高」的精神，學習梅花的精神，不改變志
節。此時，許南英不僅成功地藉梅花塑造「國士入世受難」〔註46〕的性格，
表達他「愛國憂時、超乎一己之外的思想」，〔註47〕而且，詩人的精神人格也
與梅花耐寒、堅毅、忠貞的影像，相互疊映在一起。正如許南英所自言：「我
寫梅花花寫我，可知俱是冷中人」！〔註48〕

四、許南英其他各類詠物詩詞研析

在這一節中，筆者將許南英詠梅以外的各類詠物作品，依表現手法，分
成：（一）體物寫物、（二）借物諷諭、（三）興寄詠懷、（四）物我合一，四
類型加以論析，以明許南英詠物詩的藝術性及其胸襟懷抱。

（一）體物寫物

清俞琰〈歷代詠物詩選序〉裡說：「詩感於物，而其體不可以不工，狀物
者不可以不切，於是有詠物一體，以窮物之情，盡物之態。」他提出體物寫
物時必須「工」、「切」的原則，以求能窮盡所吟詠之物的情態。這是詠物創
作時一個很重要的基本要求。清錢泳在《履園譚詩》中則提到詠物技巧的另
一個要點：「詠物詩最難工，太切題則黏皮帶骨，不切題則捕風捉影；須在不
即不離之間。」因爲「不即」，所以不會「拘而不暢」；因爲「不離」，所以不
會「晦而不明」。〔註49〕在詠物創作時，必須掌握住這兩個要領，才能成功地

〔註46〕黃永武：〈梅花精神的歷史淵源〉，頁 203。
〔註47〕馬寶蓮：《兩宋詠物詞研究》（《師大國文研究所集刊》，第 28 集，民國 73 年 6
　　　月），頁 169。
〔註48〕許南英：〈爲張介安同年畫梅〉（《窺園留草》），頁 76。
〔註49〕俞琰：《歷代詠物詩選》（臺北廣文出版社，民國 65 年），錢泳：《履園譚詩》

體物、狀物。

　　詩人在摹狀物容時，多從視覺、聽覺、嗅覺、味覺等感官作用著手，描繪出眼所見之物貌、耳所聽之物聲、鼻所聞之物臭、舌所感之物味。多方多元的觀察與形容，為的是能生動而準確地體物狀物。許南英在體物狀物時，亦從感官知覺的描繪著手。

1. 眼所見之物貌

　　如「繚繞山當缺，奔騰水欲飛；穿林迴組練，觸石噴珠璣。雨過仙人掌，天垂織女機。」就是從視覺感知方面，描寫那從天而降、奔騰不止、珠璣向四處迸散的瀑布，意象繁富而生動。又如「團團作雪迷香徑，縷縷隨波泛美陂。飛白為誰成鶴氅？落紅伴汝冑蛛絲！」〔註50〕也是從視覺感知方面著手，狀寫那輕飄飄、白茫茫，隨著輕風，或者飛到這兒、或者落在那裡的落絮，明白而貼切。

2. 耳所聽之物聲

　　〈蟬琴〉：「入耳頻和石上泉，請將綠綺託青蟬。有聲自信非凡響，得趣何勞太古絃。羽調叶時鳴夏日，商音變處怨秋天。讓他萬壑松濤滿，濃綠清音一飽眠。」和〈夜笛〉：「弄殘玉笛夜迢迢，又聽蟲聲愈寂寥。繞逕聲飛風有韻，倚樓人去月無聊。落梅別調翻長短，折柳新歌記近遙。逸韻高低縈耳際，空階默聽到殘宵。」這兩首詩，分別狀寫「有聲自信非凡響」的蟬鳴及「逸韻高低縈耳際」的笛音，都是聽覺感官方面的描寫。

3. 鼻所聞之物臭

　　「有時一點透靈犀，鼻觀聞香醉欲迷。色相已空餘味在，可憐弱質委香泥！」是從嗅覺方面來狀寫「藜澤透春閨」的花露水。〔註51〕「荷香與涼氣，吹送小橋東」〔註52〕描摹的是隨著清風吹來、盪人心神的荷花清香，也是從嗅覺方面著手的。而「飄泊如花真薄命，辭枝委地尚餘馨」〔註53〕裡所寫的是落花即將消失的殘香，令人惋惜。

　　　　　　（收在丁福保編：《清詩話》，臺北木鐸出版社，民國77年9月），頁889。
〔註50〕　許南英：〈瀑布〉、〈落絮〉（《窺園留草》），頁120、127。
〔註51〕　許南英：〈花露水〉（《窺園留草》），頁130。
〔註52〕　許南英：〈觀荷〉（《窺園留草》），頁90。
〔註53〕　許南英：〈落花，和貢覺原韻〉（《窺園留草》），頁181。

4. 舌所感之物味

「合歡解得相如渴，玉液瓊漿總不如」〔註54〕極力誇寫紅柑的香甜美味，是從味覺感官角度所做的形容；盛產於南方及南洋諸島的紅竹，「色白多漿」，許南英以爲此果爲南洋果品之冠；在〈芒核〉一詩中以「瓊漿入口涼微沁」來形容此果「甘涼可口」的味覺；而當他在徐聞吃到與臺灣土產「檨」相同味道的黃菓時，不禁感嘆「異鄉忽味家鄉味，別汝於今已十年！」〔註55〕

當詩人「流連萬象之際，沈吟視聽之區」時，他不僅觀察到萬物各具之容、之聲、之臭、之味，詩人亦注意到萬物各自獨具之神韻，所以詩人除極盡氣力「圖貌」之外，亦力求「寫氣」，〔註56〕所以詩人創造出形神兼備的詠物詩。在這裡，筆者舉出許南英兩首詩作做說明：

〈竹煙筒〉

> 虛心勁節本通材，氣味時時近草萊。
>
> 太息熱中如火熾，醉心熏得黑如煤！

首句寫竹煙筒以竹爲材，具有竹虛心勁節的本性，第二句口氣淡淡一轉，交代了竹煙筒時時近草萊的後天習染，三四句則慨嘆先天的良善本性抵不過後天的惡質污染，竹煙筒因熾熱的慾火熏心，而落得「黑如煤」的下場。作者確實掌握了所詠物的特徵，在物容、物性的狀寫之中，一個慾火過熾而墮落的形象，明顯地呈現在眼前。

〈秋蝶〉

> 萬花落盡寂無言，醞釀靈機一息存。
>
> 對影滕王重寫照，化身莊叟爲招魂！
>
> 蓬山仙去留遺跡，粉署官閒斷主恩。
>
> 慘淡西風叢菊冷，舞衣已倦過牆根！

這一首在物的形貌摹寫上沒有上一首具體明確，並不是好的體物寫物的詠物代表作品，但其中所傳達出的秋蝶的孤獨落寞、時不我與的蕭條氣氛，卻渲染得宜。

〔註54〕許南英：〈紅柑〉（《窺園留草》），頁128。
〔註55〕許南英：〈黃菓〉（《窺園留草》），頁59。
〔註56〕劉勰：〈物色〉（《文心雕龍》），頁693。

（二）借物諷諭

中國的諷刺文學由來已久，從詩經時代「上以風化下，下以風刺上」開始，歷代詩人在面臨生活、社會、政治各方面的缺陷與問題時，或現實與理想相互衝突而無法予以完滿解決時，就發揮這種諷刺勸諭的道德精神，對所發生的問題缺陷提出針砭。藉詠物詩的寫作來諷刺勸諭，是詩人慣用的手法，在寫作這類作品時，詩人常採比喻、擬人的技巧，作品因而顯得生動活潑，並且也避免了訕謗怒斥的缺失。本節所探討的是許南英詠物詩中具有這種「借物諷諭」精神的作品。

許南英的〈紙〉詩云：「昔子貴之時，曾居洛陽市。洛陽人情何？曰『薄乎云爾』！」在這詩中，作者以擬人方法，靈活運用「洛陽紙貴」的故實，以及「人情薄如紙」的俗諺，摹寫出紙的特徵，並點出人間的一個普遍現象。又，〈破墨臺〉二首之二：「胸中無點墨，偃蹇踞吾前。已醉生財想，難聯文字緣。五經直掃地，一孔欲窺天。轉笑桑維翰，還求鐵硯穿？」這首詩亦採擬人方法摹寫破墨臺，以戲謔無行的文人。

〈螃蟹〉詩云：「公子無腸者，如何腹一團？滿身皆甲冑，多足轉蹣跚。罪爾橫行甚，法宜支解完！持螯開畢甕，一笑問州官。」和〈臭蟲〉詩：「肚皮飽盡民膏血，炎熱場中毒吮人；未死已經遺臭味，恨污予手殺而身！」二首都是聲討霸行逆施、魚肉百姓的貪官污吏。〔註57〕許南英是一個愛民、護民的地方官吏，在他任內，對民情多所體恤，對地方上多所貢獻，他以為「人生無論做大小事，當要有些建樹，才對得起社會。」因此，對於那些不知愛民、恤民，甚且殘民、害民的官員，他坦然直言「罪爾橫行甚，法宜支解完」、「未死已經遺臭味，恨污予手殺而身」，表達出對這些人的憤怒與鞭撻，一點也不加以通融寬恕。

宋賈似道因其姊為貴妃，累官左丞相，兼樞密使。蒙古兵起，賈似道納幣請和，詭稱用兵解圍。度宗時，封為魏國公，賜第葛嶺。賈似道起建樓臺亭榭，築「半閒堂」，中塑己像，日與群妾逸樂其中。許南英在〈蟋蟀〉詩中云：「善鬥能鳴獨出羣，草蟲爭自建殊勳。『半閒』堂子依然在，別有消閒不用君！」以善鬥能鳴、自建殊勳的蟋蟀，譏諷無能誤國、耽於逸樂的賈似道。〈蚊子〉詩云：「斗帳流蘇始下鉤，喁喁絮語枕函頭。世間此婦知多少？正好如斯撲殺休。」以「喁喁絮語枕函頭」的蚊子，比喻在君王枕側挑撥讒陷忠

良、禍害家國的嬪妃，是人人皆得以撲殺的。這個比喻傳神又新奇，也直截表明了許南英對此種人物的極端厭惡。

詩經大序：「主文而譎諫。」樹立了中國諷刺文學的根本原則，歷來對諷刺作品都要求符合「含蓄蘊藉」、「溫柔敦厚」的標準。許南英這幾首詠物諷刺詩所表露的情感，是直接而強烈的，或許不符前述之標準，不過，從這兒卻正可以看出許南英對家國、對人民真摯又熱烈的情感；對於禍國殃民者，無論是尸位弄權如賈似道者、或殘害百姓的貪官污吏、或諂佞構陷忠良的妃妾，都是許南英打擊鞭撻的對象。這個認識，對許南英精神個性的了解是有幫助的。

（三）興寄詠懷

在這類詠物詩裡，詩人主要是借物來起興，以抒發個人情懷及家國之情，對物的吟詠反成為次要。這樣的作品，在抒發情懷之外，也「象徵詩人的人格、志節，寄託著詩人的喜怒哀樂。」〔註58〕以下將許南英詠物詩中的興寄詠懷類作品分成四項來討論：

1. 嘆逝悲秋

陸機〈文賦〉：「遵四時以嘆逝，瞻萬物而思紛；悲落葉於勁秋，喜柔條於芳春。」當詩人感應到時間一刻也不停留的飛逝時，心中的惶惑與焦慮也就在創作時宣洩在作品裡了，而這種傷逝的心情，在萬物開始枯萎凋零的秋天裡更容易被引發。許南英也有這樣感懷的作品，如〈落葉〉詩云：「落葉辭枝去去休，感時無那又驚秋！當頭明月影篩地，入耳西風聲撼樓。重疊亂雲積洞口，搓扴古木撐峰頭。嚴冬過了春陽復，夏雨來時眾綠稠。」〈落葉，和貢覺原韻〉云：「楓林昨夜感秋迢，落葉參差白板橋；舞影遠隨斜日盡，辭根飛逐北風驕。似僧解脫禪心寂，此樹婆娑生意消。收拾枯黃深竹裡，烹茶調取惠泉澆。」這兩首以落葉為題的作品，前者作於民國元年，後者作於民國五年，分別是在作者五十八歲及六十二歲的時候。在經過了紛擾流離的一生之後，作者在詩裡嘆惋時光流逝之餘，卻能以「嚴冬過了春陽復，夏雨來時眾綠稠」、「收拾枯黃深竹裡，烹茶調取惠泉澆」的豁達來化解悲秋的傷感，這是難能可貴的。

〔註58〕同註3，頁131。

2. 個性志節

許南英的〈筆〉詩云：「質直而心虛，與人無他技；毫末不敢私，盡心而已矣。」包恆新以為這「是詩人性格的自畫像。」〔註 59〕我們還可以從下列作品中探知許南英的個性和志節。如〈猗蘭歎〉：

> 猗蘭歎：惆悵春江畔，凡草貴，蘭花賤！何物賣花奴，百錢二十箭！吁嗟乎國香！爾何不在黃金屋、白玉堂！豪華珠履三千客，旖旎金釵十二行；芍藥牡丹同供養，追陪花相與花王。不然幽居在空谷，朝榮夕萎同草木；絕壁懸崖不可尋，望風懷想君幽獨！峻品如斯高位置，或出或處得其義。天涯何處無知音，何必風塵貶價值！胡為乎，滋培涵養冬復春，花時不遇素心人；含香飲恨香魂泣，竟屈英雄在俗塵！譬之志士有懷抱，世無明王傷潦倒：抱關擊柝隱下僚，薄俸微官殊草草！猶如美人自媚嫵，紅顏薄命身無主；春風桃李感韶華，百金嫁與大腹賈！蘭兮我為抱不平，以筆代口嗟歎不成聲！楚靈均、鄭燕姑，古之有心人，風流已歇絕。蘭其知我我知蘭，各抱芳心勿摧折！

詩中，許南英為「峻品如斯高位置」的蘭花因不遇素心人而淪落貶價抱不平，並且「以筆代口嗟歎不成聲」。但在傷痛之後，許南英期勉猗蘭，也期勉自己：「蘭其知我我知蘭，各抱芳心勿摧折」。又如〈園中新松〉：

> 我聞泰山松，秀與泰山儷；幾經盤錯功，一旦風雲際。亦有祖龍子，登山暫幽憩；錫爾大夫封，一覽眾木細。嗟爾十八公，拔地生階砌；及身無五尺，乃為亂草蔽！共見草敷榮，誰識松淹滯？達人觀物理，草木有興替：易榮者易萎，不萎者有濟。秋來金氣肅，冬至霜雪厲；嗟彼蒙茸草，轉瞬蜉蝣斃。孤松自矯矯，後彫歷寒歲。始看捧日心，漸拓凌雲勢；任爾施蔦蘿，豈憂纏薜荔！終古垂清陰，重重蔭一切！

在這首詩裡，孤松雖為亂草蔽、為蔦蘿薜荔纏，但「易榮者易萎，不萎者有濟」，在經過金氣、霜雪的考驗之後，孤松終於「始看捧日心，漸拓凌雲勢」、「後彫歷寒歲」。許南英以孤松自勵，他要學習松的精神，「終古垂清陰，重重蔭一切」。蘭的高潔及松的堅韌，都是許南英性格精神的表徵。

另外，在〈耕煙〉、〈菊花〉二首詩裡，詩人流露出的是「一簑塵世外，

〔註 59〕 同註 43，頁 97。

來往畝南東」、「慚愧陶彭澤，歸來未有田」的退隱心境。〔註60〕而〈老驥〉、〈老馬〉兩首詩中，表現的是詩人在晚年時，見到「中原正多事」，而高呼出「自許任辛艱」、「市骨人何在，天涯望郭隗」的心願，〔註61〕許南英就如那老驥、老馬，雖然年紀已老大，卻仍積極熱情，願報效國家。

3. 身世感懷

　　許南英藉詠物以抒發其身世感懷的作品，都是臺灣割讓以後的作品，所以內容上多屬對紛亂時代和顛沛流離的感傷抒發。如〈詠盆裡水仙〉：「不隨桃李鬥穠華，一勺清泉養綠芽；幾度春風深醞釀，託根無地亦開花。」其中「託根無地」「隱含的正是故土淪喪，國破家亡之悲，不忍言悲而愈悲。」〔註62〕而秋蟲「四壁動清商」，則觸動他「淒清滯異鄉」的痛楚，那隻「泣訴天無語」的秋蟲，正是他自身的寫照。〔註63〕許南英有時把自己比擬作楊花，「飄零無力舞春風」、「落花狼藉涴塗泥」，他禁不住內心的傷痛，大聲追問老天：「如何我獨飄蓬轉，縞雪隨風化碧煙」、「無家垂老自栖栖」。〔註64〕又有時把自己比擬成「弱羽倦飛歸不得，海天故國路三千」的秋燕，或者是「失群沙磧蓼花殘」、「不過衡陽淚不乾」的秋雁。〔註65〕這些作品，在在表達了流離失所、有家歸不得的亂世兒女的傷痛。

4. 愛民憂國

　　當許南英為朋友題畫石的時候，想到的是「九重高拱女媧皇，請君為補蒼天缺」；〔註66〕當他佇立林間，「靜聞幽澗響淙淙」的時候，想到的是「何處尋源分一脈，為安水碓聽時春」；〔註67〕而當「長空如水夜生寒」、「當頭皓魄掛雲端」時，他「關心佇望山河影，知否中原尚未安」。〔註68〕當他聽到「陣門肅靜響鼕鼕」時，則發出「馬革裹尸男子事，報恩全在此聲中」的豪情壯志。〔註69〕可以說，許南英時時都掛念著民生，都關心著國情。

〔註60〕許南英：《窺園留草》，頁 128、50。
〔註61〕許南英：《窺園留草》，頁 74、115。
〔註62〕同註 42，頁 28。
〔註63〕許南英：〈秋蟲〉（《窺園留草》），頁 171。
〔註64〕許南英：〈楊花五首，和沈琛笙大使原韻〉（《窺園留草》），頁 98。
〔註65〕許南英：〈秋燕〉、〈秋雁〉（《窺園留草》），頁 170、171。
〔註66〕許南英：〈辜吉甫囑題畫石〉（《窺園留草》），頁 57。
〔註67〕許南英：〈聽泉〉（《窺園留草》），頁 127。
〔註68〕許南英：〈秋月〉（《窺園留草》），頁 121。
〔註69〕許南英：〈戰鼓〉（《窺園留草》），頁 131。

在壬子年（民國元年）〈紀暴風〉一詩中，詳細描述著暴風來襲時的情況及所造成的慘狀：「疑是萬馬奔，東西不知向；又如萬軍號，南北相對仗。歷亂瓦自飛，猖狂門不擋。顛沛如孤舟，逆風在巨浪。」「竹樹葉枯焦，如栽近火坑。田疇如野燒，耕者泣相望。」想起去年的暴風造成的損害尚未恢復，今年又遭風災，豈是「天公太不諒」。但暴風所以產生實因氣壓低的關係，是自然的現象，非人力所能阻止。所以許南英大聲疾呼，希望「撫恤勞君相」、「明乎治天下」，這才是人民之福。許南英更癡心的期待，能有如姜太公般的賢吏為民造福，那麼「灌壇不鳴條」的奇蹟將再出現，無辜的百姓也就不再受摧折。〔註70〕

「吟詠所發，志惟深遠」，〔註71〕詠物以興寄的情懷志節若能深遠，不囿於一己得失的計較，那麼詩作所呈顯出來的，是崇高的理想、是無私的美好感情，詩作的價值，也就明白可見了。

（四）物我合一

清李重華《貞一齋說詩》：「詠物詩有兩法：一是將自身放頓在裡面，一是將自身站立在旁邊。」將自己放頓在裡面，即是「主體和客體、主觀精神和自然物的感性特徵互相交融，彼此轉化，渾然一體。」〔註72〕也就是達到詠物詩「物我合一」的藝術境界。下面所論的是許南英創作中達到此一境界的作品。當然，詩中之「我」，不一定是許南英本人，有時候是他詩作的主角。

〈牡丹，和吳獻堂先生見贈原韻〉

　莫恃繁華富貴胎，已離故土出山來；

　瓦盆專仗栽培力，好趁春風次第開（時兒輩皆就傅）。

在這詩中，牡丹即是兒輩，春風即是吳獻堂先生。許南英以暗喻的方法，表達了對教師吳先生深深的期待，也勉勵兒輩認真向學。

〔註70〕　許南英：（《窺園留草》），頁112。灌壇一事：傳說姜太公為灌壇令，周文王夢一婦人當道而哭，問其故，曰：「吾是東海神女，嫁於西海神童。我行必有大風疾雨。而灌壇令有德，當吾道，不敢以暴風雨過。」文王夢醒，召太公語。三日，果有暴風雨從太公邑外過。事見晉張華：《博物志》卷八，臺灣中華書局出版。

〔註71〕　同註56。

〔註72〕　同註3，頁133。李重華《貞一齋說詩》收在丁福保編《清詩話》，頁930。

〈落葉（瀟瀟雨）〉

　　餘生如此樹，值深秋，蕭瑟落江潭；似杜陵老去，支離南北、飄泊
　　東南。前度婆娑生意，對此復何堪？遠眺秋江淨，露出精藍。　　招
　　呼兒童淨掃，與樵青竹裡，烹茗清談。問歸根何處？此理正遶罿。
　　是天時，冬藏秋斂；向招隄，問訊老瞿曇。齊解脫，與墜車醉者理
　　相參！

　　這一闋詞在主體客體的融合轉化上並不是很成功，例如下闋首四句很明
白的是「將自身站立在旁邊」的寫法，但大體說來，仍符合「物我合一」的
標準，而且，重要的是，這首詩中藉物所吟寫的正是許南英自己。許南英將
自己「似杜陵老去，支離南北、飄泊東南」的離亂一生，比擬成「值深秋，
蕭瑟落江潭」的樹木，葉落歸根，可是自己要歸向何處呢？這裡所要問的，
不僅僅是家國之歸，更要問的是：心靈的歸宿。雖然「向招隄，問訊老瞿曇」
的結論是顯得消極，但是，「是天時，冬藏秋斂」的體悟卻是豁達開透的。如
此，無論是樹、是人，就都能安然接受大自然的造育變化了。

〈虞美人花〉

　　坡下聞歌氣不揚，美人憔悴委疆場；英雄叱吒更新主，兒女娉婷化
　　舊妝。終古雅妍傳異種，祗今藝圃冠群芳；名花薄命春無主，小草
　　承恩霸不王。彷彿樹萱能解恣，依稀采芷隱含香。低頭月下羞蓮子，
　　細辮風前醉米囊。楚楚娛人蜂上下，翩翩眲我蝶迴翔。翠莖稚葉搖
　　空谷，片萼柔枝颺曲廊。渾似薔薇和玉露，絕非罌粟釀瓊漿。東風
　　嫋嫋藏巫峽，秋雨沈沈夢楚鄉；帶露湘妃頻漬淚，傲霜帝女若迴腸。
　　清歌按板春如此，螢舞飛舩夜未央。楚些長吟聞斷續，虞兮小照嘆
　　淒涼。閃紅劍影埋軍幕，拾翠釵光近女妝。領略畫圖悲淑女，迷離
　　環珮怨姬姜。中原逐鹿雄猶昔，半夜歌騅事已荒。鴻宴戈兵無限恨，
　　烏江草木有餘光。遂令讀史長相憶，轉使看花誌不忘。畫譜仿摹抄
　　粉本，古詞憑弔讀新章；詩成躑躅欄杆畔，我見猶憐鬢已霜。

　　在這首詩中，「虞美人」有兩義，一是指虞姬，即項羽之寵姬；一為植物
名，亦名麗春花或仙人草。詩一開始就先扣住虞姬為項羽而亡的史事，〔註73〕

〔註73〕　司馬遷：〈項羽本紀〉：「有美人名虞，常幸從；駿馬名騅，常騎之。於是項王
　　　　乃悲歌慷慨，自為詩曰：『力拔山河兮氣蓋世，時不利兮騅不逝！騅不逝兮可
　　　　奈何？虞兮虞兮奈若何？』歌數闋，美人和之。」又，史記正義注：「歌曰：
　　　　『漢兵已略地，四方楚歌聲。大王意氣盡，賤妾何聊生？』」（瀧川龜太郎：《史

「美人憔悴委疆場」是詩人對虞姬的惋惜；接著感嘆「人世有代謝，往來
成古今」，虞姬既已身亡，如今只有同名的花兒，勾引詩人對虞姬的追思憑
弔。在不少筆墨描繪虞美人花的種種之後，筆鋒又回到虞姬身上，並對史事
做一番議論。最後回到現實，交代自己讀史、看花的感懷心情。詩裡，忠貞
的虞姬和美麗的花朵交輝疊映在一起，人是花，花是人，皆令詩人「我見猶
憐」。

　　詠物詩「詠什麼，首先要像什麼，符合事物的本質特徵，形象鮮明、準
確，否則便會晦而不明，不知所以詠。但如果只停留在詠物上，則拘而不
暢，無論寫得怎樣曲盡妙處，也必失之意味，境界不高。」〔註 74〕在許南英
的詠物作品裡，也發現了這類因興寄不深而境界窄隘的作品，這是不必諱言
的，以下列出二首做例證：

　　〈繡鞋〉

　　　踏青原上柳如煙，鞋印春郊步步塡。

　　　細認鳳頭纖小處，今年花樣勝常年。

　　〈重陽雨〉

　　　孟嘉戴帽龍山落，王勃揚帆滕閣迷；

　　　本是有風今有雨，劉郎亦駭不能題。

第二節　酬贈唱和詩

　　文人相互酬唱的風氣由來已久，無論是你贈我答，或是我唱你和，都有
切磋詩藝、交流情感的作用，文人們也就樂此而不疲了。固然有人寫應酬詩
作時常是「捃摭套語以塞責」，〔註 75〕但是，創作時若能「以己之情性流露於
中」，當然也能寫出「可詠可歌」的眞摯作品。〔註 76〕

　　本節所要討論的酬贈唱和詩，係指因應人情之需而往來酬唱的各類詩
作。許南英《窺園留草》一書中，此類作品數量最多，筆者將之分爲唱和詩、
贈答詩、祝壽詩、送別留別詩四類分別論述。

　　　記會注考證》，洪氏出版社，民國 66 年 10 月），頁 140。

〔註 74〕　同註 3。

〔註 75〕　黃子雲：《野鴻詩的》（丁福保編：《清詩話》，臺北木鐸出版社，民國 77 年 9
　　　　　月），頁 855。

〔註 76〕　沈德潛：《說詩晬語》（丁福保編：《清詩話》），頁 553。

一、唱和詩

唱和詩之義，古遠清於《詩歌分類學》一書中，有詳細的說明：

> 所謂唱，是指吟詠歌唱，即一個人先寫了一首詩；和，是指聲音相
> 應，第二個人依照第一個作的詩詞的體裁、題材、原韻，或針對第
> 一個人「唱」的思想內容，作詩詞酬答。

最初，僅有和詩，在詩意上應和酬唱；到了唐代，元、白、皮、陸在往來唱和之際，著力於音韻上的技藝表現，因此而有和韻，用韻、步韻等作品的產生。對於這樣的唱和風氣，一般多是持負面看法，如：嚴羽《滄浪詩話》：「和韻詩最害人。」〔註77〕喬修齡《答萬季埜詩問》：「步韻最困人，如相毆而自縶手足也。蓋心思為韻所束，於命意布局，最難照顧。」〔註78〕李沂《秋星閣詩話》：「步韻尤今日通病，……今一詩成，步者紛紛，一韻屢見，如蔗相重嚼，有何滋味？牽扯湊合，梏人才情，導人苟簡，註誤後學，莫此為甚。」〔註79〕他們都認為，著力於音韻會囿限詩思，而且，同韻一再疊唱，詩意一再應和，會造成詩作牽強敷衍、蹈襲乏味的缺失。但，就如黃子雲《野鴻詩的》所提出的疑問：「此風盛於元、白、皮、陸，本朝諸賢，乃以此而鬥工，抑又何與？」〔註80〕其實，唱和詩歌除滿足詩人相互應酬的需要之外，一樣具有「言志抒情」的詩歌功能；〔註81〕至於和韻、步韻等限制，對詩人而言，是詩藝的一種挑戰，詩人樂於去琢磨嘗試；更何況，只要在創作時是出自真情的吟詠，那麼，一樣可以寫出好的作品。因此，詩人為何一再唱和，也就明白可知了。

許南英的作品中，在詩題上直接標明是唱和作品的，共有二百六十八首；在這些唱和作品中，只有〈和祁陽陳仲英觀察感時示諸將原韻〉、〈和哭盦道人易實甫觀察臺舟感懷原韻〉二首附有原唱，〈和耐公送關介堂原韻〉一詩是和唱施士洁〈送別關介堂明經歸莆陽〉，〔註82〕其他可以查到的原唱並不多。有時，詩友亦和唱許南英的作品，如民國元年許南英離臺時寫的〈留別南社

〔註77〕 郭紹虞：《滄浪詩話校釋》（臺北河洛圖書出版社，民國 67 年 5 月），頁 178。

〔註78〕 喬修齡：《答萬季埜詩問》（丁福保編，《清詩話》），頁 25。

〔註79〕 丁福保編：《清詩話》，頁 914。

〔註80〕 同註 75，頁 858。

〔註81〕 姚垚：《皮日休陸龜蒙唱和詩研究》前言（臺北台灣大學中文研究所碩士論文，民國 69 年。）

〔註82〕 施士洁：《後蘇龕合集》（南投臺灣省文獻委員會，民國 82 年 9 月），頁 224。

同人〉一詩，謝星樓就有次韻詩〈敬次許蘊白前輩留別原韻〉四首；〔註83〕丘逢甲〈春感次許蘊伯大令韻〉十首，〔註84〕是次許南英〈己亥春日感興〉一詩的韻。但這一方面查得的資料不多，〔註85〕因此，筆者僅從許南英的作品來研究。

「唱和詩」此一詩類，除思想情意的表達之外，是較他種詩類更為注重「音韻」方面的技巧表現的，沈德潛也說和韻詩「以韻為主，而以意相從」。〔註86〕在唱和之間，因音韻的運用技巧不同，還可細分為「和詩」、「和韻」（又稱為依韻）、「用韻」、「步韻」（又稱為次韻）、「疊韻」、「分題拈韻」。〔註87〕這六類的唱和方法，許南英都有創作，可看出許南英在唱和詩創作方面的努力和成就：

（一）和詩

許南英在詩詞題上直接標明「和」的詩作，共有二十四首，如〈和沈琛笙三月晦日作（蝶戀花）〉、〈和張領事送周志忠君往占埠查匪〉、〈蘭花，和貢覺〉、〈也是園席上和夢盦〉。

（二）和韻

在詩詞題上標明「和韻」的作品，數量最多，約有一百五十四首左右。如：〈和施耐公感興原韻〉、〈和祁陽陳仲英觀察感時示諸將原韻〉、〈遊馬達山，和貢覺原韻〉、〈春草，和沈琛笙大使原韻〉。

〔註83〕謝國文：《省廬遺稿》（臺北龍文出版社，民國81年），頁88。

〔註84〕丘逢甲：《嶺雲海日樓詩鈔》（南投臺灣省文獻委員會，民國83年5月），頁105。

〔註85〕《臺灣省通志稿・學藝志・文學篇》，頁300，錄有一則騷壇小啟，其云：「偶檢叢殘。獲讀許南英大令之遺作。秋燕秋雁秋蝶秋蟲四律。片語吉光。古香冷豔。擬邀島內同好之士。雅韻重賡。以步四秋詩之後。而鳴一時之盛。豈不懿哉。」由此看來，應有他人和唱作品，但並未羅列出作品，故無可得見。

〔註86〕同註76，頁553。

〔註87〕喬修齡：《答萬季埜詩問》（丁福保編，《清詩話》），頁25、徐師曾：《文體明辨序說》（臺北長安出版社，民國67年12月），頁109、王力：〈「限韻」和「和詩」〉（見張夢機：《古典詩的形式結構》，臺北尚友出版社，民國70年），頁63。綜合各家的說法，「和詩」乃「意如答問而不同韻者」；「和韻」「同其韻而不同其字者」；「同韻」乃「同其韻而次第不同者」；「步韻」乃「用其韻並依其次第者」；「疊韻」則是「用自己作詩的原韻，也可連疊多次」；「分題拈韻」是「數人分得某些字中之一字為韻，並限題目創作」。這樣的分類，是側重於形式方面的特色來區分的。

（三）用韻

在詩詞題上標明「用韻」的作品，共有三十八首。如：〈黃仲琴贈詩，即用原韻報之〉、〈和公善遊山二首用前韻〉、〈感懷，用前韻呈健人〉。其中，〈秋柳（用漁洋山人原韻）〉一詩，是用清王士禛的韻。

（四）步韻

在詩詞題上標明「次韻」或「步韻」的作品，共有十八首。如：〈步張步鵑原韻〉、〈步施耐公自壽八首之二原韻〉、〈春日次蟬窟主人原韻〉。其中，較為特別的，〈讀宋人張澤民梅花詩，戲次其韻〉一詩，是次古人的韻。

（五）疊韻

在詩詞題上標明「疊韻」的作品，共有三十首。如：〈秋河再讌也是園倒疊前韻〉、〈再和健人倒疊前韻〉、〈和菽莊主人聽潮樓晚眺原韻，前作意有未盡，再疊原韻〉。其中，〈和林少眉見贈原韻〉一題，一疊再疊，共唱和了八次；〈和陳丈劍門見贈原韻〉則至四疊，每一次疊唱，就是四首詩，加上原來和韻之作，共有十六首，真如汪洋大河，恣肆奔流。

（六）分題拈韻

在詩詞題上標明「分韻」的作品，共有四首。如：〈邱菽園觀察招讌南洲第一樓分韻，得一字〉、〈壬子中秋吳園小集，對月分韻〉、〈重陽前一日吳園分韻小集〉、〈乙卯上巳菽莊修禊分韻，得群字〉。

以上的分類，是依唱和詩音韻形式上的特色來作分析的，若從題材內容來看，許南英這些唱和詩詞，有抒情述懷的詠懷內容的，如：〈秋懷八首，和邱倉海工部原韻〉、〈和宗人秋河四首〉；有藉史諷諭的詠史懷古內容的，如：〈和杜鵑醉歌行原韻〉；有述遊興、寫麗景的行旅遊覽內容的，如：〈遊馬達山，和貢覺原韻〉、〈再和徐展雲先生重九登石門嶺原韻〉；有寫物興寄的詠物內容的，如：〈蘭花，和貢覺〉、〈牡丹，和吳獻堂先生見贈原韻〉；有點唱離情內容的，如：〈和張領事送周志忠往占埤查匪〉、〈和耐公送關介堂原韻〉；有頌禱賀壽的祝壽內容的，如：〈步施耐公自壽八首之二原韻〉、〈步莊晚耕自壽原韻〉。由此可知：許南英在創作唱和詩作時，能不受和韻、用韻、步韻……等唱和詩作形式方面要求的牽制囿限，靈活順利地汲取運用生活中的萬事萬物及所見所感，寫成一首首作品，與詩友相互酬唱。這些唱和詩的內容，豐富且多樣，在唱酬之際，也抒發了許南英個人的情志，值得我們再進一步去

探討。

　　爲避免重覆糾葛，筆者擬將這些唱和詩詞打散，依作品所表達的內容而定，分別歸類至其所當屬的類別，再做進一步的內容論析。

二、贈答詩

　　贈答詩是甲贈詩予乙，乙再回贈甲詩，這種你來我往的形態，和唱和詩有相似之處；不過，贈詩是專爲一明確對象寫作的，答詩則必須針對贈詩的內容作回應，也不考究音韻上的應和，而且，有時只有贈詩，受贈一方並無答詩，這些特點和唱和詩是不相同的。〔註88〕筆者在論述許南英的唱和詩時，只著手於研究許南英唱和詩用韻的情形，並未做內容的論述。在這裡，筆者則採取比較寬泛的原則，將有贈答作用的唱和詩也歸類在此一起討論，以求能無遺珠之憾。

　　許南英交遊廣闊，贈答詩所酬贈應答的對象很廣泛，有同鄉、詩友、舊識、新交、同年、同僚、女史等，不同的對象，有不同程度的交誼，所以寫作贈答詩的因由也各有不同。以下就按詩作的內容感情分成五類來討論：

（一）賀頌表彰

　　自光緒八年開始，許南英應聘教授部郎蔡綺卿兒子蔡應臣；光緒十二年，蔡應臣參與縣試，名列前茅；許南英正忙於準備會考，聽到這個消息，歡喜地寫了〈聞蔡綺卿司馬令嗣（應臣）縣試前茅，書以誌喜〉：

> 一紙千金重，君家喜信聞。
> 愛人能以德，有子必知文。
> 入座芝蘭味，摩空鸑鶴群。
> 新硎初出試，拔隊作前軍。

　　詩中洋溢著祝賀之意及對家主人的歌頌，對於自己的門生能一舉中的，許南英顯然是非常自豪且高興，這個喜訊對即將赴京參加會試的許南英來說，應有激勵的作用。

　　光緒十六年，許南英中會試恩科，於傳臚日在太和殿奉詔聽榜時寫了〈傳臚日，戲贈同年吳肅堂殿撰（十拍子）〉：

> 紅杏枝頭春鬧，景陽樓上鐘撞；曉日天門排玉筍，贊引詞臣上玉堂，傳臚姓字香。　　昨日散裘行路，今朝衣錦還鄉。閣面狀頭差

〔註88〕古清遠：《詩歌分類學》（高雄復文圖書出版社，民國 80 年 9 月），頁 372。

一著，還是才人惜豫章，八閩天破荒。

詞中對傳臚儀典舉行時的莊嚴肅穆、新科進士的得意歡喜，有細膩詳盡的描述。這一闋詞雖是題贈給同年吳肅堂的，但我們也可看出許南英在第三次參加會試上榜時的欣喜；在欣喜之餘，「還是才人惜豫章」一句，則表露出許南英對友人及自己能爲國服務的期許。

許南英從茹懷西處得悉覃孝方的賢德，因而題寫〈寄懷覃孝方大令（湖北進士）〉一詩贈給素未謀面的覃孝方，詩中敘述著自己的仰慕敬佩之情：

舊聞茹子語（茹懷西大令），心識使君賢；

夢轂如千里，神交已二年。

士元非邑令，摩詰是詩禪；

獨惜從官末，猶慳一面緣！

〈頌陳母劉太夫人請旌〉一詩是以賦筆紀實寫成的長詩，對劉太夫人孝媳、慈母兼嚴父的形象有完整而且生動的描述，對劉太夫人在夫死家貧的情況之下仍能教子有成，亦多所頌揚，他以爲劉氏之行誼足爲閨壼之範儀。原詩甚長，不予引錄，請參閱《窺園留草》頁191。

民國六年，許南英羈留棉蘭，曾寫有詩作〈賀蟫窟主人移居〉一首及詞作〈少眉新居（玉樓春）〉一首，祝賀林景仁遷居之喜，對蟫窟〔註89〕的清幽及主人的博學高雅都極力誇讚：「琳瑯萬卷蟫爲窟，下上雙飛燕有巢。入座衣冠無俗子，榜門風雅號詩寮」、「詩精梅鶴孤山畔，鄉思蓴鱸古浪濱。風月無邊權作主，竹松不俗許爲鄰」、「安排精筆與良硯，松根坐讀高人傳；誰言俗子不能醫，中有奇書千萬卷」，這些讚語是許南英的誠摯之言，他眞心欣賞這位雅秀後起，不可將之視爲應酬諛詞。

另外，許南英也贈詩祝賀友人新婚或納寵，如〈賀錢晴峰老夫子新婚二首〉、〈王泳翔納寵，戲作催粧詩賀之〉、〈寄汪杏泉並賀其納寵〉，這些詩作都能緊扣住受贈者的特殊情形，又以友朋之間的戲謔方式表達賀喜之意，顯得親切而幽默：「入幕都超多偉略，傳家錢起有新詩。平分筆下春風氣，半拯蒼生半畫眉」、「巧思製出筆囊新，囊筆兼囊執筆人。漫向明窗書小楷，買絲勸汝繡鍼神（此段姻緣因貽筆囊而成）！」、「聞道近來慵早起，新來閫憲令何如？」

〔註89〕 林景仁在棉蘭所築的新居署名「蟫窟」。

（二）受贈誌謝

　　光緒二十一年至二十二年間，許南英浪遊新加坡期間，受到宗人許秋河的熱烈招待及幫助，令當時落魄窮途的許南英感懷銘心。許秋河知道許南英酷愛梅花也擅長畫梅，特地贈送梅花畫冊給許南英，對這一份深厚情義，許南英無以言報，寫下〈秋河貽梅花畫冊，詩以謝之〉組詩四首，現引錄其中第三首於下：

> 不辨香魂與墨魂，春風隨我返中原；
>
> 他時按譜臨摹處，便憶星洲也是圖。

　　光緒二十三年，許南英分發到廣州任官時，與同鄉楊晴帆為同僚，是時，楊氏已年近八十。楊晴帆將所著詩集《問鸝詩鈔》贈送給許南英，許南英寫有〈同鄉楊晴帆通守見貽問鸝詩鈔，奉呈二首〉，其中第一首，對楊氏詩作的風格及所屬的流派有所審辨，引詩於下：

> 麗句清詞拱璧珍，枌榆又見老詩人。
>
> 窮愁不作牢騷語，溫厚偏鍾夔鑠身。
>
> 宗派誠齋真後起，宦遊玉局是前因。
>
> 少時我有留刪草，太息滄桑付劫塵！

　　宣統三年，許南英與黃伯琴、仲琴兄弟友好，在〈黃仲琴贈詩，即用原韻報之〉詩中對黃氏兄弟頗是讚譽：「奎璧聯輝北斗星，雙珠耀彩並齊名」、「羨君尚有中和氣，筆下曾無徵角聲」。而在〈黃仲琴贈漳郡開元寺寶幢石刻「陀羅尼經」搨本〉一詩中，對黃氏將難得的「陀羅尼經」古搨本相贈的美意深表感謝，又藉佛家因緣的說法來烘顯黃氏贈佛經搨本此段因緣的難得，詩意與事實相映相發：

> 寶幢石刻開元寺，唐代咸通大會場。
>
> 我佛本空歸寂滅（左文襄改寺為考棚），何人好古費收藏？
>
> 跳龍臥虎忘真相，貝葉蓮花發古香。
>
> 此段因緣誰契合？揭陽許氏、海陽黃（仲琴，海陽人）。

　　民國元年，許南英首次回臺，南社社友在臺南公館開歡迎會宴請許南英，許南英有〈紳商學界在臺南公館開歡迎會，賦此誌謝〉長詩一首，對南社社友的熱烈招待深表誌謝；這首詩先描述臺南公館的環境、宴會的時間，接著敘述社友們的熱情、賓主之間的歡暢融洽，以及宴席的珍饈之盛；在這種種歡喜感謝之中，許南英卻難掩其身為遺民的傷悲，在詩末寫道：

側身依祖國，倦眼望神州。斷髮從吳俗，焚心抱杞憂！處堂成燕
雀，生世等蜉蝣；有酒宜同樂，無官且自由。伊誰新世界，認我舊
林丘？黑海能飛渡，黃河任倒流；無才日衰老，天地若爲愁！

家國局勢仍是茫然未定，故土家園仍爲異族所據，日漸老邁的許南英累
了、倦了，卻覓不著歸處；他爲家國憂、他爲己身悲，在這片熟悉又陌生的
土地上，迫於敵人的威權，他無法盡情傾訴內心的憤怒及哀痛，但這樣隱忍
暗吞的悽惻，卻更令人爲之神傷。

（三）遺民之悲

光緒二十一年乙未之役失敗，身爲遺民的無奈痛楚，就成爲許南英心中
恆久的夢魘，除了前面所述之外，在以下所引的幾首詩，也都抒發了這種傷
痛的情懷：

〈贈陳子模明府（時自山東請假回閩，來粵寓陳省三觀察廣州府署）〉之二

拔劍當筵斫地歌，萬方多難奈時何！
山雲未作崇朝雨，海水翻生鼓浪波。
士會遊秦般贈策，宣尼望魯悵無柯！
相看莫下新亭淚，買棹端陽泛白鵝。

陳子模是許南英同鄉故交，〔註90〕家山淪陷是他們共有的慘痛經驗。光
緒二十五年，陳子模從山東南下，在廣州與一群老友相聚，他們爲時局國勢
憂心，他們爲失去的故鄉悲痛，迷茫不定的前途也令他們不安；但在流離顛
沛中的短暫相聚時間裡，許南英打起精神，勉勵友人「相看莫下新亭淚」，先
珍惜把握住此刻難得的團聚吧！

〈寄懷鄭養齋（臺北廩生，北郭園鄭祉亭先生之孫）〉是許南英寫於光緒
三十四年的作品：

北郭園林黯夕暉，主人搖落景全非！
看詩我不藏人善，入世君眞與俗違。
冰雪清操新白帽，風流文采舊烏衣。
鷓鴣本是中原鳥（養齋能詩，時有「小鄭鷓鴣」之號），變調長啼「去

〔註90〕從許南英：〈與陳子模、傅采若、張愷臣遊夢蝶園，拜五妃墓，飲於竹溪寺，
女校書四人與焉〉、〈贈陳子模明府（時自山東請假回閩，來粵寓陳省三觀察
廣州府署）〉、〈和陳文劍門見贈四疊前韻〉之二：「夢中亡友來相告，推解蒙
恩淚幾行（陳子模大令與公同宦山東，多蒙推解：死爲治喪，扶櫬回籍）。」
可以約略得知許、陳兩人情誼。（《窺園留草》），頁18、53、152。

不歸」。

　　施士洁寄贈此詩的和韻詩兩首給許南英並索求和韻，因此許南英於同年又寫了〈施澐舫山長在廈用「寄鄭養齋原韻」作詩二首寄贈，並索和章；仍用原韻奉呈〉二詩，詩中有云：「滄溟東望日含暉，城郭人民嘆已非」、「一別眞成遊子恨，十年竟與故人違」、「我已無家長在客，守松三度去來歸」。臺灣割讓給日本已過了十三年，清廷仍無力收回，家山淪陷的痛楚是許南英諸人心中永存的痛楚，他們也成了永遠只能啼哭「去不歸」的覆巢孤鳥了。

（四）思友勉友

　　民國三年，林健人前往棉蘭，行前曾邀許南英同行，許南英因有事在身未能共遊。在這段分離的時間裡，許南英思念這位忘年知交，因而寫下〈寄南洋林少眉、莊怡華〉，引錄其中第二首於下：

> 抗手飛吟過七洲，群瞻李郭御仙丹。
>
> 此行悔不從君後，夢寐滄溟海盡頭（時欲邀予同遊，因事未果）。

　　民國六年，許南英遠走棉蘭，爲當地僑領張鴻南編輯服官事略；身處異鄉的許南英，懷念起菽莊詩社諸詩友，往日相聚的融洽、切磋詩藝的熱鬧，都只能在夢中尋覓了，但是濃濃的思念之情可藉著詩作來傾訴，所以許南英寫了〈秋日懷人〉六首組詩，分贈給諸友。引錄其中兩首於下：

> 山中宰相地行仙，矍鑠精神晚節堅。
>
> 杜老詩篇開寶際，陶公祿米義熙前。
>
> 梅花紙帳寒無夢，喬木深山老有年。
>
> 一自朝雲解脫後，藤床枯坐六如禪（陳迂公太守）。
>
> 浪仙詩瘦身兼瘦，原憲家貧學不貧。
>
> 獨往獨來能拔俗，一顰一笑不隨人。
>
> 依然傲世天應妒，強欲趨時性未馴。
>
> 悔不十年勞股貫，圖書萬卷誤儒巾（莊鑄儂茂才）。

　　這些作品能掌握住不同對象的不同特色，也都自然而且眞摯地抒發對友人的關懷及欣賞之情。除了藉題贈來抒發對友人的思念之外，許南英也藉著題贈來敦勉友人。許南英〈寄懷林致和〉一詩中，勉勵故交林致和，即使家鄉失陷，處境艱困，生活不易，仍要惜才自愛，不忘創作。這樣的話，是勉人也是自勉：

> 才人不偶亦尋常，況是諸難歷備嘗。

　　烏鳥私情依老父，杜鵑餘淚哭慈娘。

　　一錢不值登科記，數口交縈續命湯。

　　轉語告君希自愛，江山終古屬文章。

　　許南英深知教育的重要，惟有推展教育、栽培人才，國家才能強盛，他曾言：「但使霸才能富國，且同文士策籌邊。」〔註91〕又說：「教養兼施張弛道，農工都是富強材。起衰救弊新思想，總有能人攬轡來。」〔註92〕因此，許南英勉勵青年學子「儒者何所恃？所恃能勤苦。」也要能「俾之歷盤錯，成材貢天府；濟川作舟楫，大旱作霖雨。」〔註93〕而在題贈給擔任教職的朋友時，許南英則表達了他對這些朋友的欽敬與深重的期待，如〈贈楊季芬（季芬，梅縣人，日里華商學校教員）〉：

　　南來猶見存吾道，清白關西有祖風。

　　問學淵源曾立雪，談詩格調欲凌虹。

　　興亡共與書生責，陶鑄思參造化功。

　　絃誦一堂珍國粹，莫因頭腦笑冬烘。

　　至於受命任官的友人，許南英則勉勵他們要能發揮長才，貢獻所能，為國為民努力，如〈贈彭華絢茂才〉之一：

　　映座丰神獨冠儔，長安子弟太原裘。

　　羅浮郡縣經流寓，豐鎬家山作夢遊。

　　才士文章唐太白，女人容貌漢留侯。

　　布衣坐鎮將軍幕，定策能教占上籌。〔註94〕

　　在這些題贈詩中也有稱頌的言語，但許南英的情感是真摯的，他對友朋的深切期望與砥勵，正是他愛友敬友的表現。「他以為人生無論做大小事，當要有些建樹，才對得起社會。」他以此自期，也以此勉勵友朋。

（五）傷美人

　　南北朝時期，貴族生活淫侈頹廢，以歌妓舞女為描寫對象的文學因而產生；到了唐代，文人與歌妓舞女的交往更為密切，這一類作品更多了；又因

〔註91〕許南英：〈癸卯鄉闈分房裏校，和同鄉虞和甫鎮院述懷原韻〉之二（《窺園留草》），頁66。
〔註92〕許南英：〈留別陽春紳士〉之三（《窺園留草》），頁68。
〔註93〕許南英：〈贈徐聞小學堂吳生文謨〉（《窺園留草》），頁61。
〔註94〕前後引詩見《窺園留草》，頁176、69。

為歌妓熟誦各家作品，耳濡目染，多能屬文寫詩，也就成了風流多情的文人的風塵知己。許南英的題贈詩中，也有幾首是題贈給歌妓的，如〈贈蕭蓮卿女史〉一詩，是題贈給緣慳一面的蕭蓮卿。民國元年，許南英回臺期間，曾與林湘沅、謝汝銓北上，拜會瀛社詩友，並在林、謝二人的引介下，欲往見「風雅能詩，所交無俗客」的蕭蓮卿，卻因其杜門謝客，無緣得見。許南英詩云：

> 舊聞林子語，空谷有嬋娟；
>
> 猶帶看花眼，來吟詠絮篇。
>
> 賞心能有幾？覿面竟無緣！
>
> 悟得生公法，毋為色相牽。

民國五年，許南英在菽莊席上識得日女駒榮，並為駒榮譜寫〈駒榮曲，贈日本駒榮女史（時在菽莊席上）〉：

> 秋風三徑黃花活，秋聲萬樹喧鵁鶄；聽潮樓上秋氣清，聽潮樓下新聲發。偶傳空谷有佳人，家住扶桑東海闊；華年乘興作南遊，妙舞清歌年二八。淡黃楊柳古亭村，公子多情欲斷魂。碧玉定情誰遣此？黃金有價不須論。神仙楊柳春歸洞，兒女枇杷早杜門。鶯燕自憐朝復暮，紅顏無計留春駐；太息飄蓬廿一年，蓬瀛不識春歸路。和風一棹鷺江濱，小住棲霞最高處；為君置酒洗征塵，為君高吟銷綺慮。呼來蓮步正珊珊，坐聽琵琶強作歡；聽罷為譜「駒榮曲」，斜抱冰絃不忍彈！

這首歌行體長詩有白居易〈琵琶行〉的影子，為滯留異鄉、年華老去的日本歌妓嘆惋。〈有贈（念奴嬌）〉〔註95〕這一闋詞所贈予的對象也是日本歌妓，但不知是否也是駒榮。在這些作品中，許南英不著迷於色相，對這些歌妓的才華能加以欣賞，也同情他們的淒涼遭遇。

下面所引詩作，是許南英回臺時題贈給舊識歌妓，在這些作品中，許南英不僅為美人傷，也表現出他和這些歌妓間的情誼，更由於家山淪陷的共同經驗，在這些詩作中流露出乙未割臺的傷悲：

〔註95〕　許南英：〈有贈（念奴嬌）〉《窺園留草》，頁214。「東瀛眉史，數今時，裙釵首屈一指。習禮明詩，爭道是，絳帳髯僧弟子。筆仿簪花、才工詠絮，道韞差堪擬。幽情無限，苦處難與談起！　惜汝碧玉華年，紅顏薄命，淚暗彈江水。翠袖春耐冷，作客嘉禾舊里；鴛度金鍼、蟲雕鐵筆，四海誰知己？少年薄倖，美人休矣！休矣！」

〈有贈〉

舞衫歌扇一齊捐，懺悔慈雲大士前。

顧我似曾相識燕，美人名士各淒然！

廿年前事已雲煙，況復滄桑幻海田。

我似頭陀卿繡佛，自憐且更為君憐。

〈贈黃旦楳〉

「百千萬劫滄桑感，二十三年花月痕」；蘊叟壬子贈題旦楳舊句也。

丙辰來遊，重過其處，買醉終宵；百端交集，與謝籟軒戲用此聯續

成一律。

噓天幻蜃竟成雲，隔海濤聲斷客魂。

綠酒紅燈歡昨夜，青衫皀帽坐黃昏。

百千萬劫滄桑感，二十三年花月痕。

風雨五更天欲曙，淒涼舊事不堪論！

　　黃旦楳原名黃查某，許南英與他甚暱，每嫌他名字不雅，就把查字頭上
木字，移到某字邊，將之改名為旦楳（筆者按：梅之古字）。〔註96〕民國元年
壬子，許南英首次回臺，就曾與之見面，並有〈題畫梅，贈黃旦楳雛姬〉一
首相贈；〔註97〕民國五年，許南英再次回臺，又與黃旦楳見面並再題贈〈贈
黃旦楳〉一詩，有不勝滄桑、相對無言之嘆。

三、祝壽詩

　　生，自古以來即被視為大事，慶生的習俗也由來已久，不過，壽詞的大
量寫作要到宋代才開始。雖然受到應酬儀禮的限制，不容易寫出脫俗創新的
祝壽詩，但在頌禱祈願之中，我們依然可發現作者的思想及情感。〔註98〕下
面所論，即嘗試從許南英的祝壽詩來了解許南英的思想及情感。

　　為人情往來需要而寫的賀壽詩中，在祝壽賀頌之餘，許南英又一定針對

〔註96〕許丙丁：〈臺南教坊記〉（《許丙丁作品集》，臺南文化中心，民國85年），頁
　　　471。
〔註97〕許南英：〈題畫梅，贈黃旦楳雛姬〉（《窺園留草》），頁111。「相別二十年，復
　　　睹春風面。老幹茁新條，玉英飛雪片。」另外，若依〈贈黃旦楳〉詩序所言，
　　　許南英應尚有他詩贈黃旦楳，但未收於《窺園留草》。
〔註98〕黃文吉：〈壽詞與宋人的生命理想〉（張高評主編：《宋代文學研究叢刊》，第2
　　　期，民國85年9月），頁411。

壽者的德業功名加以稱許，如：〈祝黃仲訓令堂鄭太夫人六旬榮壽〉詩中云：
「萊綵殊恩新紫綬，荻書懿訓舊青氊。」以及〈壽李啓授令堂李太夫人〉：「賢
郎久受熊丸訓，壽母齊賡燕喜詩。」是稱許爲人母者教子有成。而〈壽黃菊
三中將六旬榮壽〉：「河山天付中原主，輔弼星瞻大將芒。」則是誇耀將領的
功勳。〈賀長沙楊慶荃廣文臘月二十八日五十初度〉一詩中的壽者是文士，詩
云：「晚歲松筠如此健，古湘蘭芷不勝妍！」是稱頌文士的高雅瀟灑。〈步莊
畹耕自壽原韻〉一詩的受贈者是「傲睨錚錚一少年，破觚強勉學爲圓。」在
壽詞中，許南英則表達出他對後輩青年的期待：「來歲問天何位置，平生當路
絕夤緣。」〔註99〕這樣的作法表現出：即便是一般應酬之作，許南英也都能
掌握住受贈者的獨特性，這是他的用心；另一方面，在稱頌祝壽之際，許南
英嘉勉壽者能進德修業，這是他「人當奮勉，寸晷不懈」想法的呈顯。

　　在許南英的其他壽詞中，還表現出重視現實生活的精神：「塵世已無千日
酒，神仙那有九還丹」、「入世固宜經百練，及身早已定千秋」，〔註100〕因爲重
要的是珍惜目前所掌握到的生命，許南英以爲「倫常自是千秋業，何必神仙
煉九丹」。〔註101〕

　　「不死竟逢新世界，餘生未忘舊山林」，是許南英〈汪杏泉壽辰登堂拜
祝，書此誌感，即以奉賀〉一詩中的兩句。在祝壽詩中感喟黃粱蕉鹿、抒發
家國之悲嘆，只有在舊識故交面前才能如此率直吧。這種感喟悲嘆，在題贈
給施士洁的壽詞中也可見到：

〈和施耐公六十初度見贈之作並次原韻〉之二、之三

小少胭肢走馬坡，暮年在客作常何。

公原靖海將軍裔，我亦終南進士科。

蠟燭灰心還墜淚，鸞琴焦尾尚高歌。

銅駝荊棘重相見，老淚縱橫手自摩。

輪迴六道早分途，面目昂然一匹夫。

賈誼憂時成謫宦，嚴光避地是狂奴。

甘心長抱荊山璞，何事還求象罔珠？

〔註99〕《窺園留草》，頁153、143、153、50、162。

〔註100〕許南英：〈蕭惠長先生以四十一壽詩見示，和韻祝之〉之八、之七（《窺園留
　　　　草》），頁185。

〔註101〕許南英：〈壽陳篤臣尊甫渚芸先生暨德配周太夫人六旬雙壽〉之二（《窺園留
　　　　草》），頁97。

冷眼靜觀時世變，始知忠義寄刀屠。

遺民之哀如此深沈，禾黍之傷永世難忘，這種遭遇，在慶生賀壽之時更容易引起痛苦，並刺激詩人反思生命存在的意義；在這樣的思考反省裡，許南英顯得消極無力但又透顯出其毅然的堅持。

在壽詞中對生命做回顧及反思，在許南英的兩首自壽詩詞中表現得更明白：

〈自壽（瑤臺聚八仙）〉

　　戎馬餘生猶健在，對鏡具此鬚眉；頭顱亦好，一肚不合時宜！迴憶治兵鯤島，日問何人，危局撐持？殘棋只差一著，全局皆非！　　饑來索米燕市，笑樞曹散史，悵悵何之！綰綬羊城，風塵俗吏何禪？此鄉聞是寶玉，獨冷宦年來兩鬢絲；清風兩袖，買山無計，素願相違！

這闋詞寫作的詳細時間不確知，不過是仕宦廣東之時所作則無疑。詞中以「冷宦」自稱，依許贊堃所言：「丙午、丁未兩年間，可以說是先生在宦途上最不得意底時候，他因此自號『春江冷宦』。」〔註102〕那麼，創作時間又更明確了。當時五十二、三歲的許南英回顧自己的一生，對「只差一著，全局皆非」的臺灣民主國的護臺行動失敗，以及自己在敵人緝捕之下匆忙逃亡，最是無法釋懷。內渡後迫於生計，不得不走上宦途，卻也總是克盡職責地努力著；在陽江任內面臨不斷的挫折和打擊，但是許南英仍堅持廉節為民的原則。

〈自壽（並序）〉

　　憶在陽江任時，彼都人士合陽春紳民為予祝五十初度。久擬作詩，以匪氛未平，匆匆置之。予年六十，被任為龍溪縣長，鄉人復進酒祝予。顧德業不加，垂老無成；中心抱歉，難以言喻。丁巳年南遊，又逢賤誕；涉筆賦此，聊寄情懷。十月初五日，英識。

　　懶雲出岫本無心，六十年來閱世深；
　　蒼狗白雲隨變幻，紅羊黑氣幾銷沈？
　　浮生大夢惶求鹿，詭遇羞稱御獲禽。
　　吾道污隆何所補？先生啞笑作聾瘖。

百年賸此肉皮囊，歷盡艱難困苦場！

何日得償兒女債？一生未識綺羅香。

蓼莪廢讀思阿父（先父此日忌辰），風木增悲泣老娘！

目極雲山千萬里，臨風涕淚濕衣裳！

這是民國六年的作品，許南英六十三歲。從序言所敘，我們可以看到，幾年來許南英常在自己的生日那一天，對自己的生命做反省；由於自律謹嚴，他反省所得的感悟，是以「顧德業不加，垂老無成；中心抱歉，難以言喻」為基調。在這兩首詩中，表達出他對家國的關懷及憂心，以及對父母兒女的深情；而面對虛幻無常生命的挑戰時，許南英是有所為、有所不為，六十年來的經歷，如同「寒天飲冰水，點滴在心頭」，但許南英卻也只是「啞笑作聱瘖」。這組詩完成後過了一個月又六天，許南英就病逝了，因此，這組詩是許南英對自己一生所做的最後論斷。

四、送別留別詩

送別詩，是在他人因某事而離去時，詩人為之所寫作的詩，此時詩人是送行人。留別詩，是詩人本人因事他去，在友朋為之送行時所寫作的詩，此時詩人是行者。兩種詩雖有這樣的差別，但都是在離別時刻寫作的，因此合在一起討論。

江淹〈別賦〉：「黯然銷魂者，唯別而已矣。」說明了離別對人的情感造成的衝擊、折磨。許南英〈送友（青玉案）〉一詞描寫的就是這種令人黯然銷魂的別離之情，下闋的珍重叮嚀語，正是由於此不捨之情，故反覆言之：

愁腸得酒因成醉，滴滴化，離人淚；未卜何時期後會？亂山匹馬，

斜陽殘照，躑躅西風裡！　　花濃酒釅君須記，文采風流尚未墜，

香火十年舊交誼：一鞭去也，前途珍重，寄我「平安」字！

在許南英的送別留別作品中，像上述作品只純粹地傾訴離情的較少，多數的作品在抒發離情之外又另有寄意，如〈和耐公送關介堂原韻〉一詩云：「江湖滿地風濤險，且莫臨淵再羨魚！」是叮嚀關介堂潛心退隱歸里；〈和張領事送周志忠君往占埤查匪〉云：「敬恭桑梓求民急，披斬荊榛探敵情。」是對周君探查匪盜虛實以利滅匪的期待；〈和仙根工部見贈原韻，並以送行〉云：「元豹有文因霧隱，大鵬狆翮任風張。」是對友人的鼓勵。這都是在離別之際，因人因事有感而發，因而各有不同的內容。有些送別留別詩中也說出了憤激

之言，如〈送沈琛笙歸衡山〉之一：

> 九曲衡峰望轉遙，秋風湘水自蕭蕭。
> 羊垣羚峽餘妖氣，楚尾吳頭起怒潮。
> 萬卷奇書收薏苡，一朝信史付芻蕘（時在漳修志不果）。
> 此行好慰鄉人望，贈策權當學繞朝。

民國二年，許南英任龍溪縣知事，聘沈琇瑩重修縣誌，因「饑儉謠諑」而未果，[註103] 沈琇瑩因此歸鄉，[註104] 這首詩即寫於此時，詩裡除對沈氏有所安慰外，也表達了對龍溪當地豪劣的蠻橫阻撓的不滿。

在送別留別詩中表露出憤激之情的，還有〈和福建西路觀察使吳芝青留別原韻〉之三：

> 哀鴻中澤動懷思，耳畔悲鳴困不支；
> 兵燹昔年人喪亂，水災前度勢離披。
> 資生元氣猶難復，悔禍天心未有期。
> 觀察痌瘝長在抱，為民請命莫遲疑！

天災人禍一再發生，對生民造成莫大的侵害，許南英憂心焦慮，不禁說出「資生元氣猶難復，悔禍天心未有期。」這樣的話。

另外，許南英愛民惜民的心意，在他奉命轉調職務時所寫的留別詩中表達得很明白。

〈留別陽春紳士〉之一

> 飛檄星馳促履新，笑予草草作勞人！
> 偶逢甘雨隨帆至，時把清風入座頻。
> 謹懍自防流酷吏，哀矜太惜此頑民。
> 未能盼到梅花發，佇看陽春作好春！

遺憾的不僅是未能看到梅花綻放，沒有足夠的時間為鄉民建設陽春縣更令許南英無法釋懷。這樣的抱撼心情，許南英在詩前序言已有表達：「權陽春篆僅六月耳，忽奉檄調署陽江。自愧任事未久，興學、教民、清鄉、治盜多留缺點；清夜自思，百端交集。偶成六章，用誌吾過。」職務轉調，乃奉檄

〔註103〕許南英：〈聞沈琛笙「重修龍溪縣志」，作此誌慰（望湘人）〉《窺園留草》，頁213。
〔註104〕依許南英：〈沈琛笙五日有感，和其原韻並以慰之（時聘修「龍溪志」）及〈再和沈琛笙五日有感原韻〉二詩所敘，修志未果，沈琇瑩即回故鄉。（《窺園留草》），頁134、135。

行事，許南英視治鄉未成是自己過錯，這是他愛民如子的表現。

「他年桑梓會，勝事話星坡」，是許南英要離開新加坡時，許秋河諸友為他餞行時寫作的。〔註105〕當時，許南英對別離的想法是：別離是暫時的，他年終會再相聚。但是，歷經了後半輩子的流離奔波，看盡了人生的無常虛幻，許南英不再那麼篤定了；在民國元年南社同人為他送行時，他說：「未敢先期約後期，重來未卜定何時。」〔註106〕民國五年再次回臺，離臺前夕所寫的〈留別南社諸君子〉詩中云：「中原鼎沸心如擣，未卜重來是幾時！」〈別南社諸子（憶王孫）〉又云：「離筵祖道別王孫，後會何時不可憑！」多年來，在無常世事的錘磨打擊之下，許南英了解到人生之中有許多莫可奈何的事，此刻的分別，可能永世無法再相見，這是亂世兒女必得面對的悲劇。

宣統二年，許南英次子許贊元自黃埔軍校畢業，隨即前往日本留學，許南英寫了〈次兒叔壬東洋就學，書此勉之〉一詩：

> 父母生汝身，撫養十九年。依依繞膝前，弟兄相把袂。成童入軍界，爾志亦云銳。軍界本光明，胡為忽陰翳？為友不平鳴，忽受人排擠。脫然出軍界，前功隨水逝！男兒志四方，東洋事遊藝。具此七尺軀，生此爭競世；國步正艱難，及時勤策勵。戒爾收放心，放心學無濟；戒爾須謹言，謹言少罪戾；毋友不如己，謹慎在交際；孤客在他鄉，用財先會計；勿中酒色毒，勿受朋友弊；惟有苦心人，乃免為奴隸；少壯不努力，年華難為繼！我家正飄泊，宦海無根柢；況無十萬金，助爾紈袴勢；即有十萬金，轉瞬有興替。爾當念此行，於爾密關繫！當體父母心，望爾光門第！時時誦此詩，行矣勿揮涕！

民國二年，許南英四子許贊堃至緬甸仰光任教，許南英寫了〈示四兒叔丑〉一詩：

> 我年過半生，汝年剛廿一，男兒志四方，何事困鄉邑？忍淚別高堂，書劍羈絕域。為師人之患，予意轉惻惻！況汝業未成，何堪作矜式！敎學本相資，此理求之得。汝須澡汝身，尤宜浴爾德！反躬既無慚，即以身作則。忽貪過量酒！勿漁非分色！臨財慎操持！動氣自遏抑！凡有此四端，皆是德之賊。所以古君子，守身如白璧。

〔註105〕許南英：〈也是園即席留別〉（《窺園留草》），頁44。
〔註106〕許南英：〈留別南社同人〉之四（《窺園留草》），頁132。

嗟嗟人海中，前途黑如漆！失足入迷途，後悔曷有極！圭海畹蘭
君，為予舊相識；可為汝師資，汝當侍其側！海外素心人，持此以
相質。解組謝世人，勗汝宜努力！

民國六年，許贊堃至北京入學，行前，許南英寫了〈丑兒入京游學，作
此送之（花發沁園春）〉一詞：

送汝出門，前程萬里；臨歧不盡歔唏！金臺雪色、玉棟霜華，此際
寒生燕市。寒威若此，早凍了桑乾河水；此去好立雪程門，不知雪
深有幾？　　不患獨行踽踽，有亞歐文人，相助為理。憶吾老矣！
何日歸來，想見入門有喜？勗哉小子！不願汝紆青拖紫；祇願汝秋
蟀春鷳，到時寄我雙鯉！

在這三首作品中，我們看到身為父親的許南英的心情，他要孩子振翅高
飛，積極去追尋理想，又殷勤叮嚀吩咐在外生活的注意事項，尤其，他一再
提醒：要自律謹嚴、要敦品力學、要學成做一個對國家社會有用的人。「做
一個有用的人，不要做偉大、體面的人」——許南英以此自勵，也以此教導
孩子。

第三節　其他（集句詩、擬代詩、竹枝詞、題寫詩）

除前面所析論的各類作品之外，許南英還有一些體裁特殊、風格獨具的
詩類，如：集句詩、擬代詩、竹枝詩、題寫詩等。這些作品數量較少，因此，
合為一節分項討論。

一、集句詩

明徐師曾《文體明辨》：「按集句詩者，雜集古句以成詩也。」晉代傅咸
將《詩經》、《論語》的句子集而為詩，是集句詩的濫觴；宋代石曼卿、王安
石喜製集句詩，因而促動集句詩的風行。由於集句詩是援聯他人詩句而成篇，
故被視為文人遊戲之一端，不登大雅之堂。事實上，製作集句詩，作者必須
博學強識，對所讀詩能融會貫通，寫出的集句詩才能如出一手，〔註107〕「集
句詩的每個句子雖不是自出機杼，但當它們合為而一時，卻是出於自心（作

〔註107〕明徐師曾：《文體明辨》（臺北長安出版社，民國 67 年 12 月），頁 110。「按
集句詩者，雜集古句以成詩也。自晉以來有之，至宋王安石尤長於此。蓋必
博學強識，融會貫通，如出一手，然後為工。」

者獨特的構思），因而詩成後，作品的現實感並未完全沈沒在古人的詩句中。」
〔註108〕所以，好的集句詩，也能抒情言志，也具藝術的價值。

集句詩集句的方式，有集幾個人的詩句爲一首的，有專集一個人的詩句的；集句之外，也有集字成詩的，如蘇軾就有〈集歸去來〉詩十首。許南英對這些不同的方式都有所嘗試，以下就分成三類來論述許南英的集句詩。

（一）集不同詩人詩句的

〈四時宮怨〉四首七絕，每一首各採用四位詩人的詩句援聯而成，是許南英早年的作品：

> 寂寂花時閉院門（朱慶餘），空留鶯語到黃昏（段成式）。
> 蓬萊闕下長相憶（宋之問），夢寐荒唐亦感恩（黃任）。
>
> 庭院沈沈晝漏長（張尚禮），輕陰樹底咽啼鶯（謝宗可）。
> 樓臺深鎖無人到（許渾），惟有葵花向日傾（司馬光）。
>
> 古槐永巷暮蟬愁（張籍），一葉相飛已報秋（陸游）。
> 莫上翠樓憑几望（鄭所南），當時七夕笑牽牛（李商隱）。
>
> 雲樹深深碧殿寒（杜荀鶴），金爐香爐漏聲殘（王安石）。
> 薰籠玉枕無顏色（王昌齡），常恐君王不忍看（張謂）。

這一組詩以春、夏、秋、冬四個季節爲線索連貫成一整體，抒寫宮中人的孤單寂寥之情，每一首又都能扣住不同季節的特徵，這樣的集句詩已脫離原作的面貌，而呈現出許南英的巧妙構思。

（二）專集某一詩人詩句的

光緒二十八年，許南英爲徐聞縣令，他「別賃東偏道觀爲兒輩讀書舍，以石搨蘇文忠遺像懸於齋中」，家庭教師徐展雲集蘇軾詩句爲聯，懸於畫像之旁，景仰蘇軾的許南英亦趁簿書餘暇，集了蘇軾詩句成三首七絕，引錄於下：

〈題蘇文忠遺像〉

> 出處依稀似樂天，逢山未免更流連。
> 崎嶇世味嘗應遍，鶴骨龍姿尚宛然。
>
> 吳越溪山興未窮，白鬚蕭散滿霜風；

〔註108〕古清遠：《詩歌分類學》，頁392。

芒鞋竹杖自輕軟，春在先生杖履中。

一簪華髮岸綸巾，雲海相望寄此身。

夢裡如曾遷海外，不辭長作嶺南人。

　　許南英集蘇軾詩句成詩來題詠蘇軾本人，一方面表達出他對蘇軾無限景仰之意，一方面則是藉此勉勵自己學習蘇軾曠達瀟灑的精神。宋哲宗紹聖元年（1094），蘇軾謫官至廣東惠州，紹聖四年再謫瓊州，自此，蘇軾行跡遍嶺南。許南英自投供史部降換廣東即用知縣開始，就在廣東省南部各處奔波，行跡所到，有時就是蘇軾經行處，這時，本就欽仰蘇軾的許南英，心中更添追思緬懷之情。而「蘇軾在長期貶謫生活中，遍嘗孤獨、窘困、淒苦等種種況味，卻又能保持對生活、對美好事物的信心和追求，堅持對自我價值的肯定」〔註109〕的人生態度，對「此生久已如旋磨，未死何堪更轉輪」的許南英來說，是具有激勵提升作用的。

（三）集字詩

　　民國五年，許南英第二次回臺期間，與南社社友雅集聯吟，寫了〈南社小集，集歸去來辭字成五律一首〉：

南園容嘯傲，丘壑復情怡；

翳木將風引，清泉與子期。

息壤觴盡候，返路酒微時；

荒徑尋來往，歸休樂自知。

　　這首五律寫得悠閒恬淡，雖是集字詩，卻也能抒發許南英的情志。

　　裴普賢《集句詩研究》云：「所謂集句詩是完全採集前人的詩句或文句，以另行組合成一詩的作品，不許有任何一句自創之作摻雜其中，甚至更動前人句子一字，也不被容許。」〔註110〕許南英的集句詩大都符合這個準則，但在〈題蘇文忠遺像〉這組集句詩中，有變動了原詩的情形，如：「白鬚蕭散滿霜風」一句，蘇軾原詩是「白頭蕭散滿霜風」；「夢裡如曾遷海外」一句，蘇軾原詩作「夢裡似曾遷海外」；「不辭長作嶺南人」一句，蘇軾原詩作「不妨長作嶺南人」，〔註111〕這些更動對於詩意都無太大影響，不知是許南英有意為

〔註109〕王水照：〈「蘇門」諸公貶謫心態的縮影〉（《蘇軾論稿》，萬卷樓出版社，民國83年12月），頁130。

〔註110〕見是書頁1，臺北臺灣書局，民國64年11月。

〔註111〕「白頭蕭散滿霜風」句，出自〈儋耳〉之四；「夢裡似曾遷海外」一句，出自

之？抑是記錯了詩句？

二、擬代詩

擬代詩、代言詩在創作時，都必須依據一既有的「文本」，這是它們的共通性；細較起來，擬作是仿前人作品，無論是情意內涵或形式技巧，均須步武原作，而代言則是以「設身處地」、「感同身受」的方式代人立言，又各有特色。〔註112〕

（一）擬代詩

漢代開始，文人就有擬古之作，這種風氣至魏晉時大盛，《文選》一書中就有「雜擬」一目。詩人或欲以前人佳作為學習典範、或思與前人一較高下，〔註113〕因而有擬古之舉，創作時，「不必是抒自我之情，而常以擬似所效之人之意為慣例。」〔註114〕許南英〈塞上曲〉：「大纛朔風飄，將軍殺氣驕；縱鞭驅怒馬，奪取玉龍標。」以及〈征婦詞〉：「樓臺三尺雪，關塞萬程遠；苦戰寒如此，邊衣接得無？」兩作，就是擬古之作，前者掌握住將軍一夫當關的勇猛神態，後者則以此地、彼地對照，藉征婦寫出征戰之苦。這些雖非許南英自身經驗，卻也寫得自然生動。下面再舉〈聞砧〉為例：

> 誰家少婦意何哀，浣盡征衣坐水隈。
>
> 擣碎秋心千萬轉，一聲聲自月中來！

許南英將擣衣聲中所傳達的少婦之哀與那遍灑大地的月光兩個意象相疊，把少婦的哀傷寫得無處不在，也無窮無涯。這樣的擬古之作，可看出許南英確實對前人描寫「負戈外戍，殺氣雄邊，塞客衣單，孀閨淚盡」〔註115〕的作品下過工夫揣摩學習。

漢徐幹寫有一首樂府詩「自君之出矣」，歷來擬作的詩家很多，許南英〈擬唐人「自君之出矣」〉：「自君之出矣，不復理殘妝。思君如紡線，一轉一

〔註112〕〈過嶺寄子由〉之一：「不妨長作嶺南人」一句，出自〈惠州〉。見蘇軾：《蘇東坡全集》（臺北河洛圖書出版社，民國 64 年），頁 56、45、55。

〔註112〕梅家玲：〈論謝靈運〈擬魏太子鄴中集詩八首并序〉的美學特質〉（《臺大中文學報》，第 7 期，民國 84 年 4 月），頁 155。梅先生對於「文本」的界定是：不僅以既存的書寫品形態出現的、特定的「原作」，同時也涵括由相關的詩文、史傳資料所彙整出來的詮釋模式。

〔註113〕王瑤：《中古文學史論》，臺北長安出版社，民國 71 年，頁 110。

〔註114〕龔鵬程：〈論李商隱的櫻桃詩〉（《書目季刊》，第 22 卷第 1 期），頁 33。

〔註115〕鍾嶸：《詩品》序（臺灣開明書店，民國 67 年），頁 5。

抽長。」即是擬此「自君之出矣」樂府詩之形式、意涵而作的。就許南英詩來看，詩意連貫，情致綿密，自成一整體，一點也不牽強生澀，這是「以古人之興象，寫自己之事情」〔註116〕的擬古詩。

　　許南英又有三組以遊仙為題材的擬作詩：〈海漫漫〉、〈擬小遊仙〉、〈重擬小遊仙四首〉。遊仙詩所以產生，乃詩人為求暫解現世牢愁以及為求得永世長生，而創造出一個超越現實的世界。但是，許南英於光緒十五年所寫的〈海漫漫〉，卻是藉遊仙題材來反遊仙：

> 海漫漫，誰是求仙海外還？浪說蓬萊金玉闕，虛無縹渺誑人間！有
> 人鼓浪衝波去，秋水連天不遇仙。仙在人間人不見，升天入地求之
> 遍。徐福樓船東復東，一去東洋不復轉。海漫漫，空無際；那有仙
> 舟海島繫？辨石已無嚴君平，好奇偏笑秦皇帝。崆峒山頭拜廣成，
> 伊古帝堯聞真諦：必靜必清毋勞神，便是神仙長生計。吁嗟乎，半
> 生名利客，一夢入邯鄲。縱有神仙傳妙語，世人枉自鍊金丹！

　　詩一開始就詰責求仙之虛幻，接著更直接地說方士以神仙世界欺騙世人，若仍堅持神仙世界的追求，終要跌落空無縹渺的虛無之中；許南英反對追求虛無的神仙世界，但對人想要求長壽的欲求，則提供了他個人的養生方法：「必靜必清毋勞神」。這詩顯現出許南英的務實精神。

　　許南英首次回臺，與南社社友讌飲，在酒酣耳熱、歡喜暢快之下，寫了〈擬小遊仙〉八首。在這組詩裡，許南英以眾仙讌飲的歡暢比擬自己與詩友在盛宴中的快樂，真實世界與瑰麗仙氣相互疊現，使原本就歡愉暢快的宴會，更增添了超越現實的夢幻色彩。以下引錄其中三首：

> 群仙高會在蓬瀛，我亦仙班舊有名。
> 神女宓妃相顧語，癡仙祇認許飛瓊。
>
> 聽罷霓裳醉廣寒，青天碧海夜漫漫。
> 嫦娥果有真靈藥，乞與人間返少丹。
>
> 忘情未到忘情天，究是凡夫不是仙，
> 縱不著魔應自笑，此情種在廿年前。

　　這組詩固然瀰漫著神仙氣氛，但許南英依然理智，對神仙世界抱著清醒

〔註116〕洪棄生：《寄鶴齋詩話》卷二（南投臺灣省文獻委員會，民國82年5月），頁
　　　　36。「擬古詠懷之詩，太渾則落空腔，不渾則墜言筌，斟酌二者之間，自無其
　　　　蔽，以古人之興象，寫自己之事情，則真詩出矣。」

的態度，這和他在〈海漫漫〉詩中所呈現的基本精神是一致的。〔註117〕

〈擬小遊仙〉深受詩友的欣賞，所以，民國五年第二次回臺時，許南英又作〈重擬小遊仙四首〉。這組詩的內容著重於歌妓舞女容態與男情女愛的描述，文字露骨，意涵缺乏蘊藉，是唐代世俗化了的遊仙詩風格的表現。〔註118〕

（二）代言詩

〈老妓〉

　　當初悔不嫁商人，斷送鶯花幾度春？

　　記曲剩餘紅豆冷，登樓羞見綠楊新。

　　絕無樂府留前輩，那有空房寄此身！

　　夜靜忽聽兒女語，淚痕如水月如銀。

〈病起〉

　　瘦盡腰圍懶畫眉，薰籠斜倚自支頤。

　　憨癡故意驕慈母，困倦無因泥侍兒。

　　粉印分明留角枕，花枝搖曳拂羅幃。

　　阿儂別有傷心事，不是人間藥可醫！

上面所列二詩，是許南英以年華不再的老妓，以及為相思所苦的少女為題材而作的代言詩，委婉曲折，寫盡其中之幽情。這種代人言志的作品，許南英還寫了不少，在這些作品裡，許南英發揮想像摩擬的工夫，代替這些特定對像傾訴幽微心事，如〈閨怨〉：「良人情亦好，歸計約年年。豈是郎無信？偏生妾薄緣！寒衣深慰貼，明鏡惜嬋娟；偶作刀環夢，還疑未必然。」又如〈閨怨（南樓令）〉：「冰簟冷銀床，殘燈暗不光；秋宵祇為一人長。十二欄干都倚遍，心忐忑，怯空房。明月照流黃，清宵淚數行；酷相思，滋味偏嘗。

〔註117〕施懿琳：〈日據時期臺灣古典詩的抗議精神與比興諷喻傳統〉（中國古典文學研究會編：《古典文學第十二集》，臺北臺灣學生書局，民國81年10月），頁267。「日據時期的遊仙詩的創作基調是『遁世思想』，同時，詩人也藉著天上、人間的對比，揭露自己所處環境的困頓與污濁，以傳達對日本當局的抗議與不滿。」但是，許南英的遊仙詩所表達的思想，卻因為他務實的個性而呈現出理智、實際的特色，和施先生所言絕不相同。割臺之後許南英內渡，依此情形來說，他不屬於日據時期的詩人，不過，他的遊仙作品有些是回臺時寫作的，所以做此一比較。

〔註118〕李豐楙：「憂與遊──從巫到道及其世俗化的遊仙主題」，（《中國文學史暨文學批評學術研討會論文集》，政大中國文學系編印，民國85年12月），頁16。

記曲欲拈紅豆子，懶搜索，紫羅囊！」

代言詩作所記述的非許南英所經歷的事，所抒發的非許南英內心之情感，而是代替他人抒情言志，是由文字所構築出來的獨立世界，和作者許南英的生平遭遇無關。許南英的代言詩題材較爲偏狹，多爲閨中怨情，但是從這些作品，我們除了可以賞玩許南英創作的構思及文辭之美，也可以看出許南英心思細膩，頗能爲人設身處地，體貼當事者的心情。

至於〈題達摩山詩草（代）〉、〈題蟬窟主人詩卷（代）〉、〈題許質珊墨蘭（代友人作）〉等作品，是許南英在友朋的請託之下替人捉刀的代言詩，或是題書，或是題畫，在情意的抒發上沒有上述作品切合深刻。

三、竹枝詞

唐劉禹錫貶官建平時，聞里中兒聯歌竹枝，「聆其音，中黃鐘之羽，卒章激訐如吳聲，雖儱傱不可分，而含思宛轉，有淇澳之豔音。」〔註119〕因而改寫作竹枝詞九篇，自此之後，後代詩人競相寫作竹枝詞。竹枝特色在於諷詠風土，具濃厚的地方色彩，語言質樸俚俗才是本色。

許南英吟詠風土的作品，有直接冠上「竹枝詞」爲題的，如〈臺灣竹枝詞〉、〈新嘉坡竹枝詞〉；也有未以「竹枝詞」爲題的，如〈曼谷（暹羅都城）〉、〈番社防匪偶成〉，不過其內容確實都是爲采風而記，故應都視爲竹枝詞。

許南英〈臺灣竹枝詞〉十首，概括了臺灣一年裡的節日及其相關活動，「寫得生動、幽默，充滿了生活氣息和地方特色。」〔註120〕選錄其中三首於下：

　　盂蘭大會最聞名，雞鴨豚魚飯菜羹。

　　一棒鑼聲初入耳，有人奮勇上孤棚。

　　佳期屈指到秋中，月餅團圓百印紅。

　　兒女鳩錢買瓜果，七層塔子火玲瓏。

　　冬至家家作粉彈，兒童不睡到更闌。

　　巧將糯米爲龍鳳，明日鄰家共借看。

〈新嘉坡竹枝詞〉是許南英浪遊異國時的作品，內容則專寫新嘉坡當地

〔註119〕劉禹錫：〈新竹枝詞九章〉序（《全唐詩》卷三百六十五）。

〔註120〕趙沛霖：〈清末臺灣愛國詩人——許南英〉（周俟松、杜汝燊合編：《許地山研究集》，南京大學出版社，1985年），頁26。

勾欄豔事：

傍晚齊輝萬點燈，牛車水裡鬧奔騰（牛車水，地名；多娼寮）。

笙歌一派聞天樂，人在高樓第幾層？

觴詠樓頭泛綵觴（觴詠樓，酒館名），團花簇錦繞珠娘；

夜光杯盡蘭池酒，白牡丹花變澹紅（白牡丹，妓名）。

同期作品中的〈曼谷（暹羅都城）〉，以淺白、俚俗的文字吟詠當地的土俗瑣事，頗具異國風情：

暹江江水遠連天，江畔家家繫渡船；

泛宅浮家成海市，夜潮來往枕函邊。

乘涼隱坐小輪舟，鼓浪隨波愛晚遊；

見慣中華難見物，美人雙乳野僧頭。

光緒二十一年，臺南劉烏河趁機作亂，許南英領兵平亂，亂平後寫〈番社防匪偶成〉組詩六首，對於山地風光以及當地居民的生活情形有極為仔細深刻的描寫，足以為編寫方志之參考，引錄兩首於下：

深林日出曉煙消，過一重溪是菜寮；

拔馬錫猴番社路，檳榔樹下綠芭蕉。

烏山頂上有人家，少婦茅簷擘苧麻；

黑齒紅唇蟬鬢整，滿頭亂插瑞香花。

民國二年所寫的〈下鄉止鬥偶成〉組詩九首，則將福建省龍溪縣好鬥的民風留下一份記錄，引錄兩首於下：

平疇禾稼已雲黃，一歲收餘兩歲糧。

不為稻粱爭飲啄，何緣私鬥蔓南鄉？

一命千金價不多，忍將性命等鴻毛！

人亡財盡兵來擾，如受心胸剜一刀。

許南英的竹枝詞多為組詩型態，少則二首，如〈廖內〉，多則至十數首，如〈臺灣竹枝詞〉十首、〈三水雜詩〉十四首；各章之間或依時間順序連繫，如〈臺灣竹枝詞〉，或各自獨立，雜詠各項瑣事，如〈三水雜詩〉。在內容題材方面，除〈新嘉坡竹枝詞〉寫勾欄豔事之外，其餘都是深富地方特色的采風記載，如各地的山川、草木、農作、氣候，或當地的風俗民情、節日慶典，以至於婦女的穿著打扮，許南英都能掌握住特色，並做週詳的記述，這些作

品深具采風價值。

四、題寫詩

這裡所論的題寫詩，包括畫梅題贈詩、題畫詩、題書詩，以及其他題寫詩。這一類詩作特色是：在創作時，內容必須緊緊扣住所題寫的對象，並能在創作中抒發情感或藉以闡述議論；即在詩歌抒情言志的作用之外，還具有生活的實用性質。題贈詩和某些題書詩具有酬酢的性質，本應歸類於酬贈類，但因這一類詩是許南英先行染墨作畫，再題詩其上贈人，或者因友人著書而題贈，和圖畫、書籍有一定程度的關連，故將之歸類於此。

（一）畫梅題贈詩

許南英深喜梅花，他除了在「窺園」栽種梅樹，並常在詩作中以梅自況，他嘗自言：「斜風料峭到冬初，愛種梅花手自鋤。」也曾說過：「我寫梅花花寫我，可知俱是冷中人。」許南英與梅花的種種，可參閱本論文第六章第一節。除此之外，許南英也「特愛畫梅，所畫墨梅清絕不俗，並時有佳妙之構圖。」〔註121〕因此，常有友朋向他索求畫梅圖；許南英不負所求，畫梅之外，又常於圖上題詩；有時是許南英自行畫梅贈人，畫上也有題詩。這裡討論的，就是在這種情況所寫下的詩作。

這一類型的詩，許南英常以〈題畫梅，贈……〉或〈為……畫梅（並題）〉為詩題，有時則在詩題中交代畫梅題詩的原因，如：〈林佑軒同年索畫，時在臺將有續絃之喜〉、〈邱仙根為余錄其近作於扇，寫梅報之〉、〈陳子承司馬囑題梅花圖，為其節母鄭太宜人寫照〉等，不管是那一種題型，總在詩題中就點清楚：詩是題寫在畫上的。

許南英所以畫梅題詩贈人，有時是單純的題贈，如：〈為姜芝眉太史寫梅〉：「來訪孤山處士家，枝南枝北玉無瑕；稜層老榦饒香韻，冠絕江城是此花。」〈題梅花贈趙雄叔〉：「新涼一院亂秋蟲，墨汁初濃燭影紅；乘興偶為梅寫照，夢中驚起趙師雄。」再如：〈為張介安同年畫梅〉之二：「點額曾聞作內妝，媵詩嫁與畫眉張；春風祝汝多生子，用汝調羹白玉堂。」在這樣的畫圖題贈詩中，許南英大都能緊扣「梅花」與「受贈者」兩個主題寫作，彰顯出畫梅題贈的特點。

〔註121〕何政廣主編：《清代台南府城書畫展覽專集》（台南觀光年推行委員會印行，民國 65 年），頁 126。

　　許南英所以畫梅題詩贈人，有時是在離別之際，如：〈畫梅，題贈彭笛洲通守（時在陽江，將瓜代回三水本任）〉：「栖遲薄宦寄浮生，我亦將行且送行。寄取梅花三疊曲，午年午月在江城。」又如：〈臨別寫墨梅贈黃茂笙〉：「迢迢秋影雁行斜，鎮日薰鑪興忽賒。南社異時思冷宦，參橫斗轉對梅花。」在這些詩裡，除原有的「梅花」與「受贈者」兩個主題之外，許南英又抒發了自己的離別之情。

　　有時，許南英藉著畫梅題贈詩來勉勵友朋，如：〈畫梅，題贈彭季軒貳尹〉：「小官非齷齪，世竟號顛人。有酒因成醉，無錢肯認貧。放言遭俗忌，隨事見天眞。祝汝如花好，清高不受塵。」有時，許南英藉著畫梅題贈詩來賀喜友朋登榜，如：〈題畫梅，贈汪杏泉（時新登甲榜回籍）〉：「一枝又占故園春，猶是天公雨露仁；剩有延平祠入夢，已無花下詠花人！」有時，許南英藉著畫梅題贈詩來賀喜友朋婚慶，如：〈林佑軒同年索畫，時在臺將有續絃之喜〉：「可憐獨客天涯住，著意看花已二年。聞道南枝好消息，從今不冷落逋仙。」有時，許南英藉著畫梅題贈詩來爲友朋祝壽，如：〈畫梅，題贈鄭君壽（家仁，三水舉人，奉天同知）〉：「合住山隈與水隈，一枝春占百花魁。耐寒莫嘆無知己，鄧尉新從朔漠回。」更有時，許南英藉著畫梅題贈詩來表彰貞節，如：〈陳子承司馬囑題梅花圖爲其節母鄭太宜人寫照〉：「數點梅花傲冰雪，古幹虯枝能屈鐵；斯圖莫作等閒看，原爲斯人表苦節！嗚呼苦節天亦哀，風霜歷盡春陽回；試看梅子非凡品，盡是和羹調鼎才。」

　　除了前面所述的這些內容之外，許南英也會藉著畫梅題贈詩來抒發自己的身世之慨，尤其是光緒二十一年乙未割臺之後幾年間所寫的畫梅題贈詩，更是瀰溢著遺民之悲的呻吟：

〈題畫梅，贈陳岳生（時同在鷺門）〉
　　同是天涯淪落人，那堪重憶故山春！
　　客中況是匆匆別，別後看花亦愴神。

〈爲楊海帆同年作梅花並題〉
　　水邊籬落自橫斜，料得南枝已著花。
　　欲作師雄酣一夢，冷魂歸去已無家！

　　光緒二十八年所寫的〈邱仙根工部付書王伯嵩索畫梅，適余將之任徐聞，倚裝作畫應之，並題此詩〉這首長詩，以「賦」的寫法，敘寫自己不得不踏上仕宦之途的心情，雖然如此，一旦任職，卻又期勉自己「我當盡我心，瘵

苦不敢避。」對於丘逢甲相與砥勵的友情，則深爲感懷：

皇皇依嶺表，終年踽吏事；此鄉寶玉多，獨我憐憔悴。烈士傷暮年，譬如伏櫪驥；山中素心人，時時縈夢寐。門前剝啄聲，客從鮀江至。爲余總角交，因貧出爲吏。豈曰爲時出，丈夫不得志！發篋貽我書，喜見故人字。大筆何淋漓，墨漬家山淚。一紙長相思，窮通見交誼。少時弄柔翰，餘事作遊戲；爲君寫紙帳，梅花伴清睡。滄桑歷劫塵，君亦不忍棄。云是「神呵護」（仙根來書之語），神無此雅致。從古天生才，原爲造物忌；槃槃如故人，久擁皋比位。東野以詩鳴，原非東野意；常欲問彼蒼，如何作位置？我今綰墨綬，遠在徐聞地。海濱民未馴，自昔稱難治；而以襪線才，美錦使一試。恐貽桑梓羞，亦抱衾影愧。我思古君子，愛人以禮義；況君羅萬卷，便便五經笥。治民原有譜，一一煩相示！何以端士習？何以開民智？我當盡我心，瘠苦不敢避。別來已三秋，聚會良不易；臨行作此圖，望風遙相寄。不改歲寒心，論交還有幾？

當受贈者收到上有題詩，而且構圖佳妙、風格清絕的墨梅圖時，賞玩之餘，一定是妥善收藏，就如上面引詩中所述，丘逢甲珍藏著許南英年輕時題贈的畫梅圖一樣。在《清代台南府城書畫展覽專集》、《府城文物特展目錄》〔註 122〕二書中，列錄幾幅許南英的畫梅圖及書法作品，雖不是眞跡，但可一窺其書畫風格。

從以上的分析，我們可以看到許南英靈活巧妙的把畫梅題贈詩運用在生活之中，或者以之來酬贈、送別、勉友、賀喜、祝壽、表彰貞節，或者藉以抒發自己的身世感慨，題材的範圍寬廣，表現得多彩多姿，除了詩的抒發情志功用之外，也發揮了詩的實用價值。在這些詩作中，各式的詩體都有，或是短小精鍊的五、七絕句，或是對稱均衡的律詩，也有寫成洋洋灑灑的六十句五言古詩；這樣多元化的創作嘗試，可以證明許南英創作能力及其創作企圖心的強旺。

（二）題畫詩

題畫詩，是以圖畫爲詩作主題，或是詠畫，或是藉畫以敘事、抒情、議論而寫作出來的詩。清沈德潛《說詩晬語》云：「唐以前未見題畫詩，開此體

〔註 122〕國立歷史博物館編輯委員編輯：《府城文物特展圖錄》（臺北國立歷史博物館，民國 84 年）。

者老杜也。」〔註123〕不過，衣若芬以爲：「張九齡、李白等人均有題畫詩，不必自杜甫始。」〔註124〕但是，杜甫的題畫詩能不粘著於畫，更進而抒情或議論，開擴了題畫詩作的境界，則是各方都肯定讚譽的。

　　這裡論述的題畫詩，和前一項所論的許南英自畫自題的畫梅題贈詩不同，這些題畫詩所提及的畫作，並非許南英的作品。在這些題畫詩詞作品中，有著重於讚詠畫作本身的，也有藉畫而抒情、敘事、議論的作品，以下即按這樣的分類來論述許南英的題畫作品。

　〈題畫（「滿江紅」）〉

　　蓼岸蘋汀，綠水外，數間茅屋。斜陽小，茫茫暮靄，亂山古木。似是耕煙得意筆，又疑米老愜心作。想化工，筆墨已雲煙，巧生熟。　　筆未到，神已足；眞墨寶，出書麓。披圖遊遍了，胸中丘壑。妙手荊關今已杳，三王以後無人續。信平生，品畫眼無花，眞奇福！

　　在將畫作內容做了一番視覺意象的描繪之後，許南英遍舉山水名家爲烘襯，極力稱頌畫作意象的美妙，並認爲能有機會看到此畫，是一生難得奇福。這闋詞著重於對畫作的稱詠，完全粘著於圖畫寫作的。

　〈題眉生二公子摩耶看雪圖（「洞仙歌」）〉

　　冰天雪海，看天公遊戲，玉屑瓊瑤寒山寺。萬重山一片，寒影茫茫；花六出，點綴冬山如睡。　　有人攜笠屐，小立東風，試問山梅著花未？迴望舊家園，煮酒圍爐，高堂健，言歡度歲。憑雪印鴻泥寄阿兄，共領略摩耶，琉璃世界。

　　這一闋詞的開端也是先描繪畫作的內容，摩寫出畫中皚皚天地的寧靜、雅潔及悠然；下闋首句「有人攜笠屐」中的「人」，是畫中人物，卻又是現實世界裡的人，我們無法確知這個人是林眉生亦是許南英自己，但許南英已成功地把畫中世界與實在的世界融成一片；接著，抒發看畫之後因雪憶梅、因梅憶舊家園，而欲與人分享美的經驗的溫馨感情；最後兩句：「共領略摩耶，琉璃世界」一方面和上闋做了呼應，一方面將畫中世界與眞實世界的人再一次連繫。這是詠畫之外又藉畫以抒情的作品。

〔註123〕丁福保編：《清詩話》，頁551。
〔註124〕衣若芬：《鄭板橋題畫文學研究》（臺北臺灣大學中研所碩士論文，民國79年），頁19。

〈題友人秋江泛棹行樂圖〉之一

　　秋江又漲水三篙，自在中流發浩歌；

　　誰識黑風天外立，重洋萬里起洪波（時天津與各國開釁）！

　　這首詩前兩句是依畫內容而寫的，緊扣住畫作主題「秋江泛棹」「行樂」的圖象及氣氛；後二句話峰一轉，談到當時國家緊張的局勢，也表達出對家國的關心。這兩組詩句呈顯的氣氛一鬆一緊、一樂一憂，而以高漲的秋水為勾環，在前組詩句中指畫中的秋水，在後組詩句中借喻為國際風波，前後詩意因而銜接成一體。這樣的題畫詩是在詠畫之外又扣連時事作發揮，可說是藉畫來敘事的題畫詩。下面引述作於光緒二十二年的〈題雲龍圖〉二首，這組詩也是藉詠畫來談時事的，但抒情意味較濃：

　　神龍天表露端倪，億萬蒼生望眼迷；

　　盡道風雲際會隆，掃清東海惡鯨鯢。

　　誰知首見尾終藏，蛟蜃依然肆猰㺄；

　　再不飛騰神變化，海氛何止兩重洋！

　　光緒二十一年，許南英為保鄉衛民而加入臺灣民主國抗日的行動，雖然此番義舉失敗，臺灣終於為日人侵佔，許南英也匆匆逃離故鄉，但在許南英內心對家山的收復仍抱著深切的期待，在這組〈題雲龍圖〉詩中許南英就明白而直接地宣告自己的心願：「希望有鄭成功這樣的民族英雄出現，趕走日本侵略者，收復淪喪的國土。」〔註125〕

　　〈題朱翁子負薪讀書圖（「百字令」）〉這一闋詞，則是藉畫來議論人物的作品：

　　伯鸞德耀，看齊眉舉案，夫妻和煦。誰識買臣翁子苦，負耒橫經
　　如故？挾卷三餘、負薪一束，日日行吾素。中年當信，蒼蒼不予
　　誤！　　可嘆十載糟糠，姬姜憔悴，竟下堂求去！轉瞬會稽官太守，
　　不是單寒窮措。世外浮雲、門前覆水，此錯伊誰鑄？一坏黃土，至
　　今尚留羞墓！

　　詞中，「誰識買臣翁子苦，負耒橫經如故？挾卷三餘、負薪一束，日日行吾素。」幾句是就畫題寫，但其實只是這首藉畫議論詩的引子，詩的真正主題，是評論朱買臣之妻不能與夫共患難而遺羞後世一事。許南英以梁鴻、孟

〔註125〕包恆新等著：〈臺灣愛國詩人許南英及其創作〉（《福建論壇》，第 2 期，1982年），頁 98。

光夫妻相敬相親、同心一意故實，來映襯朱妻不能體諒其夫之苦、不能與夫共苦、而又下堂求去之錯，在這一層層詰責中，評議的要旨清楚明晰；而「此錯伊誰鑄？」一問，又說明了許南英對世事無常的感喟及對朱妻的同情，但朱妻因一念之差而留羞後世已是無可改變的事實。

（三）題書詩

題書詩是題寫於書籍之上的詩。許南英的題書詩，大都是應友朋之邀，爲其所著書題寫，只有二首是題古人書籍的。題書詩既是因書而創作的，詩作內容必得和所題書籍相應，這一點和題畫詩因畫創詩而緊扣畫作發揮的特色是相似的。許南英寫作題書詩時能掌握此一原則，而又能就此再開展延伸，不受局限，因此，在內容材料上顯得豐富變化，多姿多彩。

在〈題螺山先生詩集〉的序言中，許南英說明爲《螺山先生詩集》題詩的原因，而後題詩云：

> 我生在海島，樸野不知詩；偶得性靈語，時或一爲之。惜無素心人，晨夕相切劘；譬之我視我，不自判妍媸。鯨鯢東海來，鼓浪臺、澎涯，劫灰滿天地，身外靡孑遺。詩稿付兵燹，免爲識者嗤。自從來粵嶠，無復有詩脾。昔年領鼉江，理亂如治絲。鼉江雙魚城，舊有人分治。嘗問諸父老，望治多謳思；謳思黃先生，歸去漳江湄。縷述先生政，雙魚有口碑。山衙臨大海，金石潤英詞。嗚呼鄉先達，令我溯禊期。今日讀遺編，大雅適在茲！溫柔敦厚旨，正始有遺規。不知讓臣老，乃是先生兒。琅函忽吐秘，珠玉光陸離：但願寶手澤，不願求人知。

詩從自身遭遇講起，再藉自己與書籍作者都曾在陽江任職做橋梁，轉而談到作者，再進一步稱頌作者的著作。這樣的寫法，迂迴曲折，盤纏轉繞，就題書的目的來看，這首詩顯得漫汗，欠缺精鍊緊要，但提供我們相關的「史」的資料訊息，具有「史」的價值在。

〈讀施澐舫山長詩草，恭擬題詞〉

> 吾師福慧本雙清，弱冠馳驅遊帝京：珥筆射策宴春明，秘省聯班榮復榮。沖霄健翮如飛鵬，直上青雲萬里程。小臣自許答昇平，老母承歡有長兄。忽聞斷雁心忡忡，予季行役悵孤惸。或出或處兩念縈，況有倚閭望歸旌。挂冠買棹回東瀛，閉門不與世逢迎。人中佼佼鐵中錚，實之大者聲自宏。當軸聞名耳爲傾，皋比講學舊家聲；

海東桃李門墻盈（尊甫星階先生，前亦主講海東書院），吾師應聘爲文衡。造士栽樸詠菁菁，十餘年來叶士評。風流道學兩齊名，人擬漢代鄭康成。我必是天上奎精，乃與東坡同日生。所以餘事假詩鳴，偶得佳句錦囊盛。手自編訂未梓行，先將稿本示南英。騷壇一隊勁敵兵，何止五言策長城！雄渾勁健春雷轟，纖穠綺麗語流鶯；猶如古俠一劍橫，猶如兒女對吹笙。窺園寒月漏三更，高吟時復別殘檠；陸離光怪眩目睛，窗外知有鬼神驚！

這首詩的前三分之二是敘寫書籍作者的生平，後面的三分之一才談及著作，以及自己的閱讀感受。作者的介紹當然有助於對書籍的稱揚，但在量的比例上似乎喧賓奪主了。不過，所記述的施士洁生平事蹟，是方志之外的補充參考，也是具有「史」的價值。他評論施澐舫的作品風格是「雄渾勁健春雷轟，纖穠綺麗語流鶯；猶如古俠一劍橫，猶如兒女對吹笙。」對後人研究施士洁的作品，指出一個鑑賞的方向。

在〈紅樓夢題詞〉一詩中，許南英寫出自己讀《紅樓夢》的心得感觸，這是和前面兩詩不同題材的作品：

村言假語破情關，無奈空山石太頑。
世事本無惟道釋，家聲半壞在釵環。
從知紈袴輕偎子，盡在衣冠世祿班。
寄語觀書觀大略，先將綺障力除刪！

許南英有時藉著爲友朋的著作題詞時，抒發了自己的情志、感慨，這是他另一類題材的題書詩。下面引述三首詩作：

〈王少濤囑題曾經滄海圖畫冊〉

羨君滄海幾曾經，我亦東溟又北溟。
四顧茫茫無彼岸，寄身人海一浮萍！

〈題胡君湘筆記〉兩首

天壤偏生此逸才，搜羅古往與今來。
就中不盡滄桑感，不是文章是劫灰！

弱冠曾誇讀五車，五車縱讀竟何如？
秀才利市成陳跡，一肚牢愁且著書。

這三首詩寫於民國二年，因爲作者書籍內容的引發，許南英慨嘆身爲遺民的悲哀，以及書生無用的憤慨。而在〈鷺門燈謎合刻題詞〉之一中所表達

的，則是歷盡滄桑之後的曠達與虛空：

> 年來事事冷於冰，趺坐詩龕一定僧。
>
> 文字語言齊解脫，木樨香裡證傳燈。

民國六年，林景仁出版《摩達山漫草》詩集，許南英除了代人捉刀題詞之外，自己還爲這位忘年之交的著作題寫了兩首詩及一闋詞，頗引人注意，不過，這三首作品都著重於稱讚頌揚，不再引述。

在這些題書詩裡，我們看到許南英或是敘述作者事蹟，或是讚揚作品，或是寫出閱讀的心得，或是抒發自己的情志，隨手拈來，都是他寫題書詩的題材，在內容的選取上是活潑多變的；一部分題詞中記載的人物事蹟，可做爲方志的補充資料，這是許南英題書詩的另一價值。

第七章　許南英作品的藝術特色

第一節　總　說

　　張秉戌、張哲庵兩人在《清詩鑒賞辭典・前言》中歸納出清代詩歌的三個特色：一、鮮明的時代特色：清詩是一面時代的鏡子，是一幅政治風雲變幻的畫圖。二、廣闊的創作題材：凡社會國家所發生的一切，都是創作題材。三、形式的多彩多姿：形式自由活潑，不拘一格；語言散文化、口語化。〔註1〕

　　施懿琳在《清代臺灣詩所反映的漢人社會》第四章〈清代臺灣詩的價值評估〉裡述及清代臺灣詩的特色：

> 清代臺灣詩在特殊的歷史境遇下，不由自主地走上「徵實紀事」的寫作方向。由於詩作的平直質樸，使得臺灣詩難以達到立意高邁，筆調空靈，構思新巧的藝術境界。但是，它在鋪陳時事，描述現實，批評朝政時，卻表現了深沈的時代關懷、強烈的愛國意識、犀利的批判眼光，並能把握準確的形象，生動詳盡地加以描繪。將具有高度形式化，講究平仄、對偶、格律的詩歌藝術與重真實、講理性的史事記載，透過「詩題、序文、夾註、組詩」等方式，巧妙結合起來。使清代臺灣詩不僅表現了傳統律絕精鍊縝密的藝術魅力，更能藉著上述四種補救的方式，在詩作中或濃或淡地顯示

〔註1〕　見張秉戌、張哲庵主編：《清詩鑒賞辭典・前言》（重慶出版社出版，1992年12月），頁5。

了歷史事件的影像，更進一步積極地達到「上念國君危，下憂黎
民病，中間痛身世，慷慨傷蹉跎。」（康有爲詩）憂時感世的莊嚴
使命。

因故鄉遭劫，許南英在中年時轉徙流離到大陸，後來又落籍福建，情況
是很特殊，不過，他大半的詩作都和臺灣有關，說他是清末臺灣詩人應是沒
有問題的。那麼，他的創作受到時代環境及文學風潮的影響有多少呢？

林景仁在《窺園留草・序》一文中說：

其爲詩也，榮光望氣、火珠驗經，鏡乎萬殊，約之至精。惟其博，
挽歌、野諺古蕩今肆，好好笑笑，頭銜自署。惟其達，冰壺貯月、
玉盤聚露，八垓清氣，累劫不涸。惟其潔，伯麟題壁、司馬指山，
偶作激語，亦有微言。惟其諷，結念悽心、作泥化石、婆鶯啼紅、
病鶴唳碧。又惟其怨，於是條發蕤播，微咀商含，麗南朝之金粉、
雄朔部之山川。吾不知其曷爲而使人仰而可歌、俯也可潛？

林景仁爲許南英忘年知交，這段話對許南英的創作多所稱譽，也指出許
南英的學養及個性對創作的影響及形成「博」、「達」、「潔」、「諷」、「怨」的
特色。他最後說「吾不知其曷爲而使人仰而可歌、俯也可潛」？其實這是明
白可見的。許南英在創作時，無論其內容是憂心家國社會、或關懷人民疾苦、
或敦勉讚美友朋、或督促課責兒女，或嘆己身遭逢、或抒己心感情，……無
一不是本諸其赤誠眞摯的心意，正因爲惟其「眞」，所以無論是激語、微言、
諷諭或怨辭，都感人入深；尤其重要的，許南英的創作與時代的脈博密切相
連，他對家國人民的大愛，使他的作品煥發出人道精神的神采，這種仁愛敦
厚的詩風是令讀者「仰而歌，俯而潛」的原因。

汪春源在《窺園留草・序》文中則提到許南英詩的語言藝術特色：「君詩
不事塗飾，栩栩然自鏡其元象。」

包恆新、黃拔光、莊義仁合撰的〈臺灣愛國詩人許南英及其創作〉一文
指出許南英詩詞的藝術特色有三：

一、鏡乎萬殊，約乎至精：忠實地繼承我國古典文學的現實主義傳統，
眞實地反映複雜世界的萬千殊象，是許南英詩詞的首要特點。

二、胸之所寓，筆之于詩：許南英的作品以抒情爲主，這些作品不但根
于生活土壤之中，而且傾注著詩人內心眞摯、深沈的情感。

三、不事塗飾，質樸無華：許南英創作不矜才炫學、矯奇立異，他的作

品形式短小，風格質樸，無論是寫人、敘事、表意、抒情，都明白曉暢，閑淡自然。〔註2〕

　　王盛〈一個不應被埋沒的臺灣愛國詩人〉〔註3〕一文分析：許南英的創作方法以傳統的比興手法為主，而尤以比為多，而且比喻確切生動，給讀者提供不少想像餘地。在比法的運用中，許南英尤其喜用借古事比今事的「託古」方法。至於許南英詩作的語言，是樸素自然、毫無虛飾、趨向通俗的，且用大量新名詞入詩，與黃遵憲倡導的「詩界革命」有不少共同處。

　　趙沛霖在〈清末臺灣愛國詩人——許南英〉〔註4〕一文中說到許南英詩歌的藝術特徵有五：

　　一、具有某些「詩史」的特徵：許南英始終懷有以天地為己任的遠大抱負和追求精神，他的創作視野始終放在國家與民族的前途和命運上，能夠時刻注意並比較準確地抓住每一個歷史時期的迫切的現實問題。

　　二、詩歌藝術風格的發展變化：臺灣割讓之前的作品顯得泛泛浮淺，缺乏內在的力量；割臺之後，詩人對於現實生活的認識和體驗逐漸深化，詩風轉變為深沈凝重，質樸情深，充滿家國滄桑之感。

　　三、善于藝術概括，有力地反映生活的本質。

　　四、善于運用諷刺手法，增強了詩歌的揭露和批判的力量。

　　五、典故運用自如、貼切自然，豐富了詩歌的內容，增強了表達效果。

　　以上的見解，多是正面的評論分析，至於許南英作品的缺點，包恆新等人以為：

　　　　首先，他的作品題材不夠廣泛，對社會各種矛盾的反映，無論是廣
　　　　度還是深度，都有不夠的地方。其次，作品缺乏應有的理想光芒，
　　　　滯悶多于熱情，傷感多于奮發，缺乏引人向上、催人進取的魅力。
　　　　第三，有一些作品寫得比較一般，缺乏感人的藝術力量，而且內容

〔註2〕　包恆新等合撰：〈臺灣愛國詩人許南英及其創作〉（《福建論壇》，1982年），頁
　　　　105。文中說到許南英的創作所以能有這些成就有兩個原因：一是許南英是個
　　　　腳踏實地的詩人，他一生做了許多實際工作，對國家和民族的命運異常關切，
　　　　對人民的情況有一定了解。這是他詩詞賴以開花結果的土壤。其二，尊重歷
　　　　史，民族傳統有所繼承，主觀上也力圖創新。
〔註3〕　見周俟松、杜汝淼合編：《許地山研究集》（南京大學出版社，1989年），頁
　　　　34～45。
〔註4〕　同註3，頁21～34。

也趨于雷同。〔註5〕

趙沛霖則認爲許南英如同其他的歷史人物一樣，有其不可避免的局限性，如：在抗日保臺的鬥爭中，他以爲只要有堅定的上層文武官員就可以扭轉局勢，又如：對辛亥革命的態度剛開始時不夠明確。在藝術上，有些詩歌拼湊堆砌，缺乏眞情實感；還有些詩歌在形象上欠完整統一，給人以生硬和割裂之感；運用典故有時生僻和牽強，影響了藝術效果。〔註6〕

李漁叔《三臺詩傳》云：

其詩平穩，甚少變化，蓋才思不超，又中歲困於吏事，不能盡其思，致晚歲乃稍進，然終不逮澐舫者，則才爲之也。……《窺園留草》從光緒十年甲申起至民國六年丁巳止，綜計存詩一千餘首，可謂富矣，然過多，遂以損其風格。詩中或以涉於流便，或以結構未盡工緻，故較少佳作。〔註7〕

筆者在這裡將各家的看法都列錄出來，是爲廣資參考，並非完全同意這些意見。詩詞作品的欣賞本就是見仁見智的事，不必有一定的結論，而許南英的作品是有其缺失問題，如：不少作品的結構章法欠缺完整統一，有時用典顯得牽強生硬等，這也是不必諱言的，但是，許南英作品最大的價值在於：對時代密切反映的詩史意識，以及作品中蘊藉的人道精神。研究或鑑賞許南英的作品時，都不應忽略這一點。

本章要探討許南英作品的藝術特色，分成一、眾體兼備，二、組詩聯詠，三、詩題、序文、附註，四、詩有復句，五、用典技巧，六、詩史精神，六個項目來論析。

第二節　許南英作品的藝術特色（一）

一、眾體兼備

許南英作品的數量不少，若是依據許贊堃的統計，七言律詩共有四百七十五首，七言絕句共三百三十五首，五言律詩有一百三十二首，五言絕句三

〔註5〕 同註2。
〔註6〕 趙沛霖：〈清末臺灣愛國詩人——許南英〉（周俟松、杜汝淼合編：《許地山研究集》，南京大學出版社，1989年），頁34。
〔註7〕 見李漁叔：《三臺詩傳》（臺北學海出版社，民國65年），頁61。

十八首，五言古詩是三十五首，七言古詩則有二十三首，另有其他二首，至於這「其他」的二首詩作是什麼體式，許贊堃並沒有明言，這樣總計起來，許贊堃說共有一千零三十九首；〔註8〕《窺園留草》中還有許南英的詞作五十九闋。許贊堃數算出來的數目是錯誤的。依筆者的統計，各式詩體作品依數量多寡依序排列如下：

（一）七言律詩：四百七十一首

（二）七言絕句：三百三十九首

（三）五言律詩：一百三十八首

（四）五言絕句：三十七首

（五）五言古詩：二十九首

（六）七言古詩：十六首

（七）雜言古詩：五首（分別是〈海漫漫〉、〈猗蘭歎〉、〈南社同人在醉仙樓開歡迎會，酒後放歌〉、〈過木棉庵〉、〈和杜鵑醉歌行原韻〉）

（八）四言古詩：一首（即〈題家漱六司馬玉照〉）

（九）排律：一首（許南英在〈虞美人花〉詩題下附註云：「七言排律二十韻」）

詩作總計共有一千零三十七首。〔註9〕詞作數目是五十九闋。

從上面的統計來看，我們可以發現許南英勇於嘗試創作各式的詩體，其中，近體詩的作品最多，尤其偏重於七言的，七律和七絕和起來共有八百一十首，超過全數的三分之二。

二、組詩聯詠

組詩又稱連章詩，廖美玉《杜甫連章詩研究》中為組詩界定為：

> 於同一時間與同一心境之下，以同體之詩數首或數十首，從各種不同之角度，描寫同樣之主題，而各首之間，有其密切之關係，次序一定，不可倒置，且彼此相互補充，相互闡說，分之雖可各自獨立，而合之則成一整體，蓋各首之間，有其必然之關聯也。〔註10〕

〔註 8〕　依據許贊堃所說的，各式詩體的數目統加起來，應是一千零四十首。

〔註 9〕　《窺園留草》書中收有〈重九呈崖岸先生用前韻〉一詩，這是林景仁的作品，本論文第四章第三節有說明，請參閱。此處統計出來的總數不包括這一首詩。

〔註 10〕　廖美玉：《杜甫連章詩研究》（臺中東海大學中研所碩士論文，民國 68 年），

　　若依照這樣的標準來看，許南英的組詩作品有不少是不合格的，因爲他的組詩作品中，有不少是「以題目爲中心，從各角度下筆構思描繪，而不重各首間章法之連貫」的廣義性組詩。〔註11〕爲能涵括許南英各類組詩以利分析，這裡採用廣義性定義的說法。

　　詩經複章的疊唱方式，可說是組詩的淵源，〔註12〕經過歷代詩人的經營，到了清朝，聯詠之多，堪稱清詩一絕，也是清代臺灣詩的特色，如雍正時期的流寓詩人夏之芳〈臺灣雜詠百韻〉、乾隆時期的流寓詩人張湄的〈瀛壖百詠〉、朱仕玠的〈瀛涯漁唱〉等，都是百首的組詩；和許南英同時期的丘逢甲、施士洁、陳鳳昌等人，也常以組詩的方式來創作，這是當時創作的風氣。許南英也有不少以組詩聯詠的方式寫作的作品。

　　許南英的組詩，大多是二首詩合成一組，如：〈秋雨所期不至〉、〈和郭士梯感懷原韻〉、〈五妃墓〉；也有三首成一組的，如：〈雜興〉、〈煙臺道中〉、〈太眞〉；四首成一組的，如：〈聞樨學舍將於臘月初五解館；初四夜，花忽開，喜而誌之〉、〈秋柳〉、〈四時宮怨〉；五首成一組的，如：〈和仙根工部見贈原韻，並以送行〉、〈南園感事，和邱倉海工部原韻〉、〈楊花五首，和沈琛笙大使原韻〉；六首成一組的，如：〈王泳翔納寵，戲作催妝詩賀之〉、〈輓吳湘玉〉、〈防匪〉；七首成一組的，如：〈遊臺北基隆雜詠〉；八首成一組的，如：〈秋懷八首，和邱仙根工部原韻〉、〈春草八首，和沈琛笙大使原韻〉、〈擬小遊仙〉；九首成一組的，如：〈下鄉止鬥偶成〉、〈蕭惠長先生以四十一壽詩見示，和韻祝之〉；十首成一組的，如：〈臺灣竹枝詞〉、〈己亥春日興〉；最多的是由十四首組詩成的組詩，如：〈三水雜詩〉。在數量上，二首一組的最多，有九十七組，三首一組的有十八組，四首一組的有五十組，五首一組的有三組，六首一組的有十三組，八首一組的有六組，九首一組、十首一組的各有二組，七首一組、十四首一組的各只有一組。大致看來，偶數數目的組詩是比較多，這是一般的創作習慣。

　　許南英組詩的章法安排有多種方式，有的是以時間爲線索，將組詩中的各首詩連貫起來而成一完整的有機體，如〈臺灣竹枝詞〉，〔註13〕各詩分詠一

　　　　頁1。

〔註11〕徐肇誠：《丘逢甲嶺雲海日樓詩鈔研究》（臺南成功大學歷史語言研究所碩士論文，民國82年），頁93。

〔註12〕同註10，頁6。

〔註13〕許南英：《窺園留草》，頁10。

個節慶，再按節日時間的先後來安排，整組詩合在一起看，就是吟詠春天到冬天的臺灣各種節慶日的情形。又如〈太眞〉〔註14〕三首詩，第一首寫唐玄宗賜太眞死，第二首寫太眞死後屍骨無人埋，第三首寫唐玄宗召道士作法，也是以時間爲線索來串連起整組詩，以太眞的死爲焦點，表達出恩寵無常的道理。其他如〈四時宮怨〉〔註15〕、〈觀雨即事〉〔註16〕等，也是同樣的章法安排。

有的組詩是以題目爲中心，各詩分別從不同的角度來描繪，組合在一起，就將詩題的全貌呈顯出來了，如〈菽莊四詠〉〔註17〕四首，分詠菽莊的聽潮樓、眉閣、蘆溆、蕙香榭四景，合在一起成一組詩看，可以對菽莊有一個較爲完整的認識。又如〈三水雜詩〉，〔註18〕各詩分開來看，或是寫官衙的景色，或是寫當地的名勝古蹟，或是寫居民的生活情形，合成整體來看，那麼就是一幅內容繽紛的三水縣風土人情畫。其他如〈廖內〉、〈曼谷〉也是這樣的組詩結構。

有的組詩首尾環應成一整體，如：〈重遊鼎湖山短吟八首〉，第一首從入山寫起，中間數首描繪遊山時所見、所聞，第八首以「何日再來遊」作結，八首詩合在一起看，是有始有終的記遊詩。〔註19〕〈擬小遊仙〉也是這種章法組織成的組詩。

〈癸卯鄉闈分房襄校，和同鄉虞和甫鎖院述懷原韻〉、〈徐聞雜詠〉〔註20〕二組，分別以「爲國家求得賢才」、「期盼官長施行德政」爲組詩的旨意，貫穿組詩中的每一首詩，如鉤鎖連環相銜。

〈臺感〉這一組的章法，是以第一首詩爲概述總說，後面五首詩則是按著時間的先後順序安排，在第二首中先是敍二百年前許氏先人來臺墾殖的情形，第三首則是寫故鄉遭劫因而流離失所，第四首是述日人佔據臺灣後先絽殺後籠絡的手段，第五首是從天演論的觀點論臺灣淪陷一事，最後一首則平心客觀地論日人在臺灣的建設，但也表明自己不願作殖民的心聲。〔註21〕

〔註14〕　許南英：《窺園留草》，頁20。
〔註15〕　許南英：《窺園留草》，頁9。
〔註16〕　許南英：《窺園留草》，頁62。
〔註17〕　許南英：《窺園留草》，頁146。
〔註18〕　許南英：《窺園留草》，頁79。
〔註19〕　許南英：《窺園留草》，頁85。
〔註20〕　許南英：《窺園留草》，頁66、63。
〔註21〕　許南英：《窺園留草》，頁82。

除上述的各種章法靈活變化之外，最常見的是每首詩都以題目爲中心，從不同的角度來抒寫，但各詩之間並沒有連繫關係的廣義性組詩，如〈秋日懷人〉六首，分別以施士洁、陳迂公、沈琇瑩、龔雲史、汪春源、莊鑄儂爲贈詩對象來創作，除了這六人都是菽莊吟社的故交、都以「懷人」爲詩題以外，各詩之間並無其他的關連。又如〈秋懷八首　和邱仙根工部原韻〉，這八首詩分別抒發了秋日裡的感懷，但各詩之間並沒有什麼關係。

不管是使用了那一種章法組織，在同一個題目下聯詠數章，確實是更能詳盡、全面而且深刻地抒發題旨的。

三、詩題、序文、附註

施懿琳《清代臺灣詩所反映的漢人社會》中云：「設若詩人有意加強詩的敘事功能，就必須在不破壞詩歌固有形式的原則下，盡其所能地補足史事的相關資料或背景。在清代台灣詩裡常見的是利用：長篇詩題、詩前序文、詩中夾註、組詩聯詠……方式，全幅地呈現重大歷事件。」〔註 22〕清代臺灣詩人是不是有意識地爲保存史料而採用長篇詩題、詩前序文、詩中夾註、組詩聯詠等方式來寫詩，並沒有足夠證據可以證明，但是這些確實是清代臺灣詩的特徵，也真正發揮了詩、史相輔的功能。許南英的創作也具有這些特點，關於組詩聯詠的問題前面已論述過了，現在就來看許南英如何運用長篇詩題、詩前序文、詩中夾註的方法寫作。

施先生以爲「長篇詩題中即已將寫作的背景和目的，做了清楚的交代和說明。」下面舉出許南英作品的幾個例子來說明：

〈十六日晚遊公園，與茂笙、石秋、景山各口占數詩〉、〈與謝石秋、星樓、林湘沅、黃茂笙遊岡山超峰寺中途遇雨〉、〈壬子午節前一日，與蓮塘學校陳畹蘭教員並陳其純諸昆季放舟滄江〉、〈聞陳卜五表弟秋試報罷，余亦春試罷歸，書以誌感〉、〈二十五日爲五妃殉節日，同雲石祭奠，成詩二首〉，以上五首詩題，都明白交代了詩作寫作的背景和原因，而所以能夠這樣，是因爲題目中點明了與作品有關的人、時、事、地點等要素。譬如〈十六日晚遊公園，與茂笙、石秋、景山各口占數詩〉這一個詩題裡，「茂笙、石秋、景山」是人物這一要素，「十六日晚」是時間這一要素，「公園」是地點這一要素，「公園美景當前，因而動念作詩」是事這一要素，這些要素說明了所以創作這一

〔註22〕 見該書，頁 607。

首詩作的原因，在這樣長篇詩題的輔助之下，詩作意旨更得以闡發。

　　許南英還有些詩題更明白仔細地提供創作時的背景資料，這樣的詩題爲詩人當時的活動情形留下了豐富的記錄，也保存了某些史料，下面舉幾個例子說明：

　　從〈丙戌偕徐仍千、陳梧岡兩同年來京會試，徐捷得工部，陳考得中書；余已入彀，因對策傷時被放。二君強欲留余在京過夏，書此謝之。〉這一個詩題中，我們可以知道光緒十二年許南英首次入京參加會試時，是與誰同行，考試結果如何，以及許南英落榜的原因。而〈與陳子模、傅采若、張愷臣遊夢蝶園，拜五妃廟；飲於竹溪寺，女校書四人與焉〉這一詩題，則讓我們了解許南英早年的交遊情形，以及他名士風流的一面。〈重九日，徐展雲先生、林致和孝廉偕遊石門嶺，酉兒執鞭從之；余以官守所羈，不獲同往〉是光緒二十八年的一首詩題，當時許南英任徐聞縣令，從這一詩題我們看到許南英克盡職責，不敢稍有怠忽的精神，以及他和兒輩與友朋平日從事的活動，還有他和徐展雲、林致和的友誼持續的時間。〔註23〕而〈壬子春日過霞陽訪馬君亦籛，得觀所藏圖書，復賞所植花木。信宿三日，踰蘇嶺，歸海滄〉這一詩題則讓我們發現許南英與馬亦籛之間深厚的友誼，以及他們交往的時間是民國元年許南英住在廣東海澄縣屬的海滄墟時，如果再配合〈別馬亦籛徵士〉這首詩的序文：「乙卯九月，過霞陽，就亦籛問菊尚未開，又定後期。臨別贈賦。」一起看的話，那麼他們的友誼至少持續了四年，許南英在「海滄——蘇嶺——霞陽」這一段路程也不知走過了幾趟。至於〈甲寅閏五月七日偕沈琛笙、徐蘊山赴菽莊詩社；夜發蘍江，曉至江東橋，趨謁黃石齋先生講堂〉這一詩題裡，則留存了許南英介紹沈琇瑩和林爾嘉認識的資料，沈、林二人的深厚友誼，就是從民國三年甲寅五月七日晚的這一趟旅程開始。

　　還有其他許多長篇的詩題提供我們許多的資料，不再贅述，以上的敘述應足以說明這些長篇詩題的價值。接著來看序文的問題。

　　許南英的詩作如果詩題較長的話，就沒有序文，如果加有序文的詩作，詩題一定是短則的；所以這樣，是因爲使用長篇詩題或詩前加序的目的，都

〔註23〕　林致和是許南英早年的詩友，在光緒八年所寫的〈鼓山紀遊〉一詩中就提及林致和，光緒二十四年，許南英改官分發到廣東時，還寫了〈寄懷林致和〉一詩。沒有資料說到許南英與徐展雲相識於何時，但在許南英年譜裡記載著：光緒二十三年許南英聘徐展雲爲兒輩教師，一直到光緒二十九年徐氏病歿爲止。這一首詩題可以做爲年譜所記資料的輔證。

是為了交代寫詩的背景，採用其中一種方法就足以說清楚，不需同時使用。不過，詩題的擬定有其局限，得要能點出詩的主題才好；至於序文則沒有這層顧慮，因為已有詩題彰顯詩旨，詩人則可依需要而寫成一段或長或短的序文，或者交代寫作的因由，或者提供詳盡明白的相關資料。下面就舉幾個例子。

〈弔梅〉一詩的序文云：「延平郡王祠舊有古梅一樹，今茲來遊，枯萎死矣。樹猶如此，人何以堪！意鐵幹冰枝，亦不忍受新朝雨露乎？悵然有感。」以及〈猗蘭歎〉的序文云：「丙午春日，兒童握蘭十數箭，安插膽瓶。詰其所來，蓋一箭五錢買來者。兒童喜其價廉，予轉惜其物賤；意賣花俗子，不知其品之貴也。雖然，世有貴品而賤售如蘭者，豈少哉！作『猗蘭歎』。」這兩則序文以敘事的方式明白交代了創作的背景，同時也點出詩作的主題，前詩主題是「意鐵幹冰枝，亦不忍受新朝雨露乎」，後詩主題是「世有貴品而賤如蘭者，豈少哉」，簡直可說就是一篇哲理小品文了。

〈留別陽春紳士〉序文言：「權陽春篆僅六月耳，忽奉檄署陽江。自愧任事未久，興學、教民、清鄉、治盜多留缺點；清夜自思，百端交集。偶成六章，用誌吾過。」以及〈自壽〉序文言：「憶在陽江任時，彼都人士合陽春紳民為予祝五十初度。久擬作詩，以匪氛未平，匆匆置之。予年六十，被任為龍溪縣長，鄉人復進酒祝予。顧德業不加，垂老無成；中心抱歉，難以言喻。丁巳年南遊，又逢賤誕；涉筆賦此，聊寄情懷。十月初五日，英識。」這兩則序文裡，許南英交代創作的原因是「清夜自思，百端交集」、是「顧德業不加，垂老無成；中心抱歉，難以言喻」，我們從這兩段序文可以了解許南英愛民的精神及反躬自省的態度。

至於〈弔吳季籛參謀〉一詩的序文：「季籛名彭年。為劉淵帥幕客；往來公牘，多其手製。高談雄辯，動驚四筵。公餘之暇，不廢吟詠。乙未夏五月，臺北請援，劉帥遍閱諸將，無可恃者；季籛毅然請行。領兵數營，至彰化八卦山遇賊，諸軍不戰自潰，季籛獨麾七星旗隊與賊決戰；孤軍無援，困於山上，中砲而死。嗚呼壯哉！」以及〈上易觀察實甫〉一詩的序文：「觀察於乙未年秋間渡臺，思挽危局，晨夕過從，相與唱和，為患難中詩友。前簡放廣西龍州兵備，有「龍州賢大吏」之稱。今年改放廣東欽廉兵備，來署廣肇羅。予以屬吏謁見，殷殷垂詢臺事，並送叢刻奏疏、詩歌十卷，中多為割臺感憤之作。今讀是書，根觸舊事。」除了發揮序文原本的功能外，也具有史乘資

料的價值。

　　又如〈林投帽〉的序文:「林投亦名「露兜」;產臺灣,果葉似波羅。農家植之隴陌,間以爲藩籬。近時工師取其葉製帽,柔潔可愛。」以及〈芒核〉的序文「芒核一名紅竹,產交、廣及南洋諸島,八、九月間熟。形如蘋果,皮堅而厚,漿汙衣巾作淡紅色,滌不能淨。果四、五核;核外周有瓤,色白多漿。味甘涼可口,比之巫人所嗜流連子,滋味不可嚮邇焉。若論果品,南洋當以芒核爲冠。恆心園多此樹,果熟即爲園丁盜去,然市上亦有賣者。昔李笠翁有佳果五爵之封,予亦效尤作詩以紀其美。」前者爲地方志留下了詳盡的產業資料,後者提供了異國特產的詳細知識。由於許南英詳盡的敘述,我們很容易就知道:當時在棉蘭令許南英驚豔的紅竹,就是今天我們在國內市場即可買到的進口水果——山竹。

　　許南英創作時也充分運用了附註的方法,附註也有解釋說明的作用,但不像長篇詩題、詩前序文是爲解釋詩作創作的背景和目的,而是只針對詩作中的某一句、某一事做說明。許南英靈活運用附註,達到各種不同的目的,使得詩意更加清楚。譬同〈四時宮怨(七絕集句)〉之一:「寂寂花時閉院門(朱慶餘),空留鶯語到黃昏(段成式)。蓬萊闕下長相憶(宋之問),夢寐荒唐亦感恩(黃任)。」詩中的註言讓我們明白知道這首詩的體式,以及所集詩句的來源;又如〈虞美人花(七言排律二十韻)〉,詩題下的註言交代了這首詩的體式及押韻的方式。除此之外,許南英詩中的附註還發揮了下面所述的各種作用。

　　〈和公啓遊山二首用前韻〉詩中云:「歸化巫來開淡叭(巫語謂埠爲淡叭),弄兵摩達走浮羅(巫語謂生番男子爲摩達、謂海島爲浮羅)。」有了附註,我們才知道這些外國語詞的意思;而在〈息鞭亭(在粵省東門外,舊爲燕塘試砲將軍停站之處)〉這樣的註言除了點明息鞭亭所在地點,也交代了息鞭亭的歷史,對詩意的了解是有幫助的;至於〈寄懷鄭養齋(臺北廩生,北郭園鄭祉亭先生之孫)〉詩中云:「鷦鴣本是中原鳥(養齋能詩,時有「小鄭鷦鴣」之號),變調長啼去不歸。」以及〈步張杜鵑原韻(杜鵑,梅縣人,陸軍學堂畢業生;與壬兒同學)〉這樣的註言,則提供了時人的背景資料。還有的註言則留下了許南英個人的資料:〈己酉除夕〉詩云:「迎歲喜開湯餅會(臘月二十八日添一孫兒,此日適三朝),課兒預買教科書(兒輩明年升入中學甲班)。」另有〈輓吳樵山外舅〉詩云:「論交與我結忘年,聞訃翻疑四日前(外

舅於丁丑九月二十二日尙過窺園，坐談半日；二十六日而訃至）。故里不歸淹
黑海（外舅原籍泉州），名山招隱到黃泉（因遊岡山，中途暴疾）！幾行絕筆
謀兒女（外舅遺書以三女字余），半世知交隔地天。回憶看書貽搨本，臨池不
禁淚潸然（外舅以余筆意近蘇、黃，檢秦郵帖相贈）！」這些詩中附註提供
了許多訊息，讓我們更清楚許南英的生平事蹟。

下面接著要舉的例子，更具有史料的價值：〈題畫梅，贈陳煥耀（時中日
失和，海氛方熾，有感作此）〉、〈丙申九月初三日有感（去年此日日人登臺
南）〉、〈晚香樓即景（樓爲吳紳書齋。日人領土後，改爲博物館，原田春境君
管理），以及〈敝廬因日人築路取用，子弟輩將別謀住所〉一詩：

> 秋風一敝廬，聞道作通衢。
> 古諺「屋成路」（臺人有「家欲破，屋成路」之謠），君權水在盂。
> 後來躘納鼠（臺灣爲防疫起見，每戶月必捕鼠二頭，否則納金；名
> 曰「鼠組合」），爰止或瞻鳥。
> 思卜南莊外，山邊築一區。

這些註言，不都是歷史的註腳嗎？

以上冗贅地引述，是爲了說明許南英如何運用長篇詩題、詩前序文、詩
中夾註等方法，以及所達到的效果，它一方面形成許南英創作的特色，第
二方面增強了詩意的表達，第三方面則留下了許多史事資料，是值得我們注
意的。

四、詩有復句

清趙翼《甌北詩話》云：「遺山復句最多，如懷州城晚望少室云：『十年
舊隱拋何處，一片傷心畫不成』；重九後一日作：『重陽擬作登高賦，一片傷
心畫不成』；題家山歸夢圖：『卷中正有家山在，一片傷心畫不成』……。」
所謂復句，即相同句子出現在不同詩裡。詩有復句也是許南英作品的一個特
色，不過，許南英再一次遣用同一句子時，都會做一些變化，下面就舉幾例
來說明許南英運用復句的方法。

（一）「憐卿憐我兩相憐」（〈步趙雲石代某姬送別原韻〉之二）、「自憐且
更爲君憐」（〈有贈〉之二）、「自憐還是爲君憐」（〈秋柳〉之四）、「我亦憐君
且自憐」（〈蕭惠長先生以四十一壽詩見示，和韻祝之〉之九）：這四句字面雖
有變化，表達的意思卻都是：「我既自憐復爲君憐」。

　　（二）「受風偏是最高枝」（〈落絮〉之一）、「落紅偏是最高枝」（〈和郭士梯感懷原韻〉之二）：只更動前兩個字，表達的意思一樣。

　　（三）「懺除結習老頭陀」（〈讀邱菽園觀察詠紅樓夢中人詩冊〉之四）、「懺除結習王摩詰」（〈邱菽園觀察招讌南洲第一樓分韻，得一字〉）、「懺除結習淨清塵」（〈題李淩洲爲陳雨三畫美人紈扇〉）：這三句變動後三字。

　　（四）「強策駑駘還有力，重來馳騁九京塵」（〈和宗人秋河四首〉之四）、「不信駑駘鞭不起，也曾馳騁九京塵（〈窺園漫興〉之三）：前者是肯定口氣，後者是否定口氣，意思則都是肯定自己有這份能力。

　　（五）「蚊聚便成雷」（〈日言〉之一）、「聚蚊未必便成雷」（〈贈張魯恂廣文〉）：前者是肯定口氣，後者是否定口氣，意思是相反的。

　　（六）「里鄰鄉黨平安否？翹望東溟訊起居」（〈臺感〉之三）、「婿鄉知否桃源裡，翹望南雲訊起居」（〈寄南洋林少眉、莊怡華〉之一）、「春風入幕久無書，翹望閩雲訊起居」（〈寄汪杏泉並賀其納寵〉之二）：因寫作的對象及其所在地點不同，許南英做了一些改變來配合。

　　（七）「王民倉葛大聲呼」（〈春草八首，和沈琛笙大使原韻〉之四）、「猶聞倉葛大聲呼」（〈六月二十四日與社友往竹溪寺參謁關聖〉之二）、「殘山剩水呼倉葛」（〈奉和實甫觀察原韻〉之三）：無論怎樣變化，重點都是——倉葛大聲呼。

　　（八）「滄桑一瞥化雲煙」（〈六月二十四日與社友往竹溪寺參謁關聖〉之一）、「一瞥滄桑十八年，延陵齋館已雲煙」（〈晚香樓即景〉）、「一瞥滄桑十八年，蜃樓海市變化成陳跡」（〈南社同人在醉仙樓開觀迎會，酒後放歌〉）：這三句的變化是層遞漸深的方法。

　　（九）「百不合時宜」（〈和菽莊主人聽潮樓晚眺原韻〉）、「肚皮時不合，鯁骨傲難柔」（〈賀林叔臧侍郎暨德配龔夫人四十初度逢閏重慶〉）、「肚皮不合時宜久，傲骨狂名到處留」（〈和施耐公感興原韻〉之四）、「與世殊不合，於人無所求」（〈閒居〉之二）、「一肚牢騷不合宜，自家心事自家知」（〈遊開元寺小集，同雲石、籟軒分韻得魚字〉之二）、「一肚皮容桑落酒，大家俱不合時宜」（〈壽施耐公六十初度〉之二）：「不合時宜」是基本句子，變化之後重複使用了六次，不過，表達的意思寬窄不同。

　　復句的運用，或多或少會有落於窠臼的缺點，但是從上述九個例子來看，許南英再一次使句同一句子時，都會做些改變，有時是更動字句，有時是變

化意思；意思的變化也有不同的巧思，有時是正反相對，有時是層遞推進；因爲這樣費神地琢磨推敲，所以許南英作品裡雖常見到復句，但也都能和全詩意思妥貼配合。

第三節　許南英作品的藝術特色（二）

一、用典技巧

劉勰《文心雕龍・事類》言：

> 事類者，蓋文章之外，據事以類義，援古以證今者也。昔文王繇易，剖判爻位，旣濟九三，遠引高宗之伐，明夷六五，近書箕子之貞：斯略舉人事，以徵義者也。至若胤征羲和，陳政典之訓，盤庚誥民，敍遲任之言，此全引成辭，以明理者也。然則明理引乎成辭，徵義舉乎人事，迺聖賢之鴻謨，經典之通矩也。

劉勰所稱之「事類」，也就是「用典」，〔註 24〕方法有兩種：一是「舉人事」，一是「引成辭」，又說舉人事可以「徵義」、引成辭可以「明理」，所以事類「迺聖之鴻謨，經典之通矩也」。不過劉勰也指出，運用事類這一技巧時，若要達到「眾美輻輳，表裡發揮」的效果，就應該「綜學在博，取事貴約，校練務精，捃理須覈。」以免「引事爲謬」、「改事失眞」。〔註 25〕

許南英創作，經常運用「用典」這一技巧，有時是「略舉人事以徵義」，有時是「引成辭以明理」，以下就從這兩個方向來分析許南英的用典技巧。

（一）舉人事

「舉人事」，是詩人在創作時，藉著引用歷史上的古人古事來彰顯強調所要表達的思想情志的一種修辭方法。許南英運用這一方法的技巧，有兩個方式：

1. 用同姓的歷史人物代稱今人

這一方法的使用早有前例，清趙翼《甌北詩話》云：「宋人詩，與人贈答，有切其人之姓，驅使典故，爲本地風光者也。」〔註 26〕許南英也常引同姓的

〔註 24〕此處依梅家玲：〈世說新語名士言談中的用典技巧〉一文中的說法，（《臺大中文學報》，第 2 期，民國 77 年 11 月），頁 342。
〔註 25〕梁劉勰：《文心雕龍・事類》（臺北學海出版社，民國 66 年 8 月），頁 614。
〔註 26〕清趙翼：《甌北詩話》（臺北木鐸出版社，民國 71 年 4 月），頁 176。

歷史人物以切合詩作題贈的對象，如：

〈寄懷王泳翔〉

　萋萋芳草怨王孫，三疊梅花總斷魂！

　拔劍癡男真個宕，調絃素女解溫存。

　已無別墅傷摩詰，況復登樓學仲宣！

　一樣滄桑遭小劫，聞君今有小桃源！

　　許南英在這首題贈給王漢秋的作品中，舉用與王漢秋同姓的二個古人古事，一是唐朝王維閑居輞川別墅，一是三國魏王粲依荊州劉表不得志，作登樓賦表其思鄉懷土之情，前者是反用王維得以閑居一事，烘托王漢秋流離失所的困頓；後者是正用王粲離鄉一事，表達王漢秋亂離異鄉的苦楚，再以「已無……，況復……」兩個詞語銜接，達到增強的效果。至於「萋萋芳草怨王孫」的「王孫」雖不是王姓的古人，但切合王漢秋離鄉背井的實情，是「用同姓的歷史人物代稱今人」這一方法的靈活運用。又如：

〈贈陳子模明府（時自山東請假回閩，來粵寓陳省三觀察廣州府署）〉之一

　無家一例走風塵，容易相逢粵海濱！

　幸有陳蕃能愛客，不妨王粲暫依人。

　風騷不忍回頭問，雪霜頻驚入鬢新！

　後會何期難預定，典衣估酒莫辭貧。

　　這首詩裡舉用為徐穉設榻，穉去則榻懸置的後漢陳蕃代稱陳望曾，以切中他招待自山東請假回閩的陳子模一事，古人今人都姓陳，而且古事今事之間有主人都熱情待客的切合相通之處；接著說「不妨王粲暫依人」，是用王粲代稱陳子模，古今兩人並不同姓，這樣的用法是不符合此處所論「用同姓的歷史人物代稱今人」的技巧，但是在意思的表達上做到了掌握配合。

　　用同姓的歷史人物來代稱贈詩的對象，在許南英作品中還有許多例子，譬如〈南社同人在醉仙樓開歡迎會，酒後放歌〉一詩中，就一連使用了幾次：「鬚眉尚認老邱遲（邱及梯），爭譽楊修是小兒（楊雲程）。謝傅諸郎森玉樹（謝石秋、溪秋、星樓、霽若），林逋處士茁新枝（林湘沅竹友）。元龍未除湖海氣（陳筱竹、陳獻其），仲雍斷髮居吳地（吳旭初、宴珍、筱霞）。黃粱夢醒一盧生（盧韞山），仍在人間作遊戲。」由於人數眾多又連續代稱，所以許南英加上註言說明所代稱的對象。這幾句詩句運用代稱，都只是因為古人與今人同姓的關係而已，並無其他相通切合處，表達情志的效果就比較

差了。

2. 舉人事類比以明志

〈口占贈臺人張端吉〉一詩云：

> 家山破碎民無恙，薄宦栖遲我自憐。
>
> 流落江南杜工部，他鄉又遇李龜年！

樂工李龜年特承恩遇，出入達官貴人之家；安祿山亂起，杜甫在江南與之相逢，寫下〈江南逢李龜年〉一詩：「岐王宅裡尋常見，崔九堂前幾度聞。正是江南好風景，落花時節又逢君。」詩雖無半句的傷感，但是「世運之治亂，年華之盛衰，彼此之淒涼流落，俱在其中矣。」〔註27〕許南英在此引據杜甫在江南重遇李龜年一事，正是要抒發「世亂時艱，同是天涯淪落人」的痛苦與悲傷。

〈題朱翁子負薪讀書圖（百字令）〉一詞的上闋云：

> 伯鸞德耀，看齊眉舉案，夫妻和煦。誰識買臣翁子苦，負未橫經如
>
> 故？挾卷三餘、負薪一束，日日行吾素。中年當信，蒼蒼不予誤！

詞中許南英引用後漢「梁鴻少孤貧有氣節，娶妻孟光，相互禮敬。光為具食，不敢於鴻前仰視，舉案齊眉。」〔註28〕一事類比朱買臣妻下堂求去一事，在兩相比較之下，許南英強調出夫妻相互尊重、同心協力的重要。

許南英詞作〈菽莊修禊（燭影搖紅）〉云：

> 修禊蘭亭，右軍韻事重回首；偏逢上巳會群賢，老者偕諸幼，隨意
>
> 詠觴永晝。問伊誰，新詩賦就；湖山嘯傲、洞壑流連，醉偎紅袖？
>
> 上聽潮樓，驚濤駭浪兼天吼。東山絲竹爾何人，猶自芳尊侑？
>
> 疏懶閒雲在岫，小桃源花陰石竇；良辰美景，消受此間竹修林茂。

這闋詞一開始就舉用王羲之與孫綽、謝安等人宴集於會稽蘭亭臨水修禊一事，類比菽莊修禊盛事，這一類比目的在表現宴集的盛況以及風景的優美，倒沒有王羲之〈蘭亭集序〉一文流露的傷感情緒。這一闋詞除了引事以徵義之外，許南英也引用了〈蘭亭集序〉一文的成辭。成辭的引用技巧後文會分析，這兒只將許南英引用的王羲之文句和許南英變化運用的句子相併比對：「群賢畢至，少長咸集」——「偏逢上巳會群賢，老者偕諸幼」、「此地有崇

〔註27〕此為蘅塘退士論評此詩之言。引自俞守仁編註：《唐詩三百詩詳析》（臺南大學書局，民國67年5月），頁297。

〔註28〕《後漢書》卷一百十三，〈高士傳〉下。

山峻嶺，茂林修竹」──「消受此間竹修林茂」。

〈己亥春日感興〉之八

　　蒼天何事假強胡？不戰甚於一戰輸。

　　十萬控弦屯北鄙，一書傳檄失東隅！

　　江河復報黃流決，庚癸頻聞赤旱呼。

　　有筆未能如鄭俠，盡將民隱繪成圖。

　　宋神宗用王安石行新法，鄭俠上書言其害，未獲回音；後會天旱，流民羸瘠愁苦，城民饘粥不繼，猶負瓦揭木以償官，鄭俠悉繪爲圖奏之，神宗覽圖嗟歎，悉罷青苗新法。許南英詩末云：「有筆未能如鄭俠，盡將民隱繪成圖。」即是引用此故事，以抒發自己愛民憂民的心志。

　　引據人事以徵理的用典例子，在許南英的作品裡隨處可見，不勝枚舉，再略述一例做證明。民國元年許南英回臺，八月間發生暴風，許南英有詩〈紀暴風〉記述風暴的情形，詩末云：「灌壇不鳴條，望古還惆悵。」是引周朝姜太公爲灌壇令，文王夢見婦人當道夜哭，問其故，婦人曰：「吾是東海神女，嫁于西海神童，今灌壇令當道，廢我行。」的故事。東海神女雖因姜太公當道回不了家而哭泣，卻也不敢挾風雨過其所轄境；太公之德不僅感動東海神女，也護翼了灌壇居民。許南英引此故事，表達出他企盼當政者能以德治民護民的心情。

（二）引成辭

　　「引成辭」，是引用經傳古籍裡的文句來表達自己的思想情感的修辭法，在引用時，或是依照原文引用，或是加以改易轉化運用；雖然增損改易再加以運用，仍很容易就看出原文的出處。這裡依許南英引成辭的不同方法，分成1.照引原文未加改易、2.以篇章名代全篇章旨、3.增損字句轉化運用三項來分析他引成辭的技巧。

1.照引原文未加改易

〈遊岡山超峰寺（南樓令）〉

　　路入大岡山，沿溪轉幾灣，看超峰蕭寺山銜；佛自無言僧寂寞，香
　　火靜，掩柴關。　　眾鳥高飛盡，孤雲獨去閒，夕陽斜挂樹林間；
　　與病維摩初入定，尋舊夢，學逃禪。

這闋詞中的「眾鳥高飛盡，孤雲獨去閒」兩句，引自李白〈獨坐敬亭山〉，

〔註 29〕是按原文照引;在許南英的創作中,這是很少有的例子;雖然未改易一個字,但是和許南英詞作所流露的「無言寂寞、禪思初定」的意思很是貼切配合。

2. 以篇章名代全篇章旨

〈和杜鵑旅南雜感〉之二、之七

離離禾黍已全非,故國山河歎式微!

遺世畸人甘寂寞,趨時豪少自輕肥!

從無相馬來宛野,那有飛熊起釣磯!

太息群雄還逐鹿,戰雲慘淡淚頻揮!

林下逍遙暫息勞,委蛇輕卸五羊羔。

欲標清節宜栽竹,思避塵緣退結蒿。

鎮日管城甘服役,此生酒國作逋逃。

饑來乞米何能飽,笑說新詩當粕糟!

「離離禾黍已全非,故國山河歎式微」裡的「離離禾黍」是出自《詩經‧王風‧黍離》一詩、「式微」是出自《詩經‧邶風‧式微》一詩、「委蛇輕卸五羊羔」是出自《詩經‧名南‧羔羊》一詩。許南英運用時,「式微」一詞是直接運用篇名,並採用原詩「勸以歸」的意思,〔註 30〕和自己的詩意相互銜接;「離離禾黍」是將篇名〈黍離〉和詩中句子「彼黍離離」融合轉化而成,但仍採用全篇「閔周室之顛覆」的旨意,〔註 31〕以抒發許南英自己家山遭劫的悲痛;「委蛇輕卸五羊羔」一句,也是同樣的方法,許南英將詩題〈羔羊〉和詩句「羔羊之皮,素絲五紽」、「委蛇委蛇」融合轉化而成,但仍依全篇「美官吏安適」的旨意,〔註 32〕來發揮他自己無職在身的悠閒自在心情。

〔註 29〕 李白:〈獨坐敬亭山〉(《李太白全集》,臺北河洛圖書出版社,民國 64 年 5 月),頁 523。「眾鳥高飛盡,孤雲獨去閒。相看兩不厭,只有敬亭山。」

〔註 30〕 〈式微〉(《詩毛氏傳疏》,臺北臺灣學生書局,民國 67 年 9 月),頁 103。「式微!式微!胡不歸?微君之故,胡爲乎中露!式微!式微!胡不歸?微君之躬,胡爲乎泥中!」詩序云:「式微,黎侯寓于衛,其臣勸以歸也。」

〔註 31〕 〈黍離〉(《詩毛氏傳疏》,臺北臺灣學生書局),頁 181。詩序曰:「黍離,閔宗周也。周大夫行役,至于宗周,過故宗廟宮室,盡爲禾黍,閔周室之顛覆,彷徨不忍去,而作是詩也。」

〔註 32〕 此處採屈萬里:《詩經詮釋》的說法(臺北聯經出版公司,民國 75 年 8 月第三次印行),頁 31。

這種採用篇章名稱，藉此傳達原來詩篇的旨意，又和自己的作品配合銜接的引成辭的方法，能夠達到詩作文字更凝鍊、意象卻更繁複的效果。許南英在〈紳商學界在臺南公館開歡迎會，賦此誌謝〉一詩中的詩句：「嘉魚歌燕燕，鳴鹿詠呦呦」也是運用同樣的方法。「嘉魚歌燕燕」是引自《詩經‧小雅‧南有嘉魚》：「南有嘉魚，烝然罩罩。君子有酒，嘉賓式燕以樂。」轉化運用而成的，「鳴鹿詠呦呦」是引自《詩經‧小雅‧鹿鳴》：「呦呦鹿鳴」轉化運用而成的，並且和許南英的詩句：「賓主齊雍肅，詞章互唱酬」、「式敬情文摯，歡迎禮意周」、「酌酒何須斗，飛觴不用籌。肆筵陳異果，廣席列珍饈」上下互相銜接，按原詩「宴饗嘉客、賓主盡歡」的旨意做充分的抒發，以彰顯臺南鄉紳招待的熱誠，以及自己的歡喜及感謝之情。

3. 增損字句轉化運用

在引成辭時，許南英運用得最多的，是「增損字句轉化運用」這一技巧，這是在引用成辭時，將所引用文句的文字加以增添或減損，以轉化成適合自己創作的句子，在轉化的過程中，原來文句的意思或保留，或依自己詩作旨意而改變。這一方法又分為（1）運用全篇字句加以改易（2）採用部分字句加以改易兩項：

（1）運用全篇字句加以改易

看到許南英〈再登方飯亭拜文山先生遺像〉這一首詩時，有似曾相識的印象，因為這首詩的句子是依宋朝文天祥〈正氣歌〉裡的詩句撥移轉化而成的，詩中描繪的文天祥形象，和文天祥在〈正氣歌〉中表現出來的自我形象是一樣的。下面將許南英的詩句與他所運用轉化的文天祥〈正氣歌〉的詩句做比照，來說明許南英是如何運用改易的：

許南英詩句：	文天祥詩句：
哲人日已遠 ——	哲人日已遠
凜烈此丹青 ——	1.凜烈萬古存
	2.一一垂丹青
古道留顏色 ——	古道照顏色
窮時見典型 ——	1.時窮節乃見
	2.典型在夙昔
死生蒙霧露 ——	1.生死安足論
	2.一朝蒙霧露

```
道義塞蒼冥 —— 1.道義爲之根
            2.沛乎塞蒼冥
浩氣浮雲白 —— 1.於人曰浩然
            2.仰視浮雲白
風簷一小亭 —— 風簷展書讀
```

除第一句是全文照引之外，第三句將「照」字改易爲「留」，表達出對前賢的瞻仰心情；另有四句是將二句原詩改易組合而成，達到以更精鍊的詩句涵括更多原作者的思想情感的目的；最後一句改易之後，更符合許南英登上方飯亭瞻拜文山先生遺像的實情。許南英這樣的創作方式，將古人的襟抱情懷和今人登亭的欽仰感歎疊映在一起，也代替前賢再一次宣告其忠貞不貳的浩然正氣。

〈太眞〉之一、之二兩首詩則是以唐白居易〈長恨歌〉爲本，不過，白居易的作品是七言古詩，從「楊家有女初長成」開始敘述，一直到「天上人間會相見」，涵蓋的時間有數年之長；許南英的作品是二首七絕，焦點集中在太眞死前、死後這一轉變上，運用原詩的字句較少，改易轉化的情形比較大。下面也是以兩兩並列的方式來分析：

```
許南英詩：        白居易詩：
捨身爲遣六軍行 ——1.六軍不發無奈何
                2.宛轉蛾眉馬前死
掩面君王太不情 —— 君王掩面救不得
比翼鳥分連理折 ——1.在天願作比翼鳥
                2.在地願爲連理枝
負他有殿號長生 ——1.七月七日長生殿
                2.夜半無人私語時
委地花鈿了不存 —— 花鈿委地無人收
馬嵬坡下渺芳魂 ——1.馬嵬坡下泥土中
                2.不見玉顏空死處
如何道士傳來語 —— 臨邛道士鴻都客
                ……
                在地願爲連理枝
當有金釵達至尊 ——1.惟將舊物表深情
                2.鈿合金釵寄將去
```

這兩首詩在引成辭運用時，除了改易轉化的情形較大之外，還有一點值得注意的，就是許南英詩句的口氣多為否定的，如：白居易說太眞的死是「君王救不得」，許南英改易成「君王太不情」；又如：白居易原詩「七月七日長生殿，夜半無人私語時」兩句，是對往日恩愛甜蜜的回憶，許南英改易成「負他有殿號長生」，是反諷唐玄宗無力保護愛妃，也因為這樣，許南英詩批判唐玄宗在愛情方面的懦弱表現，是要較原詩直接而強烈。

（2）採用部分字句加以改易

〈菜倉夜宿〉

> 顧我如稊米，今宵宿菜倉。
>
> 孤村臨驛路，荒屋隔驢房。
>
> 土銼添煤火，瓷盆藝酒香。
>
> 帝城雲樹裡，明日卸巾箱。

《莊子・秋水》云：「計中國之在海內，不似稊米之在太倉乎？」許南英採用改易之後變成：「顧我如稊米，今宵宿菜倉」，一方面扣住地名，一方面又充滿幽默、機趣。

〈無題〉之四

> 纏腰有客號知幾，官帑搜羅十萬歸；
>
> 太息蓬門貧女命，為他人作嫁時衣！

這首詩的後兩句是從唐秦韜玉〈貧女〉：「蓬門未識綺羅香，擬託良媒益自傷；誰愛風流高格調，共憐時世儉梳妝，敢將十指誇鍼巧，不把雙眉鬥畫長。苦恨年年壓金線，為他人作嫁衣裳。」一詩改易轉化而成。在這兩句詩句裡，許南英掌握住貧女的形象，又以「為他人作嫁時衣」的貧女來代稱自己，這「太息」兩字，既是為貧女嘆，更是為自己嘆，因為自己內心的「苦恨」無人知曉。〔註33〕

〈壬子中秋吳園小集，對月分韻〉一詩中的兩句：「乘風欲歸去，玉宇瓊樓靳」是將蘇軾〈水調歌頭〉：「我欲乘風歸去，惟恐瓊樓玉宇，高處不勝寒」加以增損改易而來的。〈送王泳翔屏山訪友〉中「好是巴山雨，添君夜話濃」

〔註33〕 許南英在〈無題〉這組詩的第三首言：「毀家紓難作王民，鐵馬金戈賸此身；寄語多金文弱士，莫將成敗刻論人。」還有〈臺感〉之一中云：「某山某水還無恙，誰毀誰譽任自然；我信仰天無愧怍，人譏避地轉顚連。」都可以明白許南英內渡後的心境。

兩句，是從李商隱〈巴山夜雨〉：「君問歸期未有期，巴山夜雨漲秋池；何當
共翦西窗燭，卻話巴山夜雨時。」一詩轉化而來的。〈和林小眉見贈原韻，五
疊前韻〉中的「菽莊親友如相問，爲道稽康學養生」兩句，是從王昌齡〈芙
蓉樓送辛漸〉後兩句：「洛陽親友如相問，一片冰心在玉壺」轉化而來的。這
種增損字句再加以轉化運用的引成辭一法，是許南英經常使用的技巧，下面
再引幾個例子。

　　〈鼓山紀遊〉一詩中「月影入檐低，苔痕上堦積」兩句，是依據劉禹錫
〈陋室銘〉一文中「苔痕上階綠，草色入簾青」兩句改易而成的；〈別馬亦籛
徵士〉一詩中云：「空有大風無猛士，愁看橫海撼狂潮。」是依劉邦〈大風歌〉：
「大風起兮雲飛揚，威加四海兮歸故鄉，安得猛士兮守四方？」改易而成的；
〈輓吳湘玉〉之六的後兩句：「卿似落花寒食節，春城無處不傷心」則是依唐
韓翃〈寒食〉的詩題和首句「春城無處不飛花」增損改易而成的。

　　在使用增損改易轉化運用這一技巧時，無論是運用全篇字句加以改易，
或是採用部分字句加以改易，許南英都能注意到使改易後的文句和自己的詩
作銜接配合，又因爲所引用的成辭都是眾人通曉的，雖然引用改易的是其中
一部分句子，但原作全篇的旨意卻成爲背景，產生爲許南英詩作映襯烘托的
效果。

二、詩史精神

　　在作品反映實際生活種種的寫實藝術手法，從詩經時代就已大量運用，
又經過漢賦、魏晉山水詩的錘鍊，寫實的技巧及相關的理論都有輝煌的表現；
到了唐朝杜甫，他繼承這一創作傳統，並堅持「直取性情眞」的態度，將自
己的人生經歷和感受直接寫入作品之中，同時也反映了當時時代的問題及情
況，他因此而被稱爲「詩史」。[註34] 最早出現「詩史」一詞的，是晚唐孟棨
《本事詩・高逸第三》；「杜逢祿山之難，流離隴蜀，畢陳於詩，推見至隱，
殆無遺事，故當時號爲詩史。」從此，各方詩家以「詩史」一詞指稱與杜詩
有相同面貌精神的詩作，但是各家所指陳的範圍並不相同。龔鵬程《詩史本
色與妙悟・論詩史》一文對詩史有精闢透徹的論述，他以爲：「詩史，乃是以
敘事的藝術手法紀錄事件，而又能透顯歷史的意義和批判的一種尊稱。」「這

〔註34〕 王文生：〈中國的寫實派文學理論〉（《社會科學戰線》，1981 年，第 3 期），頁
　　　256。

種詩、這種史，顯然含有甚多作者的價值判斷在，既非主觀地抒情、亦非客觀地載事，而是透過作者的文化意識與歷史感情，展現歷史與時代的意義，提示歷史的評判。」這種詩作在表達手法方面，以類似作文的敘述手法為主，也就是採用「賦」法「直陳時事、指斥利病」。〔註35〕

　　當然，以寫實手法來寫作的作品不一定就是具有詩史精神的作品，因為詩史作品是在詩人關懷社會、憂心時局、憫愛人民的前提之下產生的創作，可以說「人道精神」是詩史作品的根本精神。許俊雅在《臺灣寫實詩作之抗日精神》中說：「故知心懷人道之悲憫，以極客觀之敘述手法，實錄直陳，再現時事，暗寓歷史批判，隱斥社會理亂，乃寫實詩作之所擅也。」〔註36〕

　　晚清時期，整個國家陷入動盪不安、風雨飄搖的困境之中，詩人們更積極投入現實社會之中，也付出他們對時代的關懷，「創作了大量的宣傳新思想，同情人民疾苦，揭露清廷喪權辱國，昏庸腐朽等等，具有強烈反帝愛國思想的優秀詩篇，這些詩不單有其重大的現實意義，而且也有其珍貴的『詩史』的重要價值。」〔註37〕而臺灣由於特殊的歷史遭遇與地理位置，詩人的創作明顯地有「反映時代，抒吐苦難的敘事傾向」，〔註38〕施懿琳在《清代臺灣詩所反映的漢人社會》一書中對清代臺灣詩人詩史精神的發展情形做了以下的分析：

> 鴉片戰爭爆發，中國產生旋乾轉坤的大變局之後，傳統士子掙脫了清廷逐漸鬆弛的文網之禁錮，發奮擎起如椽大筆，真實地憂念民病，沈痛地抨擊時政。尤其處在東南沿海門戶，居首當其衝地位的台灣海島文士，更因攸關榮辱存亡而感受特別強烈。以杜甫為首「以韻語記時事」的詩史傳統復甦了；以揭露現實、針砭時弊為主的「宗宋」傾向也逐漸成了詩歌的主流。隨著清廷政治根基的動搖，國際

〔註35〕　龔鵬程：〈論詩史〉（《詩史本色與妙悟》，臺北臺灣學生書局，民國82年2月），頁52。

〔註36〕　許俊雅在他的論文第一章就開宗明義界義他所謂的寫實詩作是：「詩人含情，感事應物，有所憫傷怨諷，軋發諸歌詠。……於是代之興衰，政之仁暴，世之治亂，民之憂戚，具見於寫實之作矣。」至於人道精神為詩史作品的基本精神這樣的看法，方瑜〈唐詩形成過程中內容的擴大〉一文也曾述及。（《唐詩的形成》，牧童出版社，民國64年），頁151。

〔註37〕　同註1，頁4。

〔註38〕　施懿琳：《清代臺灣詩所反映的漢人社會》（臺北師範大學國文研究所博士論文，民國79年），頁611。

地位的式微，詩人們批判的鋒芒愈為銳利，內在的憂愁和對國家的
關懷也愈趨熾烈。

在這種情形下創作出來的作品，積極反映了時代的變化、批判清廷君臣
治國不力，也表達出對國家前途及人民疾苦的強烈關懷；光緒二十一年臺灣
割讓給日本之後，遺民的悲憤、流離的滄桑、期待家山光復，更是詩人創作
中一再出現的主題。

對家國人民有著深沈之愛的許南英，在經歷了抗日保臺、家山淪陷、辛
亥革命、護國討袁等家國之變時，他的創作也一再呈現出揭露現實、針砭時
弊的詩史的精神。包恆新等人在〈臺灣愛國人許南英及其創作〉一文中評論
他的作品說：

這些作品，生動的記錄了我國近代發生的許多重大事件，反映了當
時變幻莫測的歷史風雲和動盪不安的社會生活，抒發了詩人傷時感
世、憂國憂民的沈痛心情。

趙沛霖〈清末臺灣愛國詩人——許南英〉一文說得更直接明白：

詩人的詩歌創作具有某些「詩史」特徵：詩人「幼而奇窮，仕而屯
邅，死而葬身異域。」他一生屢遭不幸，但是，他的壯志未消，豪
情未減；從青年直到老年，始終懷有以天下為己任的遠大抱負和追
求精神，因而他能隨著時代的前進而不斷前進。……他能把創作視
野始終放在國家與民族的前途和命運上，能夠時刻注意並比較準確
地抓住每一個歷史時期的迫切的現實問題。……貫串在這部「史詩」
中的思想下是強烈的愛國主義精神和振興中華的信念，從而使它以
其鮮明的時代特色區別於其他任何時代的「詩史」。

許南英的創作具有詩史精神，固然是和大環境的文學潮流的共鳴，更根
本的原因卻在於他「以天下為己任」的「人道精神」，他曾自言：「斯民憂樂
誠吾事。」〔註39〕又曾說過：「豈為勛名傳異代？須知種族有同情。」〔註40〕
而這股對家國人民的大愛，使得他隨時都關心國家局勢的演變，也悲憫人
民的疾苦；其中，「斯民」、「種族」尤其是他關注的焦點；這樣的情懷發而
為詩，成就了他創作中的詩史精神，也是他創作中最重要的精神、最動人的
光采。

〔註39〕 許南英：〈防匪〉（《窺園留草》），頁 31。
〔註40〕 許南英：〈步張杜鵑原韻　再疊前韻〉（《窺園留草》），頁 174。

　　他的好友丘逢甲的創作也深具詩史精神，不過兩人創作的出發點是不同的。丘逢甲〈論詩次鐵廬韻一首〉詩中云：「重開詩史作雄談」；在〈復丘菽園書〉中又說：「喻譬詩多傷時，不宜編入集中，極是，細檢直言時事者尤多，望爲刪定，留作百年後詩史可乎？」可見丘氏是「有意效法杜甫深入批判，記錄時事的創作精神，以『重開詩史作雄談』作爲自我詩歌創作之使命方向。」〔註41〕而許南英是怎樣的想法呢？許南英〈和廈門李子德原韻三首〉之三云：

> 人海茫茫嘆寡儔，更思汲古縷非修。
> 天將閑散安詩史，人爲牢騷喚醉侯。
> 談笑蕭曹當不讓，指揮夷惠比誰優？
> 似聞烽火滇池急，倚劍看天抱杞憂。

　　「天將閑散安詩史」，這話或許說得消極，也有些怨氣，但是許南英創作出這許多富時代意義、深涵民族大愛的作品，並非像丘逢甲是有意爲之的，而是他內心的情感使得他不得不然，因爲他深受「瘡痍未復流亡甚，何止蘇州愧俸錢」〔註42〕這樣的想法所苦，對自己「有筆未能如鄭俠，盡將民隱繪成圖」〔註43〕也很自責，在這種情感的驅動之下，於創作的時候自然就流露出憂民恤民、感時傷國的詩史精神了。

　　許南英創作中具有詩史精神的，其內容或是敘述臺灣淪陷、黎民罹難的事，或是論及家國局勢的驟變，或是憂心人民生活疾苦；表現手法或是據實指陳、鋪敍其實，或用藝術概括的方法反映事實眞象。例如〈和祁陽陳仲英觀察感時示諸將原韻〉之二：

> 潛移兵禍海之東，砲火澎瀛殺氣紅。
> 大師易旗能禦敵，平民制梃願從戎。
> 岳家軍信山難撼，宋室金輸庫已窮。
> 有詔班師臣不奉，聖明亦諒此愚衷。

以及〈奉和實甫觀察原韻〉之三：

> 赤嵌孤島萃狼烽，仁軌天生閒氣鍾；

〔註41〕同註 11，頁 125。另外，魏仲佑：〈丘逢甲及臺灣割讓的悲歌〉（《晚清詩研究》，文津出版社，民國 84 年 12 月），頁 125。「作者清楚的表示他個人有意成爲中國動盪時局的見證者，也就是成爲這一代的『詩史』。」
〔註42〕許南英：〈留別陽春紳士〉之二（《窺園留草》），頁 68。
〔註43〕許南英：〈己亥春日感興〉之八（《窺園留草》），頁 52。

毗舍耶山開一局，婆娑洋海隔雙重。

殘山剩水呼倉葛，晚歲寒天見老松。

竟使葫蘆依舊樣，紫橋尚有黑旗縱！

從內容來看，前者是寫臺灣割讓之前的情勢，腐敗的清廷猶如無力保國的宋室王朝，臺灣人民卻如岳家軍士奮力抗敵；後者是寫臺灣割讓之後，臺灣人民依然堅持對抗日本的決心。從表現手法來看，或直稱地點、事件，或用典譬喻，明白地交代事件情形及人民的心聲。

又例如〈感時〉之一：

失著殘棋敗不收，問天徒切杞人憂。

命須再革民何罪？灰想重然火尚留！

亂政固應誅少正，連衡未必震諸侯。

河山破碎紛無主，恐有強鄰為爾謀！

以及〈防匪〉之六：

雞犬桑麻付劫灰，流離瑣尾怯歸來。

倉箱有粟鳥爭啄，籬落無人門自開。

避地偶隨親友去，隔溪潛約女兒回。

斯民憂樂誠吾事，滿目淒涼亦可哀。

這二首詩都是以藝術概括的方法寫作的，前者反映出民國初年國家剛剛底定，卻因野心家爭權傾軋，造成社會擾攘不安、國家前途堪憂的問題；後者則是反映日軍入侵時劉烏河黨徒趁機作亂，人民被迫離家，家園殘破的景像。而無論運用那一種表現技巧寫作，許南英的詩作處處都表露出人道悲憫的精神。在〈與柯參戎月波會勦石梯、珠環土匪紀事六十韻〉這一首長詩裡，許南英以奔流恣肆之筆敘述柯月波參戎勦匪經過之後，接著寫道：

我從兩地權司牧，日對囚徒勞訊鞫；雖將火鏡示明威，還是哀矜慎幽獨。上有青天下赤子，失道民散已久矣；原情定罪有重輕，因法施仁無偏倚。漢陽江上有清風，劫運銷沈氣象融。幸有和衷能濟事，但求無過敢言功。

即使是造事擾民的匪徒，許南英也體念他們是時代環境的受害者，而要求自己在訊鞫之時，能夠「哀矜慎幽獨」，能夠「原情定罪」、「因法施仁」。

又如龍溪縣民「意氣尚競爭」，再加上當地劣豪鼓噪，鄉民經常發生械鬥；許南英任龍溪縣知事時，率兵下鄉阻止人民私鬥，他在〈下鄉止鬥偶成〉

之四中，表達出對痴愚民眾受有心者煽動而失財喪命的結果的悲歎惋惜：

一命千金價不多，忍將性命等鴻毛！

人亡財盡兵來擾，如受心胸剜一刀。

第八章　許南英的精神風骨及對時代的關懷

　　清薛雪《一瓢詩話》：「作詩必先有詩之基，胸襟是也。有胸襟然後能載其性情智慧，隨遇發生，隨生即盛。……凡歡愉、憂愁、離合、今昔之感，一一觸類而起；因遇得題，因題達情，因情敷句，皆由有胸襟以爲基。」〔註1〕許南英認爲詩歌是「歌詠緣情自不凡」的「性靈語」，〔註2〕他又說：「興觀群怨皆天籟，託興隨人籟自鳴。」〔註3〕在這樣的認知基礎上，他的創作都是誠摯情感的流露；從這些眞誠的作品裡，我們更能明確掌握住許南英的精神風骨，以及他對國家人民的大我之愛。汪春源在《窺園留草》書前序言就說許南英將「胸之所寓，筆之於詩」，其詩「不事塗飾，栩栩然自鏡其元象」，讀之「猶見顏色」也。

第一節　許南英的精神風骨

一、眞摯仁厚

　　許南英是一個眞情的人，無論是對家人、朋友，或是仕宦所在的當地人民，他都是眞心相待；「此會苔岑共，相看面目眞」〔註4〕、「同鄉道在異鄉親，

〔註1〕　丁福保編：《清詩話》（臺北木鐸出版社，民國77年9月），頁678。
〔註2〕　許南英：〈留別南社同人〉之三、〈題螺山先生詩集〉（《窺園留草》），頁132、97。
〔註3〕　許南英：〈談詩〉（《窺園留草》），頁116。
〔註4〕　許南英：〈也是園即席留別〉之一（《窺園留草》），頁44。

萍水論交面目眞」，〔註5〕「面目眞」就是他待人的原則。許贊堃〈窺園先生詩傳〉也說：「他的情感眞摯，從無虛飾。」

　　光緒二十一年，臺灣民主國抗日行動失敗，許南英匆匆攜家避亂，多年所積錢財散盡，家眷寄宿在宗人許子榮處，一切都是千紛萬緒，一切都得重頭開始，許南英承受著許多挫折和自責心情的打擊，這時他聽到郭會川在鷺江虎溪巖祝髮爲僧的消息，曾動念出家，不過後來沒有付諸行動；民國元年，陳日翔邀許南英落髮爲僧，或於虎溪巖邊隱居，這事最後也沒有結果；這兩次出家的因緣，就因爲許南英對家的責任感而沒有成功。「幾莖髮甚千斤重，尚有風塵未了因」，〔註6〕家人是許南英最大的牽掛，他不逃避這千斤重的擔子，直到晚年，他仍爲家庭「餞驅走南洋」，〔註7〕最後並客死異鄉。

　　許南英對朋友也是眞心相待、情深義重，一旦定下情誼，就是一輩子的朋友。許南英很能欣賞朋友的優點：他稱讚施士洁「人中佼佼鐵中錚，實之大者聲自宏」；〔註8〕他稱讚林景仁「大庇孤寒如古俠，偶吟詞賦冠儔儕」；〔註9〕他稱讚柯壬貴「柯公弢鈐有奇特，能使健兒齊致力」；〔註10〕他稱讚張杜鵑「品格清如許，豪雄氣未除」。〔註11〕許南英常和朋友相互砥礪：他勉勵丘逢甲「還是扶輪風雅手，莫傷淪落是遺民」；〔註12〕他勉勵福建西路觀察使吳芝青「觀察痾瘝長在抱，爲民請命莫遲疑」；〔註13〕他勉勵謝國文「自古通經能砭俗，從今力學尚嫌遲」。〔註14〕許南英對朋友給他的幫助心中永懷感激之情；他對宗人許子榮兄弟的推解之情永銘感激；他對許秋河「勉相勗」、「贈多金」的高誼「感愧心交縈」；〔註15〕而林爾嘉聘他爲菽莊吟社社員，每月給津貼若干，稍緩他經濟上的窘迫，在他到棉蘭之後，仍時時掛記在心：「回

〔註 5〕　許南英：〈題友人秋江泛棹行樂圖〉之二（《窺園留草》），頁 57。
〔註 6〕　許南英：〈臺局之變，臺北郭茂才會川仗義與抗，所謀不遂，聞其來鷺江虎溪巖祝髮爲僧矣：感而作此〉（《窺園留草》），頁 36。
〔註 7〕　許南英：〈壽菽莊主人〉（《窺園留草》），頁 191。
〔註 8〕　許南英：〈讀施澐舫山長詩草，恭擬題詞〉（《窺園留草》），頁 15。
〔註 9〕　許南英：〈壽蟬窟主人〉之一（《窺園留草》），頁 190。
〔註10〕　許南英：〈與柯參戎月波會剿石梯、珠環土匪紀事六十韻〉（《窺園留草》），頁 70。
〔註11〕　許南英：〈贈張杜鵑〉之三（《窺園留草》），頁 175。
〔註12〕　許南英：〈送邱仙根工部遊歷南洋，兼柬邱菽園〉之一（《窺園留草》），頁 55。
〔註13〕　許南英：〈和福建西路觀察使吳芝青留別原韻〉之三（《窺園留草》），頁 133。
〔註14〕　許南英：〈喜晤謝星樓署假歸省〉（《窺園留草》），頁 168。
〔註15〕　許南英：〈和秋河送行原韻〉（《窺園留草》），頁 43。

思依宇下，寤寐弗能忘。」〔註16〕施士洁說他「交遊遍海內外」，〔註17〕就是因為他對待朋友都是這麼的醇情實意、坦誠率真。

許南英不僅對家人、朋友如此，他也將這份真誠深情擴而大之，推展到天下所有生民。他曾自言：「斯民憂樂誠吾事」〔註18〕、「我當盡我心，瘝苦不敢避」，〔註19〕實際上，他也處處為化解生民的疾苦而努力。譬如陽江智藝所罪犯越獄，許南英因此而被撤職留緝，後來有人告訴他逃犯所在，但他感念上天好生之德之意，所以不願為了自己的職位而逮捕有心改過逃犯。〔註20〕又譬如三水縣中巨紳多有豢養世奴的陋習，但是許南英禁止販賣人口，也要巨紳解放群奴，因此得罪了這些巨紳，但許南英在所不惜。〔註21〕還有一次，三水縣裡有個九十多歲的父親生氣八十多歲的兒子不供養他，許南英請兩個老人家坐在大堂上，勸解了一番，最後又送些錢財給他們，算是結案。〔註22〕這樣對人的關懷及尊重，是儒家仁愛襟懷的流露，也是人道精神的呈現。

二、傲骨嶙峋

「傲骨自嶙峋」，〔註23〕是許南英對自己個性的評定，這種孤高精神是許南英所自許的，他也明白「鯁骨傲柔」〔註24〕會造成自己「百不合時宜」〔註25〕的困擾，不過，他自始至終都堅持「未肯清泉混濁流，長安換取爛羊頭」〔註26〕的原則。因為這樣的堅持，在面對種種的誤會冤屈時，他告訴自

〔註16〕許南英：〈壽菽莊主人〉（《窺園留草》），頁191。

〔註17〕施士洁：〈窺園留草序〉（《窺園留草》），頁2。

〔註18〕許南英：〈防匪〉（《窺園留草》），頁31。

〔註19〕許南英：〈邱仙根工部付書王崧索畫梅，適余將之任徐聞，倚裝作畫應之，並題此詩〉（《窺園留草》），頁57。

〔註20〕許贊堃：〈窺園先生詩傳〉（《窺園留草》），頁242。

〔註21〕同註20，頁243。

〔註22〕周苓仲：〈父親的童年〉（見周俟松、杜汝淼合編：《許地山研究集》，北京大學出版社，1989年），頁63。

〔註23〕許南英：〈丙戌偕徐仞千、陳梧岡兩同年來京會試，徐捷得工部，陳考得中書；余已入彀，因對策傷時被放。二君強留余在京過夏，書此謝之〉（《窺園留草》），頁7。

〔註24〕許南英：〈賀林叔臧侍郎暨德配夫人四十初度逢閏重慶〉（《窺園留草》），頁144。

〔註25〕許南英：〈和菽莊主人聽潮樓晚眺原韻〉（《窺園留草》），頁145。

〔註26〕許南英：〈和施耐公感興原韻〉之四（《窺園留草》），頁147。

己「一肚牢騷不合宜，自家心事自家知」，〔註27〕卻不曾改變做人做事的態度；因為這樣的堅持，他心甘情願接受貧窮的事實，捉襟見肘窘困地生活，卻絕不願「食人之報」；〔註28〕因為這樣的堅持，在挫折打擊重重逼臨時，他要自己學習那冰枝鐵幹的傲骨梅，愈冷愈見精神；他不僅深愛梅花、效法梅花，那「後凋歷寒歲」的矯矯孤松也是他的精神盟友，那不遇素心人而堅抱芳心的幽獨猗蘭也是他自我惕勵的益友。〔註29〕

因這樣的個性，窺園時期的許南英抱著「天生傲骨自嶙峋，不合時宜只合貧」〔註30〕的心情過半隱居的生活：

就花缺處補茅廬，擬似衡門泌水居。

幽徑半村還半郭，小窗宜畫亦宜書。

階前生意栽紅藥，籬外秋光種綠蔬。

除卻搢紳官習氣，秀才風味憶當初。

在仕宦任上的許南英總是要求自己盡心為民解憂造福，雖然如此努力，其中仍有許多的風雨挑戰，令他不禁慨嘆「官如此苦向誰陳」？〔註31〕雖然如此，他依然秉持「亂世功名無所用，平生心跡不相違」〔註32〕的風骨精神，不稍加改變。在〈和施耐公六十初度見贈之作並次原韻〉之三這首詩中，表達了這種堅持的心聲：

輪迴六道早分途，面目昂然一匹夫。

賈誼憂時成謫宦，嚴光避地是狂奴。

甘心長抱荊山璞，何事還求象罔珠？

冷眼靜觀時世變，始知忠義寄刀屠。

在晚年時，許南英自承「肚皮不合時宜久，傲骨狂名到處留」〔註33〕、「此生已受虛名累，到死難醫傲骨馴」，〔註34〕但他仍反躬自責：「羨殺孤高籬下

〔註27〕 許南英：〈遊開元寺小集，同雲石、籟軒分韻得魚字〉之二（《窺園留草》），頁168。

〔註28〕 許贊堃：〈窺園先生詩傳〉（《窺園留草》），頁245。

〔註29〕 許南英：〈園中新松〉（《窺園留草》），頁60、〈猗蘭歎〉（《窺園留草》），頁73。

〔註30〕 許南英：〈窺園漫興〉之三（《窺園留草》），頁27。

〔註31〕 許南英：〈和易實甫觀察原韻〉（《窺園留草》），頁77。

〔註32〕 許南英：〈施澐舫山長在廈用「寄鄭養齋原韻」作詩二首寄贈，並索和章，仍用原韻奉呈〉之二（《窺園留草》），頁77。

〔註33〕 許南英：〈和施耐公感興原韻〉之四（《窺園留草》），頁147。

〔註34〕 同註33，〈和施耐公感興原韻〉之八。

菊，保持晚節傲新霜」，〔註35〕以「孤」、「高」、「傲」、「志節」為修德標的，因此我們可以說：孤傲風骨的實踐，是許南英一輩子的堅持，也是他深引為自豪的。

三、正直固窮

許南英在臺灣時發起「崇正社」，這是一個以「崇尚正義」為主旨的詩社，〔註36〕可見許南英早早就注意到正義公平的重要性，並以此要求自己。許南英在〈筆〉這首詩中讚頌筆「質直心虛」、「無私盡心」，〔註37〕事實上他也是藉此來表達自己的個性。這種「無私盡心」的大公精神是在仁愛襟抱的基礎上發展出來的，追求一普遍性的公平正義，但許南英也因為個性中「質直」的特性，因此常有耿介的作為。

臺灣民主國的抗日行動，在唐景崧、劉永福等人先後內渡之後失敗了，許南英在半年左右的堅持之後，迫於日人的索緝，不得不解散所帶領的籌防局士兵。由於兵餉被劉永福提走，無法發放給士兵，許南英就將自己多年的私蓄充當軍餉，盡數散給部下，也因為這樣，造成他以後生活上的窘厄困頓。光緒三十四年，許南英在三水縣知縣任內，上級委辦清查戶口，卻沒有發放公費，許南英也沒有向人民徵收，自己拿出八千餘金，做為辦理這一件事的費用。〔註38〕大多數的人對於金錢多是貪心吝嗇的，許南英卻願犧牲自己以維護人民的權利，這已遠超過正直耿介的境界了。許南英「生平作事胸如月」，〔註39〕他曾自言：「老夫不是趨炎者」、「為謝熱中名利客，容吾居士號清涼」，〔註40〕這都是他不肯諂媚逢迎的正直個性的表現。

「與世殊不合，於人無所求。科頭踞松下，洗耳擇清流。」〔註41〕因為正直無私個性的關係，許南英對人無所求，即使有了困難，他也總是自己盡力去化解：「坎壈自憐還自解，無求頓覺天地寬。」〔註42〕更不會為了個人升

〔註35〕　許南英：〈滿城風雨近重陽〉之四（《窺園留草》），頁118。
〔註36〕　許贊堃：〈窺園先生詩傳〉（《窺園留草》），頁246。
〔註37〕　許南英：〈筆〉（《窺園留草》），頁1。
〔註38〕　許南英：〈窺園先生自定年譜〉（《窺園留草》），頁229。
〔註39〕　許南英：〈蕭惠長先生以四十一壽詩見示，和韻祝之〉之二（《窺園留草》），頁185。
〔註40〕　許南英：〈菽莊避暑〉（《窺園留草》），頁158。
〔註41〕　許南英：〈閒居〉之一（《窺園留草》），頁141。
〔註42〕　許南英：〈偶成〉之二（《窺園留草》），頁42。

職私利而去拜門、餽贈；在臺灣割讓後，他爲貧爲祿仕，卻從不接受賄賂，也未曾爲求差、求缺用過一文錢，〔註43〕就是最好的證明。

因爲個性耿介正直，所以當許南英看到不正不義的事時，他自然地要打抱不平，發出激語與微言，〈螃蟹〉、〈蚊子〉、〈臭蟲〉等詠物諷刺詩就是代表作品。

許南英「幼而奇窮」，窺園時期開館授徒，經濟較爲好轉，但所積累的儲蓄於光緒二十一年時全數散發給籌防局部下做餉資，自此之後，他在經濟上一直都很拮据，「一家飄泊梗猶汎，孤舟斷纜浮長川。黃沙捲地迫我後，白浪滔天衝我前」，〔註44〕就是他必須面對的窘況。雖然如此，許南英卻有「忍餓毋爲富貴淫」〔註45〕的決心，所以他在三水縣任上，縣屬巨姓械鬥，鬧出人命，許南英秉公辦理，兩造爭獻賂賂，當時左右勸他接受兩造賂金，但許南英嚴辭謝絕。他一生引以爲傲不負國家的兩件事中，其中之一就是不愛錢。〔註46〕可是固窮清廉的許南英在龍溪縣任內時，卻被當地劣豪捏詞上控侵佔公款，後來省府查無此事，終還許南英清譽，但許南英內心深受打擊，在〈和施耐公感興原韻〉之二詩中大嘆：「浮沈薄宦走天涯，謠諑何來鬼一車。在我雖非塵外驥，於人未免井中蛙。」並決計不再從政了。

因爲窮厄的關係，本是林泉癖的許南英想效法陶淵明歸隱山林的心願一直無法實現，他曾自傷：「饑來索米燕市，笑樞曹散吏，悵悵何之！縉綬羊城，風塵俗吏事裨？此鄉聞是寶玉，獨冷宦年來兩鬢絲；清風兩袖，買山無計，素願相違！」〔註47〕但由於嶙峋傲骨以及正直的個性，他終是安於貧寒的生活沒有貳志，〈幽居（明月擢孤舟）〉這一闋詞就表達出他固窮守志的心聲：

> 厚祿故人都謝絕，甘窮餓，採薇食蕨；泌水衡門，杜門謝客，畏見英雄鐵血。　　同學少年多不賤，經離亂，死生契闊；自咬菜根，晚菘秋來，應有高人羨殺！

〔註43〕 許贊堃：〈窺園先生詩傳〉（《窺園留草》），頁243。
〔註44〕 許南英：〈寄題邱倉海工部澹定邨心太平草廬〉之二（《窺園留草》），頁80。
〔註45〕 許南英：〈和施耐公六十初度見贈之作並次原韻〉之一（《窺園留草》），頁141。
〔註46〕 許贊堃：〈窺園先生詩傳〉（《窺園留草》），頁243。
〔註47〕 許南英：〈自壽「瑤臺聚八仙」〉（《窺園留草》），頁218。

四、謹嚴務實

〈感時〉是許南英早期的作品，詩云：

此身無百年，此名足千古。嗟嗟時世人，役役何其苦！既已美田廬，亦復榮簪組；妻妾列鴛鴦，童僕豢狼虎。顧盼亦足豪，鄉鄰誰與偶？以此爲盛名，其實亦何取！海上無金丹，肉皮囊易腐。功名富貴身，北邙一坏土？況是膝下兒，昏昏愚且魯。有酒飲則狂，無書醫不愈。生兒永令名，翻以玷父祖。人各有此憂，胡不以德補？

許南英在這首詩中透露出他「生命有限，肉身易腐，富貴功名都是虛幻；惟有修德養性才能留下千古芳名」的謹嚴務實觀念。在生活中，他手邊常備有一本「補過錄」，上鈔錄許多書中見到的具有警發深思德行的文句，時時砥勵自己。〔註48〕他認爲：「儒者何所恃？所恃能勤苦。」如此才能「俾之歷盤錯，成材貢天府。濟川作舟楫，大旱作霖雨」，成爲社會國家有用的人。〔註49〕他又說「生無建樹死嫌遲」，〔註50〕人生在世，無論做大小事，當要有些建樹，才對得起社會；所以他在徐聞小學堂兼任掌教時，就常勉勵學生說：「人當奮勉，寸晷不懈；如耽逸樂，則放僻邪侈，無所不爲。到那時，身心不但沒用，並且遺害後世。」〔註51〕

他對自己的兒女也是如此訓誡教導：「汝須澡汝身，尤宜浴爾德！反躬既無慚，即以身作則。勿貪過量酒，勿漁非分色。臨財愼操持，動氣自遏抑。凡有此四端，皆是德之賊。所以古君子，守身如白璧。」〔註52〕、「戒爾收放心，放心學無濟。戒爾須謹言，謹言少罪戾。毋友不如己，謹愼在交際。孤客在他鄉，用財先會計。勿中酒色毒，勿受朋友弊。惟有苦心人，乃免爲奴隸。」〔註53〕這字字句句苦口叮嚀，都是在提醒子女隨時隨地謹愼用心地修德養性的重要。他曾爲嘉勉許贊堃勤奮好學，送了一只上面刻著「愼」字的戒指，意思是要許贊堃學習古人「愼獨」的修養，時時處處注意自己的言行，要做到謹愼不苟。〔註54〕

〔註48〕　許贊堃：〈窺園先生詩傳〉（《窺園留草》），頁241。

〔註49〕　許南英：〈贈徐聞小學堂吳生文謨〉（《窺園留草》），頁61。

〔註50〕　許南英：〈秋懷八首和邱仙根工部原韻〉之四（《窺園留草》），頁86。

〔註51〕　許贊堃：〈窺園先生詩傳〉（《窺園留草》），頁240。

〔註52〕　許南英：〈示四兒叔丑〉（《窺園留草》），頁138。

〔註53〕　許南英：〈次兒叔壬東洋就學，書此勉之〉（《窺園留草》），頁92。

〔註54〕　周俟松、王盛合著：〈許地山與他的父親〉（《新文學史料》，1985年，第4期），頁134。

　　許南英在生活中處處實踐這種「做個對社會國家有用的人」的想法，他嘗說：「一個人出仕，不做廊廟宰，當做州縣宰。因爲廊廟宰親近朝廷，一國大政容我籌措；州縣宰親近百姓，群眾利害容我乘除。」〔註55〕民國二年，同年舊友張元奇爲福建民政長，招他到福州，有意請他任西路觀察使，他辭不勝任，而請任爲龍溪縣知事，也就是他「不做廊廟宰，當做州縣宰。」的本旨。〔註56〕他這種個性也影響了孩子，許贊堃早期以「落花生」爲筆名，又在〈落花生〉一文揭示「人要做有用的人，不要做偉人、體面的人」〔註57〕的道理，就是這種謹嚴務實觀念的實現。〔註58〕

　　因爲謹嚴務實個性的關係，所以許南英以爲有德的君子絕不投機取巧，〈乞巧〉一詩云：「取巧原非君子儒，紛紛乞巧何其愚！我聞用拙存吾道，又聞巧者拙之奴。我生無事不守拙，自安義命心怡愉。」〈七夕〉一詩又云：「巧處何曾得便宜，爲他壓線弄機絲。起居八座多庸福，乞巧何如去買痴！」許南英不求炫耀華采，就在平凡處刻苦努力，紮紮實實下工夫，無論做人或做事，他都腳踏實地，認眞苦幹，絕無取巧投機的念頭，因而顯現出他個性上含蓄蘊藉的溫潤光澤。

五、淡泊消極

　　汪春源《窺園留草》序言：「（許南英）赤嵌城南故居有地數弓，雜蒔花木，署曰『窺園』，日與朋儕觴詠；間或寫梅弄翰以自娛，君蓋澹於仕進者也。」許贊堃也說：「先生的志向本不在做官，只望成了名，可以在本鄉服務。」所以當許南英在考中進士之後，安平縣令陳子岳聘他掌教蓬壺書院，他推辭未就，轉而推薦蔡國琳擔任，自己卻深入番社辦理墾土化番的事業。「本來名士不求知，疏懶如雲出岫遲」〔註59〕、「容我讀書皆造化，課人藝圃亦經綸」，〔註60〕許南英想過的是課人藝圃的恬淡生活，這是他個性中淡泊消

〔註55〕許贊堃：〈窺園先生詩傳〉（《窺園留草》），頁243。

〔註56〕同註55，頁244。

〔註57〕許贊堃：〈落花生〉（見陳信元編：《許地山代表集》，蘭亭書店出版，民國72年6月），頁27。

〔註58〕同註54，頁134。「南英先生常語重心長地對他說，人生無論做大小事，當要有些建樹，才對得起社會。……這種思想對許地山影響很深，也是他立志做『落花生』的根源。」

〔註59〕許南英：〈和郭士梯感懷原韻〉之二（《窺園留草》），頁14。

〔註60〕許南英：〈窺園漫興〉之三（《窺園留草》），頁27。

極的一面。直到晚年，他在〈移居〉一詩中仍說：「留賓偶置陳蕃榻，逃俗深垂董子帷。散誕只思鷗共放，蕭疏一任燕相窺。」

　　許南英個性中本具這種淡泊消極的思想，他在臺南故鄉時，經常流連徘徊於竹溪寺、法華寺、夢蝶園等地，或與詩友雅聚，或與僧人論道，在這種環境氣氛之中，對許南英這種個性更有所引發；臺灣淪陷，卻恢復無望，生活中又有許多的困難，許南英個性中的消極精神也就更彰顯了出來。他投注更多的時間在佛理的研習上，他的生活也有了改變：「自從小劫歷滄桑，廿年自據一胡床」、「乞圖作佛書揭諦，懺除結習淨塵根，寡過未能思強制，目中有色心中無」〔註61〕、「老去逃禪觀自在，閒來證佛拜迦羅。名心解脫歸真實，梵語皈衣誦密多」。〔註62〕除了修習佛教禪理，他也接觸道教思想，〈與謝石秋夜酌偶成〉之一：「霜罄泠泠落九天，道人重夢小遊仙。近來悟得長生訣，收拾雲羅作被眠。」他曾兩次動念出家，雖未成功，但正是這種淡泊消極個性的關係。

　　這種淡泊退讓的思想，使許南英在面對橫逆困頓的時候，有了可以轉寰的空間，使他心平氣和接受時代環境給他的種種磨難，他說：「不與天公爭福命，偶逢野老話漁樵。」〔註63〕「啞然一笑，甚功名爭競！杖履歸山亦天幸。想當年薄宦，羊石浮沈。遭坎壈，惟有樂天知命。」〔註64〕不過究其實，佛道思想是許南英在面對困厄時的消極轉化心態的運用，儒家思想才是他人生觀的根柢，悲天憫人的仁愛胸襟才是他的生命基調，〈六月二十四日與社友往竹溪寺參謁關聖〉之二一詩就很明白交代了這種精神想法：

　　　佛光神道兩虛無，淘汰將歸造化鑪。

　　　獨有綱常留正氣，能令崇拜起吾儒！

　　　漫云唇齒同文國，忍看河山易色圖？

　　　父老凋零多白髮，獨聞倉葛大聲呼。

　　許南英的個性之中，雖有其淡泊消極的一面，但在他整個生命之中，關懷生民的情感以及謹嚴務實的精神發出的力量更強，當他面對生命的無奈時，雖有徬徨掙扎，但最後他都是選擇面對承擔。

〔註61〕　許南英：〈題李凌洲為陳雨三畫美人紈扇〉（《窺園留草》），頁88。
〔註62〕　許南英：〈和貢覺遊極樂寺用前韻〉（《窺園留草》），頁180。
〔註63〕　許南英：〈和陳丈劍門新秋偶興呈菽莊主人原韻〉之二（《窺園留草》），頁148。
〔註64〕　許南英：〈和陳智君「洞仙歌」〉（《窺園留草》），頁209。

第二節　許南英對時代的關懷

一、憂時愛民

　　面對清末民初擾攘紛亂的時局，因著個性中仁民愛物的人道精神，許南英關心時局的演變，也憂心人民的遭遇，所以常深入觀察社會現實及政治時局，時事政局成了他寫作的題材，作品中也時時流露出他憂時愛民的情懷。〈和羅邵棠大令見懷蔣梓舒原韻〉詩中云：「放言時世局，墨瀋和淚灣。回首望故鄉，蜀道傾跰嶒。矢志濟時艱，投身登仕版。牧令親民官、肉刑除大劊。」就是這種憂時愛民心聲的表達。

　　其實，許南英在光緒十二、十五年入京會試時，就因對策陳述國家危機所在，文章過於傷感，以致落選。〔註 65〕光緒二十年，中日甲午戰爭開打，許南英深感日本對我野心之狂，有感而作〈題畫梅，贈陳煥耀〉一詩；割臺之議起，臺南劉烏河趁機作亂，許南英大嘆「城社已遭狐鼠毒，溪山竟聚犬羊群」，〔註66〕聲討亂賊的不該，並揮軍直搗賊窟；致於臺灣割讓在臺人造成的傷害，更是許南英所關注的問題。在《窺園留草》書中，這種關心時局政治的詩作俯拾即是。尤其因為清末朝廷已呈傾圮之衰勢，異族入侵，革命軍起義消息又時有所聞，再加上西方科技、文明的輸入，整個國家情勢危在旦夕。許南英詩作裡確實反映出時代社會的情況，也對時事及政局做出他個人的評斷，譬如：〈粵感，和貢覺用前韻〉、〈感時〉、〈除夕〉、〈壬子春日自題畫梅〉等詩，都是這樣的作品。這種感時憂國的關懷，一直到許南英在異國蘇門答臘棉蘭的時候都還是沒有改變，〈步張杜鵑原韻〉詩中云：「棉蘭共話中原事，蒿目時艱議論生。」可為證明。

　　許南英感時憂國的心情發而為詩，有時是慷慨憤激之言：「國運初基眾競趨，相公物望紙新糊。羊頭換去將軍印，驥尾吹來處士竽。」〔註 67〕有時是沈痛的感歎：「操戈同室悲辛亥，白骨黃花尚未寒」〔註 68〕、「共和民國五週年，猶有深憂抱杞天」；〔註 69〕有時是冷靜的建議：「翳彼異國人，終非我族

<hr>

〔註65〕　許贊堃：〈窺園先生詩傳〉（《窺園留草》），頁 235。
〔註66〕　許南英：〈防匪〉（《窺園留草》），頁 31。
〔註67〕　許南英：〈和陳丈劍門新秋偶興呈荻莊主人原韻〉之三（《窺園留草》），頁 148。
〔註68〕　許南英：〈感時〉之二（《窺園留草》），頁 192。
〔註69〕　許南英：〈除夕〉（《窺園留草》），頁 187。

類。無論無此才，有之亦終秘。留以待他年，蠶食吾土地。」〔註70〕有時是為生民鳴不平：「命須再革民何罪？灰想重然火尚留」。〔註71〕不論是怎樣的措辭，都是許南英關心國家社會的表現。

在許南英仕宦生涯中，最容易看出他愛民的襟抱。徐聞縣知縣的職務，是許南英任地方官的第一遭，在〈邱仙根工部付書王伯嵩索畫梅，適余將之任徐聞，倚裝作畫應之，並題此詩〉詩中，充分表達出許南英出任地方官想「爲群眾乘除利害」的用心：「我今綰墨綬，遠在徐聞地。……何以端士習？何以開民智？我當盡我心，瘝苦不敢避。」

光緒二十九年，許南英調署陽春縣知縣，六個月後即因剿撫盜匪功績甚著而轉任陽江軍民同知，但許南英卻「自愧任事未久，多留缺點」，在〈留別陽春紳士〉組詩裡，處處流露出他對陽春人民的關愛：「謹懍自防流酷吏，哀矜太惜此頑民」、「人安樸素堪相與，地蘊精華尚未開。教養兼施張弛道，農工都是富強材」、「蛟虎未除周處惡，何心父老轉徇情」、「孤寒有士皆分席，慷慨何人肯解囊？合爲諸生開望眼，相期祖國煥輝光」，無論是興學教民還是清鄉治盜，都是許南英想爲陽春居民建設追求的福利。

陽江縣內盜匪猖狂驕悍，主事者採安撫策略，卻更助長性野不知恩之群盜的囂張，擾得百姓「遭盜死者亡妻孥，避盜生者斷炊爨」；許南英轉調到陽江，他自許「爲民請命吾之責」，與參戎柯壬貴合作，終將盜禍剷除，但因「漠陽一江多荊棘」，「窮民失業俱從賊」，許南英體恤民情，提醒自己「因法施仁無偏倚」。〔註72〕

民國二年，許南英任龍溪縣知縣，龍溪縣內多私鬥，在〈癸丑三月任命龍溪縣知事，視事日偶成〉和〈下鄉止鬥偶成〉之九兩首詩中，許南英表達了他身爲該地地方官的建設目標及對自我的期許：

〈癸丑三月任命龍溪縣知事，視事日偶成〉

飛來梟鴞入清漳，遍地荊榛雜梓桑。

私鬥共誇民氣勇，公田太息上農荒。

分門別戶吾無黨，救弊扶衰國有光。

此是紫陽遺教地，問心得過始登場。

〔註70〕 許南英：〈日言〉之二（《窺園留草》），頁90。
〔註71〕 許南英：〈感時〉之一（《窺園留草》），頁192。
〔註72〕 許南英：〈與柯參戎月波會剿石梯、珠環土匪紀事六十韻〉（《窺園留草》），頁70。

〈下鄉止鬥偶成〉之九

　　世有人如魯仲連，解紛排難息烽煙。

　　定須火烈民知畏，用猛宜師子產賢。

　　即使遭到龍溪縣豪紳劣民的誣陷，而使許南英決計不再從政，但許南英仍把人民的福樂擺在自己的榮辱之前，憂心民生疾苦，所以他在〈和福建西路觀察使吳芝青留別原韻〉之三一詩中，勉勵吳芝青為龍溪人民造福：「觀察疴瘝長在抱，為民請命莫遲疑！」

二、時代意識

　　許贊堃〈窺園先生詩傳〉：

> 他對於新學追求甚力，凡當時報章雜誌，都用心去讀；凡關於政治和世界大勢底論文，先生尤有體會底能力。他不怕請教別人，對於外國字有時問到兒輩。他底詩中用了很多當時底新名詞，並且時時流露他對於國家前途底憂慮，足以知道他是個富於時代意識底詩人。

　　許南英絕不是一個墨守舊法、不知變通的腐儒，他堅持原則，但也具有「變」的精神，在時代洪流的衝激之下，他能不違背原則做適度的改變。這種「應變」的想法，在〈題王泳翔玉照〉一詩中曾經表露過：「請爾張琴變新調」，在〈窺園梅花二株被日人移植四春園，聞亦枯悴而死；以詩弔之〉一詩中也曾提及：「終應變道途」。他所做的第一個重大改變，便是接受許秋河的建議，放下隱居林泉的心願，改官出仕，以求能維持家庭經濟、安頓家人的生活；改變之後，許南英並不因此而失意沮喪、頹喪渾噩，他能積極地在新職務上用心實幹，成為一個愛民惜民的好官吏，這是他發揮「應變精神」的一個例子。這種「變」的精神，和他憂時愛民的感情合在一起，使得他的心跟著時代脈動共同起伏。

　　對於清廷棄臺灣人民不顧、將臺灣割讓給日本一事，許南英頗為憤慨與怨嗟，但他仍心懷期望清廷收復家山。不過他於光緒三十四年入都門見到清廷的顢頇衰頹，這個心願徹底被粉碎了，他不再對清廷抱有希望，自此他轉而傾向革命。這個轉變固然是局勢所迫，但也因為許南英富時代意識、心懷開闊。他的長子許贊書、次子許贊元都投入革命行列之中，和他的態度轉變應該是有關係的；他的四子許贊堃在學術文化工作之外，也多方參加政治活動，應該也是受到他這種敏銳的時代意識的影響。

自臺灣設省後，所有新政逐漸推行，「先生對於新政都潛心研究，每以爲機器、礦務或其他實業都應自己學會了自己辦。」〔註 73〕因此許南英自己不斷學習新知識，對教育的推動也特別用心，他深知人才是國家建設的動力。他在徐聞縣知縣任內，改書院爲小學堂，除了「學準條條費苦心」，〔註 74〕自己到堂講授經學，他也引薦西方新學給學生，「改絃琴瑟發新音」。〔註 75〕他在陽春縣知縣任內，「興學」是他建設地方的目標之一，值得注意的，除傳統經學教授之外，他也鼓勵學生學習新學：「歐鉛亞槧日輸將，學界從今亟改良。後起青年勤淬厲，前途黃種卜靈長。」〔註 76〕他在陽江縣知縣任內，更大舉興學，他派遣留學生到日本學習新學，他改濂溪書院爲陽江師範傳習所培育師資，他又創辦陽江習藝所，教導犯人學一技之長，以免犯人生活無據再次犯罪。許南英藉著不斷學習以保持自己和時代脈動的連繫，他也想藉著教育打開民識，栽培人材，他的努力所達成的成就是不可忽視的。

自從光緒二十四年（1898）嚴復所譯英人赫胥黎的《天演論》出版以後，達爾文、赫胥黎的進化思想即風行於中國的思想界，「物競天擇、適者生存」的觀念被廣爲傳播，也振奮帶動國內自強保種、救亡圖存思想的興起。許南英對這一時代思潮的看法是怎樣的呢？〈和陳丈劍門見贈原韻，再疊前韻〉之四云：「天演由來是競爭，勝優敗劣自然名。」〈臺感〉之五說：「天演例原優者勝。」〈早起〉一詩中又云：「乃知天演理，勝敗原不易。」可見許南英是贊同「物競天擇、適者生存」的進化思想的，這樣的想法也讓許南英重新思考臺灣淪陷、列強入侵的問題，〔註 77〕他得到的結論是：因爲自己國勢衰弱，才引起列強覬覦，惟有自立自強，才能改變劣勢。〔註 78〕這和當時「競

〔註 73〕　許贊堃：〈窺園先生詩傳〉（《窺園留草》），頁 236。
〔註 74〕　許南英：〈留別徐聞紳士〉之四（《窺園留草》），頁 64。
〔註 75〕　同註 74。
〔註 76〕　許南英：〈留別陽春紳士〉之五（《窺園留草》），頁 68。
〔註 77〕　汪毅夫：〈臺灣近代文學若干史實考〉（《臺灣近代文學叢稿》，福建海峽文藝出版社，1990 年 7 月），頁 43。「許南英采臺灣得名典故和所謂『天演公例』入詩，表達其對臺灣久淪於日人之手的悲憤和無力收拾殘局以破『天演公例』之恨。」另外，趙沛霖：〈清末臺灣愛國詩人——許南英〉（周俟松、杜汝淼合編：《許地山研究集》，南京大學出版社，1989 年），頁 30。「在〈早起〉一詩中，……以生存競爭、優勝劣敗的進化思想來激發中國人民警醒覺悟，奮發圖強。」
〔註 78〕　從許南英：〈臺感〉之五：「臺灣蠻語埋冤字，我道無冤不用埋。天演例原優者勝，地歸民定與之偕。」、〈早起〉：「乃知天演理，勝敗原不易。嗟我黃種

爭者，進化也，務爲優強，勿爲弱也」〔註79〕的積極思想是相同的。

三、遺民孤憤

〈和易實甫觀察原韻〉之一

愁腸醉酒未能醇，眼底荊榛氣不春。

舊地釣遊誰是主？新亭慟哭爾何人？

重城赤嵌家何在？小劫紅羊跡已陳！

四萬萬人黃種裡，頭銜特別署「遺民」！

　　光緒二十一年，臺灣淪入日人之手後，遺民孤憤的愴痛就成了許南英心口上永不磨滅的傷痕，時時令他傷痛淚落：「剩有家山鯤鹿恨，聊尋煙水鷺鷗盟。酒酣忽下傷心淚，獨倚闌干涕泗并。」〔註80〕宣統元年，許南英與易實甫在廣東重逢，兩人提起往事，臺灣割讓已十四年，仍收復無望，許南英不禁悲憤填膺，怨不自勝：

〈上易觀察實甫〉之三

故園東在暮雲低，黑海重重去路迷。

寧使弟昆淪異族，忽拋君父作遺黎！

浮沈冷宦成蕉鹿，顧盼雄圖失草雞。

痛哭上書天路遠，負公萬里走輪蹄！

　　只要臺灣一天沒有收復，遺民的創痛就一天不消失，無處宣洩的悲情化爲一聲聲呼嚎：「太息家山會歷劫，敢云宇宙是無情」〔註81〕、「我是遺黎經喪亂，王民倉葛大聲呼」〔註82〕、「身經羊劫心徒熱，人化蟲沙鼻爲酸」，〔註83〕這些痛苦呼嚎出自許南英肺腑，也是爲清廷棄而不顧的臺灣人民的心聲。

　　許南英爲慘遭紅羊劫的臺灣人民悲，他自己的生活也因爲家山淪陷而發生巨變，失去故鄉的許南英「猶如巢破亂飛蜂」，〔註84〕「冷魂歸去已無家」，

　　人，異種日逼迫。日日世網中，俯仰皆踢蹐。」這些詩句內容，可以看出許南英對天演論抱持的態度。《窺園留草》，頁83、104。

〔註79〕梁啓超：〈天演學初祖達爾文之學說及其傳略〉（《飲冰室文集》卷一，臺北同光出版社，民國69年7月），頁177。

〔註80〕許南英：〈和耐公送關介堂原韻〉之四（《窺園留草》），頁139。

〔註81〕許南英：〈己亥春日感興〉之一（《窺園留草》），頁51。

〔註82〕許南英：〈春草八首，和沈琛笙大使原韻〉之四（《窺園留草》），頁100。

〔註83〕許南英：〈和杜鵑旅南雜感〉之一（《窺園留草》），頁116。

〔註84〕許南英：〈邱菽園觀察招讌南洲第一樓分韻〉（《窺園留草》），頁39。

〔註 85〕故鄉變成不可踏越的雷池，是那麼遙不可及，處處根觸的鄉心，也只在夢中得到安慰。〔註 86〕即使民國元年、五年得以暫回家山了，但異族統治下的故鄉猶如是異鄉，這故鄉、異鄉的混淆迷離，令許南英深深慨歎：「昔爲此邦人，今爲此邦客；一瞥滄桑十八年，蜃樓海市變化成陳跡。我從人海乍回頭，飄泊身如不繫舟。」〔註 87〕所以，飄泊流離的不定感，是許南英遺民孤憤中無以化解的深沈愁緒，〈秋思〉一詩抒發的就是他「四顧茫茫無彼岸，寄身人海一浮萍」〔註 88〕的飄盪流離的心境：

> 出門惘惘有誰親？到處溪山是主人。
>
> 詩思復因秋後起，世情還覺夢中眞。
>
> 晨星夜月傷行色，北馬南船歷瘦身；
>
> 我似散仙遭小劫，罡風再謫墜凡塵。

〈再和沈琛笙五日有感原韻〉之一一詩則敘述他憂時傷國的情感，以及他後半輩子徬徨不定、進退失據的困境：

> 挂冠欲去失歸途，混跡煙波作釣徒。
>
> 半壁河山光漢土，一家妻子寄官廚。
>
> 醉歌栗里陶潛賦，忍看監門鄭俠圖？
>
> 根觸汨羅忠憤恨，中年哀樂淚痕枯！

在許南英遺民孤憤的悲情中，令他痛苦無法解脫的原因，除了前面所敘述的之外，還有懊悔自責的矛盾心情也使他無法自拔。下面嘗試從許南英的作品來了解他這種矛盾心情的轉折變化。光緒二十一年，割讓臺灣之議成，臺人上書反對無效，轉而成立臺灣民主國以求自救，許南英也投入保衛家鄉的行列，統領籌防局的士兵抗日；不料臺灣民主國成立不到五個月的時間，即因領導者紛紛內渡而分崩離析；許南英也在日軍進佔臺南、懸像緝捕的危急之下，於光緒二十一年九月五日內渡。〈寄臺南諸友〉組詩兩首，敘述他當時的心境：

〔註 85〕許南英：〈爲楊海帆同年作梅花並題〉（《窺園留草》），頁 50。

〔註 86〕見許南英〈暮春偶成〉、〈重九日，徐展雲先生、林致和孝廉偕遊石門嶺，酉兒執鞭從之，余以官守所羈，不獲同往〉、〈不寐〉、〈清明日，聞鄰人祭掃有感〉等詩。《窺園留草》，頁 134、61、94、142。

〔註 87〕許南英：〈南社同人在醉仙樓開歡迎會，酒後放歌〉（《窺園留草》），頁 107。

〔註 88〕許南英：〈王少濤囑題曾經滄海圖畫冊〉（《窺園留草》），頁 133。〈秋思〉，頁 46。

徒死亦何益，餘生實可哀！

縱云時莫挽，終恨我無才。

身世今萍梗，圖書舊劫灰。

家山洋海隔，鄉夢又歸來。

憶昔籌防局，鄉人義憤同。

黔驢齊奏技，桀狗盡居功！

含璧憐餘子，收棋誤乃公！

幽冤千載後，誰爲表初衷？

　　唐景崧、劉永福等人內渡之後，臺灣局勢已無可爲，許南英「不爲鄉國搢紳囚」，〔註89〕而且認爲「徒死亦何益」，因此在日軍索捕日急之下，決定內渡，這雖非己之所願，但違背了當初保鄉衛民的初衷，令許南英又悔又愧，這種悔恨心情成了他自我折磨的夢魘。〔註90〕

　　次年，在〈丙申九月初三日有感（去年此日日人登臺南）〉一詩中除表達對歷劫家鄉的思念之外，心中仍充滿愧悔自責的情懷：〔註91〕

涼秋又是月初三，往事回思祇自慚！

漢代衣冠遺族恨，順昌旗幟老生談。

血枯魂化傷春鳥，繭破絲纏未死蠶。

今日飄零遊絕國，海天東望哭臺南！

　　光緒二十七年，經過時間的沈澱之後，許南英在〈無題〉這組詩裡所表達的態度有一些改變，他不再一味悔恨自苦，轉而肯定自己當時的付出及努力，也接受自己當初不得已內渡的事實，他認爲匆忙離臺的唐景崧、劉永福，應負起臺灣淪陷的最大責任，下面引錄其中第二、三首：

毀家紓難作王民，鐵馬金戈賸此身；

寄語多金文弱士，莫將成敗刻論人！

〔註89〕許南英：〈秋懷八首和邱仙根工部原韻〉之五（《窺園留草》），頁86。

〔註90〕包恆新等撰：〈臺灣愛國詩人許南英及其創作〉（《福建論壇》，1982年第2期），頁99。「他感到，在當時留下繼續抗敵，已經沒有希望，與敵一戰死去，也無補於事，棄家而走，又對不起鄉親。〈寄臺南諸友〉就抒發了這種矛盾心情。」

〔註91〕趙沛霖：〈清末臺灣愛國詩人——許南英〉（周俟松、杜汝淼合編：《許地山研究集》，南京大學出版社，1989年），頁28。「〈丙申九月初三日有感〉詩將思鄉的愁苦亡國的悲痛與未挽救臺灣危局的自責和自慚交織在一起，使愁苦和悲痛更加凝重，突出地反映了詩人以天下爲己任的精神。」

　　纏腰有客號知幾，官帑搜羅十萬歸；

　　太息蓬門貧女命，為他人作嫁時衣！

　　許南英在此試圖化解自己內心層層的掙扎，要自己接受當時情勢的無可奈何的事實，不過在宣統元年創作的〈臺感〉之一一詩中，〔註92〕我們可以發現：許南英雖然自言「誰毀誰譽任自然！我信仰天無愧怍」，但事實上他仍未能從悔恨自責之中超脫出來，心情仍無法平復，所以才會又有「不堪回首憶從前」、「人譏避地轉顛連」這樣的話。民國五年，許南英六十二歲，他為自己勾勒了一幅自畫像，也就是〈自題小照（如夢令）〉這一闋詞：

　　已矣舊邦社屋，不死猶存面目！蒙恥作遺民，有淚何從慟哭！　從

　　俗！從俗！以是頭顱濯濯。

　　未能解救家山遭劫的憾恨，是許南英永不能救贖的痛苦。〔註93〕

　　日人為鞏固在臺灣的地位，一方面以武力鎮壓，同時又進行籠絡安撫的計策，許南英〈臺感〉之四詩中的附註就記述了日人反覆不定的態度。先是光緒二十一年時，日軍到嘉義，即採訪士論，通函請許南英在臺南府辦保良局，對於日軍的利誘籠絡，許南英並沒有接受，並繼續帶兵對抗日軍，因此日軍進入臺南，就冠以「亂民」之稱，並懸像捉拿許南英，又沒收窺園做為日本某會社的宿舍；許南英內渡之後，曾有兵官名花板者通函請許南英回臺，許南英一方面識破日人籠絡詭計，一方面基於民族大義，未予同意。後來日人發回窺園，〔註94〕頒六等徽章給許南英叔叔，又懸許南英像於臺南警察署廳事，名曰「名譽家」，但許南英堅持「他生或者來觀化，不願今生作殖民」〔註95〕的原則而斷然拒絕。

　　民國元年，許南英應在臺親友邀請，回臺處理產業；由於不願入日籍，許南英決定放棄南莊山林，也把所餘土地分給留臺的族人。在臺期間，他雖然看到日人在臺建設的成績：「日出煙銷氣象新，自南自北淨無塵。文明輸灌青年會，武健追隨白種人。教育普通兼婦女，撫綏特別化狉獉。」〔註96〕但

〔註92〕　許南英：〈無題〉、〈臺感〉，《窺園留草》，頁59、82。

〔註93〕　同註90，頁23。「對於「臺灣民主國」的領導不能堅持抗戰，而他個人又無力挽救危局，致使國土喪失，父老淪為奴隸，詩人是抱有終生的憤恨與遺憾的。」

〔註94〕　窺園雖然發還，但已荒廢，又因為修築大道，必得拆讓，修建的馬路，就從窺園穿心而過。

〔註95〕　許南英：〈臺感〉之六（《窺園留草》），頁82。

〔註96〕　同註95。

是家山變色之辱未忘,而且日人隨時監督,令許南英「步履時時自戒嚴,謹防局外注觀瞻」,〔註97〕也增添他在故鄉爲異客的苦楚。不過,日人一直嘗試收攏許南英,所以民國五年時,廈門日本領事邀請許南英回臺參加「臺灣勸業共進會」博覽大會,想展現日本在臺灣經濟建設的成果,但是許南英二次回臺的心情依然是無限傷感的,在〈贈謝石秋〉一詩有明白的表示:

> 五年又踏臺城路,風俗人文忽改觀;
>
> 觸目河山猶有感,驚心風雨不勝寒!
>
> 逢場作戲嗟垂老,隔座聞歌慘不歡!
>
> 寥落晨星天欲曙,披衣起坐夜漫漫。

整體說來,許南英視日本爲入侵者,因此雖然日本以種種誘惑勸降,許南英基於民族大義絕不妥協,這是他愛國精神的表現;但是他也看到日人在臺所做的建設,而未完全抹煞,則是因爲他務實個性所致。

〔註97〕 許南英:〈留別南社同人〉之二(《窺園留草》),頁 132。

第九章　結　論

　　關於許南英的先世，由於家譜遭火焚毀，入臺一世祖許超來臺之前的情形已不可考，而許超於明世宗嘉靖年間從廣東揭陽遷到臺灣赤嵌之後，到清文宗咸豐五年許南英出生，許氏家族已在臺南遞衍了九代。由於先世於明代移居臺灣，在心理上許南英認同明朝漢人政權，對明末抗清英雄鄭成功也非常欽敬。許氏家族以經商營生為主，但許南英的祖父、父親，和許南英本人，都是過著讀書授徒的士人生活，而儒家「老吾老以及人之老，幼吾幼以及人之幼」和「先憂後樂」的思想影響許南英頗鉅，他的一生都在為實踐人倫綱常而奮鬥。

　　許南英早年喪父，家境貧窮；自二十四歲開館授徒之後，家境才漸趨好轉，他也從這時開始他的詩人生活；清德宗光緒十六年許南英考中進士，並回臺灣從事墾土化番的工作；不料中日甲午戰爭失敗，清廷將臺灣割讓給日本，許南英加入臺灣民主國的抗日活動，為保衛鄉土而戰；臺灣民主國失敗之後，許南英流離顛沛的後半生也就此開始。他內渡到福建，落籍福建省龍溪縣，之後在廣東省徐聞等地任職；民國成立，也曾擔任龍溪縣知縣。在多年的仕宦生涯裡，許南英既不拜門鑽營，也不接受賄賂，有時甚至自己出錢辦案，因此一直過著經濟窘迫的生活，買山歸隱的願望也一直無法實現，到了晚年，為籌措經濟費用而遠赴南洋，最後病死異國。

　　許南英傲骨嶙峋，生逢風起雲湧的時代，在時代環境的衝擊挑戰之下，堅持士人的志節風骨，尤其重要的是他具體實踐了儒家仁愛的精神，一生愛家人、愛朋友，也愛天下人民及社會國家。因為愛家人，所以他咬牙承擔起家庭的重擔；因為愛朋友，所以他交遊徧海內外，也能維持友誼長存；因為

他愛百姓，所以他任官克盡厥職，全心爲人民除弊造福；因爲愛國家社會，所以隨時關心國家社會情形的演變。

《窺園留草》一書，是研究許南英其人及其作品的重要資料，但是這本書最後的編定是由許南英的四子許贊堃完成的，作品的編排發生了一些錯誤，汪毅夫及陳丹馨曾提及其中一部分，筆者也將所發現到的幾個問題加以修正；至於在書本影印傳鈔出版的過程中所造成的錯字，本文也一一指出，並列成勘正表以供參考。希望這些問題的釐清，能避免因資料錯誤而造成研究結果偏差的缺失。

在第五、第六兩章，將許南英作品分成詠懷、詠物等六類做分析研究。由於許南英「詩是性靈語」、「歌詠緣情」的創作觀念，他的作品就是他個性人品的寫照，在解析作品的同時，也對許南英的生平及精神風骨有更明晰的認識；同時，由於許南英創作的寫實特色及對時代的關懷，他的作品也反映出時代的面貌，留下了歷史的見證。因此，許南英的生平事蹟，在分析作品內容時有不少的幫助，而作品內容的了解，又有助於許南英生平事蹟的考證，兩者相互輔成，更清晰而明確地勾勒出許南英的形象。

許南英作品之值得我們注意的，是他大量且多元的創作嘗試、在這些創作中所留下的史料，以及他在創作時所發揮的詩史精神。在研究這些作品的時候，不僅可以看到生逢亂世的他如何堅持志節，如何付出一己之力關懷時代，也可以從他的作品中看出那個時代的情況。李漁叔《三臺詩傳》認爲許南英的佳作是〈十六日晚遊公園，與茂笙、石秋、景山各口占數詩〉、〈和林菽莊燈夕原韻〉、〈秋日與林眉生遊馬達山〉、〈秋日懷人六首〉這一類作品，〔註1〕則是完全忽略了許南英作品所具的時代意義及詩史精神的價值。

許南英個性中最重要的氣質是仁愛的襟懷及耿介孤清的傲骨，這兩種氣質影響他一生的行事爲人，是許南英之所以爲許南英的重要原因。嶙峋傲骨固然令他與時不合，但仁愛的胸襟卻使他和人民緊緊連繫在一起，所以他憂時愛民，以人民的憂樂爲自己的責任；也是由於這樣的大愛，使得許南英能勇敢地面對困頓的環境，不放棄努力；他雖然有時也消極失意而談仙論禪，但這僅是藉以轉化心境，並未退卻逃躲，悲天憫人的仁愛胸襟才是他最重要的精神表現。又由於個性謹嚴務實的關係，他總是踏實地在崗位上盡本分，

〔註 1〕 李漁叔：《三臺詩傳》（學海出版社，民國 65 年 7 月），頁 61。李先生認爲這幾首詩「皆窺園集中之最清切者也」。

在平實之中展現難得的堅毅。

許南英的心胸開闊、識見高遠，又深富時代意識，對各式新學都努力學習，無論是有關建設的實務知識，或是像「進化論」這樣的思想理論，他都接觸學習，這種求新的精神，他除了自己身體力行之外，也藉著教育的推動，引導年輕的新一代向前瞻望。許南英在教育上所做的貢獻，不僅爲年輕一代打開生命的新視窗，也爲國家點燃一盞希望的燈。

「易朝存氣節，亂世此鬚眉」，許南英爲我們揭示了一個生逢亂世的士人如何面對時代的衝擊、如何在重重橫逆之中保持自己的本色、又如何爲家國人民奮鬥努力；藉由他的創作，我們可以了解他那個時代的環境及問題，也藉此得以認識他的個性和風骨。這是筆者個人研究許南英其人其詩後的最大收穫，而既讀其詩、既知其人，欽仰之情也就不能自已了。

參考書目

一、文學

1. 許南英：《窺園留草》，南投臺灣省文獻委員會出版，民國 82 年 9 月。
2. 許南英：《窺園留草》，臺灣銀行經濟研究室，民國 51 年 9 月。
3. 許南英：《窺園留草》，臺北龍文出版社，民國 81 年 3 月。
4. 許南英：《窺園留草》，臺北文海出版社，民國 55 年。
5. 丁福保編：《清詩話》，臺北木鐸出版社，民國 77 年 9 月。
6. 王松：《臺陽詩話》，南投臺灣省文獻委員會，民國 83 年 5 月。
7. 王國璠、邱勝安：《三百年來臺灣作家與作品》，臺灣時報叢書。
8. 王瑤：《中古文學史論》，臺北長安出版社，民國 71 年。
9. 王立：《中國古代文學十大主題》，臺北文史哲出版社，民國 83 年 7 月。
10. 王水照：《蘇軾論稿》，臺北萬卷樓出版社，民國 83 年 12 月。
11. 王隆升：《唐代登臨詩研究》，臺北文津出版社，民國 87 年 4 月。
12. 方瑜：《唐詩的形成》，臺北牧童出版社，民國 64 年 5 月。
13. 古遠清：《詩歌分類學》，高雄復文圖書公司，民國 80 年 9 月。
14. 丘煒萲：《菽園詩集》，臺北文海出版社，民國 63 年。
15. 丘逢甲：《嶺雲海日樓詩鈔》，南投臺灣省文獻委員會，民國 83 年 5 月。
16. 朱學瓊：《劍花詩研究》，臺中臺灣省文獻委員會，民國 79 年。
17. 李漁叔：《漁千里齋隨筆》，台北文海出版社，民國 70 年 5 月。
18. 李漁叔：《三臺詩傳》，臺北學海出版社，民國 65 年。
19. 李瑞騰：《晚清文學思想論》，臺北漢光文化公司，民國 81 年 2 月。
20. 李瑞騰：《詩心與國魂》，臺北漢光文化公司，民國 74 年 4 月。
21. 李瑞騰：《臺灣文學風貌》，臺北三民書局，民國 80 年 5 月。

22. 李曰剛：《中國詩歌流變史》，臺北文津出版社，民國 76 年 2 月。

23. 李栖：《兩宋題畫詩論》，臺北臺灣學生書局，民國 83 年 7 月。

24. 吳幅員編：《臺灣詩鈔》，南投臺灣省文獻委員會，民國 86 年。

25. 汪毅夫：《臺灣近代文學叢稿》，福建海峽文藝出版社，1990 年 7 月。

26. 何金蘭：《文學社會學》，臺北桂冠圖書公司，民國 78 年 8 月。

27. 何政廣主編：《清代台南府城書畫展覽專集》，台南觀光年推行委員會，民國 65 年。

28. 沈英名：《孟玉詞譜》，臺北正中書局，民國 62 年 10 月。

29. 沈傲樵、沈驥：《沈傲樵父子詩詞選集》，慈盧主人發行，民國 68 年。

30. 李明華：《南宋詠史詩》，臺北文津出版社，民國 86 年 11 月。

31. 邱燮友：《中國歷代故事詩》，臺北三民書局，民國 58 年。

32. 邱鎮京：《詠懷詩研究》，臺北文津出版社，民國 83 年 1 月。

33. 屈萬里：《詩經詮釋》，臺北聯經出版公司，民國 75 年 8 月。

34. 周俟松、杜汝淼合編：《許地山研究集》，南京大學出版社，1989 年。

35. 林文月：《山水與古典》，臺北純文學出版社，民國 65 年 10 月。

36. 林文龍：《臺灣詩錄拾遺》，臺中臺灣省文獻委員會，民國 68 年 12 月。

37. 林爾嘉：《林菽莊先生詩稿》，臺北龍文出版社，民國 81 年 3 月。

38. 東海大學中國文學系編：《臺灣文學中的歷史經驗》，臺北文津出版社，民國 86 年 6 月。

39. 俞守仁編註：《唐詩三百詩詳析》，臺南大孚書局，民國 67 年 5 月。

40. 洪棄生：《寄鶴齋詩話》，南投臺灣省文獻委員會，民國 82 年 5 月。

41. 柳棄疾：《南社紀略》，臺北文海出版社，民國 62 年。

42. 胡樸安選：《南社叢選》，臺北文海出版社，民國 56 年。

43. 施士洁：《後蘇龕合集》，南投臺灣省文獻委員會，民國 82 年 9 月。

44. 翁聖峰：《清代臺灣竹枝詞之研究》，臺北文津出版社，民國 85 年 4 月。

45. 徐師曾：《文體明辨序說》，臺北長安出版社，民國 67 年 12 月。

46. 高陽：《高陽雜文》，臺北遠景出版社，民國 82 年。

47. 郭慶藩輯：《莊子集釋》，臺北河洛圖書出版社，民國 63 年 3 月。

48. 許丙丁：《許丙丁作品集》，臺南文化中心，民國 85 年。

49. 許俊雅：《臺灣文學散論》，臺北文史哲出版社，民國 83 年 11 月。

50. 許俊雅：《臺灣寫實詩作之抗日精神研究》，國立編譯館，民國 86 年 4 月。

51. 連橫：《雅堂先生餘集》，南投臺灣省文獻委員會，民國 81 年 3 月。

52. 連橫：《雅堂文集》，南投臺灣省文獻委員會，民國 81 年 3 月。

53. 連橫：《雅堂叢刊詩稿》，臺中臺灣省文獻委員會，民國 76 年 6 月。

54. 連橫：《臺灣詩薈》，南投臺灣省文獻委員會，民國 81 年 3 月。

55. 連橫：《雅堂先生集外集》，南投臺灣省文獻委員會，民國 81 年 3 月。

56. 連橫：《劍花室詩集》，南投臺灣省文獻委員會，民國 81 年 3 月。

57. 連橫：《臺灣詩乘》，南投臺灣省文獻委員會，民國 81 年 3 月。

58. 張秉戎、張哲庵主編：《清詩鑒賞辭典》，重慶出版社出版，1992 年 12 月。

59. 張夢機、張子良編著：《唐宋詞選注》，臺北華正書局，民國 68 年 7 月。

60. 張夢機：《思齋說詩》，臺北華正書局，民國 66 年 1 月。

61. 張夢機：《古典詩的形式結構》，臺北尚友出版社，民國 70 年。

62. 陳漢光：《臺灣詩錄》，臺中臺灣省文獻委員會，民國 73 年 6 月。

63. 陳香：《臺灣竹枝詞選集》，臺北商務印書館，民國 72 年 4 月。

64. 陳信元編：《許地山代表作》，臺北蘭亭書店，民國 72 年 6 月。

65. 陳奐：《詩毛氏傳疏》，臺灣學生書局，民國 67 年 9 月。

66. 陳逢源：《溪山煙雨樓詩存》，臺北龍文出版社，民國 81 年 3 月。

67. 梁啓超：《飲冰室文集》，臺北同光出版社，民國 69 年 7 月。

68. 國立歷史博物館編輯委員會編：《府城文物特展圖錄》，臺北國立歷史博物館，民國 84 年。

69. 黃永武：《詩與美》，臺北洪範出版社，民國 73 年 12 月。

70. 黃永武：《詩香谷》，臺北健行文化出版公司，民國 81 年 10 月。

71. 程玉凰：《洪棄生及其作品考述》，臺北國史館，民國 86 年 5 月。

72. 傅錫祺：《櫟社沿革志略》，南投臺灣省文獻委員會，民國 82 年 9 月。

73. 蔡英俊：《興亡千古事》，臺北故鄉出版社，民國 71 年。

74. 蔡英俊：《比興物色與情景交融》，臺北大安出版社，民國 84 年 3 月。

75. 廖國棟：《廣臺灣詩乘》，臺中臺灣省文獻委員會，民國 45 年。

76. 裴普賢：《集句詩研究》，臺北臺灣學生書局，民國 64 年 11 月。

77. 趙翼：《甌北詩話》，臺北木鐸出版社，民國 71 年 4 月。

78. 劉銘傳：《劉壯肅公奏議》，臺北文海出版社，民國 55 年。

79. 劉勰：《文心雕龍》，臺北學海出版社，民國 66 年 8 月。

80. 劉登翰等著：《臺灣文學史》，福州海峽文藝出版社，1991 年 6 月。

81. 賴芳伶：《清末小說與社會政治變遷》，臺北大安出版社，民國 83 年 9 月。

82. 蕭翠霞：《南宋四大家詠花詩研究》，臺北文津出版社，民國 83 年 5 月。

83. 謝國文：《省廬遺稿》，臺北龍文出版社，民國 81 年。

84. 謝汝銓：《雪漁詩集》，臺北龍文出版社，民國 81 年 6 月。

85. 顏崑陽：《李商隱詩箋釋方法論》，臺北臺灣學生書局，民國 80 年 3 月。

86. 魏怡：《詩歌鑑賞入門》，臺北國文天地雜誌社，民國 78 年 11 月。

87. 魏仲佑：《晚清詩研究》，臺北文津出版社，民國 84 年 12 月。

88. 魏源：《魏源集》上冊，北京中華書局，1982 年 10 月。

89. 蘇軾：《蘇東坡全集》，臺北河洛圖書出版社，民國 64 年 9 月。

90. 《瀛社創立六十週年紀念集》，瀛社創立六十週年紀念集編輯委員會，民國 58 年。

91. 嚴羽：《滄浪詩話校釋》，臺北河洛圖書出版社，民國 67 年 5 月。

92. 鍾嶸：《詩品》，臺灣開明書店，民國 67 年臺七版。

93. 龔鵬程：《臺灣文學在臺灣》，臺北駱駝出版社，民國 86 年 3 月。

94. 龔鵬程：《讀詩隅記》，臺北華正書局，民國 71 年 4 月。

95. 龔鵬程：《詩史本色與妙悟》，臺灣學生書局，民國 82 年 2 月。

二、史地

1. 丁光玲：《清代臺灣義民研究》，臺北文史哲出版社，民國 83 年 9 月。

2. 文廷式等著：《中日甲午戰爭》，臺北廣文書局，民國 70 年 8 月再版。

3. 中國論壇編輯委員會：《知識分子與台灣發展》，中國論壇雜誌，民國 78 年 10 月。

4. 文史哲出版社編輯部：《明清進士題名碑錄索引》，臺北文史哲出版社，民國 71 年。

5. 王曉波編：《台胞抗日文獻選編》，臺北帕米爾書店，民國 74 年 7 月。

6. 王輔之纂修：《徐聞縣志》，臺北成文出版社，民國 63 年 12 月。

7. 王詩琅纂修：《臺灣省通志・人物志》，臺北成文出版社，民國 51 年 12 月。

8. 王國璠編：《板橋林本源家傳》，林本源祭祀公業印，民國 73 年。

9. 尹章義：《臺灣近代史論》，臺北自立晚報出版社，民國 82 年 7 月。

10. 司馬遷：《史記》，臺北藝文印書館出版。

11. 伊能嘉矩：《臺灣文化志》，臺中臺灣省文獻委員會編譯，民國 74 年 11 月。

12. 朱仲西主修：《基隆市志・人物篇》，臺北成文出版社，民國 48 年 2 月。

13. 朱保炯、謝沛霖編：《明清進士題名錄索引》，臺北文海出版社，民國 73 年。

14. 安倍明義：《臺灣地名研究》，臺北武陵出版社，民國 85 年 9 月。

15. 李守孔：《中國近代史》，台北三民書局，民國 79 年 8 月。

16. 李良玉：《動盪時代的知識份子》，臺北南天書局，民國 85 年 8 月。

17. 李明輝編：《李春生的思想與時代》，臺北正中書局，民國 84 年 4 月。

18. 李汝和主修：《臺灣省通志‧教育志》，臺北臺灣省文獻委員會，民國 63 年 6 月。

19. 吳文星：《日據時期臺灣社會領導階層之研究》，臺北正中書局，民國 81 年 3 月。

20. 吳德功：《吳德功先生全集》，南投臺灣省文獻委員會，民國 81 年 5 月。

21. 吳新榮纂修：《臺南縣志》，臺北成文出版社，民國 72 年 3 月。

22. 巫樂華：《南洋華僑史話》，臺灣商務印書館，民國 83 年 9 月。

23. 林能士等著：《中國現代史》，台北大中國圖書公司，民國 85 年 1 月。

24. 林藜：《臺灣名人傳》，臺北新亞出版社，民國 71 年 1 月。

25. 易順鼎：《魂南記》，南投臺灣省文獻委員會，民國 82 年 9 月。

26. 洪棄生：《瀛海偕亡記》，南投臺灣省文獻委員會，民國 82 年 5 月。

27. 唐贊袞：《臺陽見聞錄》，南投臺灣省文獻委員會，民國 85 年。

28. 翁仕杰：《臺灣民變的轉型》，臺北自立晚報，民國 83 年 8 月。

29. 盛清沂、王詩琅、高樹潘編著：《臺灣史》，臺北眾文圖書公司，民國 83 年 5 月。

30. 郭廷以：《臺灣史事概說》，臺北正中書局，民國 82 年 11 月。

31. 陳衍纂輯：《泉州府志選錄》，臺中臺灣省文獻委員會，民國 82 年 9 月。

32. 陳其南：《臺灣的傳統中國社會》，臺北允晨出版社，民國 76 年 3 月。

33. 連橫：《臺灣通史》，臺北眾文出版社，民國 83 年 5 月。

34. 張以誠等修：《陽江志》，臺北成文出版社，民國 63 年 12 月。

35. 張炎憲：《臺灣歷史系列演講專集》，國立中央圖書館臺灣分館，民國 84 年 5 月。

36. 黃大受：《臺灣史綱》，臺北三民書局，民國 82 年 8 月。

37. 黃昭堂：《臺灣民主國之研究》，財團法人現代學術研究基金會，民國 82 年 12 月。

38. 黃光亮：《清代科舉制度之研究》，臺北嘉新水泥文化基金會，民國 65 年。

39. 黃典權等修：《台南市志‧人物志》，臺北成文出版社，民國 72 年 3 月。

40. 彭桂芳：《台灣姓氏之研究》，台灣省立新竹社會教育館，民國 86 年 10 月。

41. 程光裕：《星馬華僑中之傑出人物》，臺北華岡出版公司，民國 66 月 5

月。

42. 楊雲萍：《臺灣史上的人物》，臺北成文出版社，民國 70 年 5 月。

43. 葉榮鐘：《臺灣人物群像》，臺北時報文化，民國 84 年 4 月。

44. 臺灣史蹟研究會編：《臺灣叢談》，臺北幼獅文化公司，民國 77 年 12 月。

45. 劉葉勤纂修：《揭陽縣志續志》，臺北成文出版社，民國 63 年 12 月。

46. 龔鵬程等編：《國史鏡原》，臺北時報文化出版社，民國 75 年 12 月。

三、論文

1. 王文顏：《臺灣詩社之研究》，臺北政治大學中研所碩士論文，民國 68 年。

2. 衣若芬：《鄭板橋題畫文學研究》，臺北台灣大學中研所碩士論文，民國 79 年。

3. 杜卉仙：《蘇黃唱和詩研究》，臺北東吳大學中研所碩士論文，民國 85 年。

4. 李正治：《六朝詠懷組詩研究》，臺北臺灣師範大學國文研究所碩士論文，民國 69 年。

5. 俞玄穆：《宋代詠花詞研究》，臺北政治大學中研所碩士論文，民國 75 年。

6. 姚垚：《皮日休陸龜蒙唱和詩研究》，臺北台灣大學中研所碩士論文，民國 69 年。

7. 施懿琳：《日據時期鹿港民族正氣詩研究》，臺北臺灣師範大學國文研究所碩士論文，民國 75 年。

8. 施懿琳：《清代臺灣詩所反映的漢人社會》，臺北臺灣師範大學國文研究所博士論文，民國 79 年。

9. 徐肇誠：《丘逢甲嶺雲海日樓詩鈔研究》，臺南成功大學中研所碩士論文，民國 82 年。

10. 陳丹馨：《臺灣光復前重要詩社作家作品研究》，臺北東吳大學中研所碩士論文，民國 80 年。

11. 陳聖萌：《唐人詠花詩研究》，臺北政治大學中研所碩士論文，民國 72 年。

12. 許俊雅：《臺灣寫實詩之抗日精神研究》，臺北臺灣師範大學國文研究所碩士論文，民國 75 年。

13. 張炎憲：《清代治臺政策之研究》，臺北臺灣大學歷史所碩士論文，民國 62 年。

14. 廖振富：《唐代詠史詩之發展與特質》，臺北臺灣師範大學國文研究所碩

士論文，民國 78 年。

15. 廖美玉：《杜甫連章詩研究》，臺中東海大學中研所碩士論文，民國 68 年。

16. 廖雪蘭：《臺灣詩史》，中國文化大學中研所博士論文，民國 72 年。

17. 劉妮玲：《清代臺灣民變研究》，臺北臺灣師範大學歷史所碩士論文，民國 71 年。

四、期刊

1. 王文進：〈謝靈運詩中「遊覽」與「行旅」之區分〉，《魏晉南北朝文學與思想學術研討會論文集》，成功大學中文系主編，臺北文津出版社，民國 82 年 11 月。

2. 王詩琅：〈日據初期的籠絡政策〉，《臺灣文獻》，第 26 卷第 4 期、第 27 卷第 1 期合刊，民國 65 年 3 月。

3. 毛一波：〈許南英的生平〉，《藝文誌》，第 18 期，民國 56 年 3 月。

4. 毛一波：〈許南英的詩詞〉，《臺灣文獻》，第 15 卷第 1 期，民國 53 年 3 月。

5. 李栖、張高評編：〈元好問的題畫詩〉，《宋代文學研究叢刊》，第 2 期，高雄麗文文化事業公司，民國 85 年 9 月。

6. 李豐楙：〈憂與遊──從巫到道及其世俗化的遊仙主題〉，《中國文學史暨文學批評學術研討會論文集》，政大中國文學系編印，民國 85 年 12 月。

7. 吳蔭：〈台灣愛國詩人許允白先生〉，《暢流》，第 33 卷第 10 期，民國 55 年 7 月。

8. 林光灝：〈記許南英許地山喬梓〉，《暢流》，第 34 卷第 7 期，民國 55 年 11 月。

9. 林玫儀：〈稼軒壽詞析論〉，《中國文哲研究集刊》，第 2 期，民國 80 年。

10. 邱奕松：〈府城先賢錄〉，《臺南文化》，新 21 期。

11. 洪順隆：〈論六朝敘事詩〉，《魏晉南北朝文學論集》，香港中文大學中國語言文學系主編，文史哲出版社，民國 83 年。

12. 洪順隆：〈六朝詠物詩研究〉，《大陸雜誌》，第 56 卷第 3、4 期合刊，民國 67 年 4 月。

13. 洪順隆：〈由思維形式和作品主題及題材論六朝詠史篇什的敘事性格〉，《魏晉南北朝文學與思想學術研討會論文集》第二輯，成大中文系主編，臺北文津出版社，民國 82 年 11 月。

14. 胥端甫：〈天才詩人林小眉〉，《台灣風物》，第 22 卷第 4 期，民國 61 年 12 月。

15. 連景初：〈許南英與許地山〉，《台南文化》（舊刊），第 2 卷第 2、3 期。

16. 馬寶蓮：《兩宋詠物詞研究》，師大國文研究所集刊，第 28 集，民國 73 年 6 月。

17. 施士洁：〈後蘇龕泉廈日記〉，《臺南文化》（舊刊），第 8 卷第 2 期，民國 55 年 6 月。

18. 施懿琳：〈日據時期臺灣古典詩的抗議精神與比興諷喻傳統〉，《古典文學第十二集》，中國古典文學研究會編，臺北臺灣學生書局，民國 81 年 10 月。

19. 曾迺碩：〈中華民族乙未抗日史導論〉，《台灣文獻》，第 6 卷第 3 期，民國 44 年 9 月。

20. 陳漢光：〈林健人先生詩作彙輯〉，《臺灣風物》，第 22 卷第 2 期，民國 61 年 6 月。

21. 陳清俊：〈生與死的關懷──中國詩人對死亡的凝視〉，《中國學術年刊》，第 16 期，民國 84 年 3 月。

22. 梅家玲：〈世說新語名士言談中的用典技巧〉，《臺大中文學報》，第 2 期，民國 77 年 11 月。

23. 梅家玲：〈論謝靈運「擬魏太子鄴中集詩八首并序」的美學特質〉，《臺大中文學報》，第 7 期，民國 84 年 4 月。

24. 黃文吉、張高評編：〈壽詞與宋人的生命理想〉，《宋代文學研究叢刊》，第 2 期，高雄麗文文化事業公司，民國 85 年 9 月。

25. 黃得時：〈唐薇卿駐臺韻事考〉，《臺灣文獻》，第 17 卷第 1 期，民國 55 年 3 月。

26. 黃秀政：〈臺灣割讓與乙未抗日運動〉，《臺灣文獻》，第 39 卷第 3 期，民國 77 年 12 月。

27. 郭伶芬：〈清代臺灣知識份子對社會變亂之反應〉，《靜宜人文學報》，第 1 期，民國 78 年 4 月。

28. 廖一瑾：〈日據時期臺灣瀛三大詩社〉，《古典文學第十二集》，中國古典文學研究委員會主編，臺北臺灣學生書局，民國 81 年 10 月。

29. 鄭喜夫：〈丘菽園與臺灣詩友之關係〉，《臺灣文獻》，第 38 卷第 2 期，民國 76 年 6 月。

30. 鄭孝穎：〈清末保臺抗日的愛國詩人許南英〉，中央日報，民國 84 年 5 月 27 日第十九版。

31. 盧嘉興：〈記臺南府城詩壇領袖趙雲石喬梓〉，《臺灣文獻》，第 26 卷第 3 期，民國 64 年 9 月。

32. 盧嘉興：〈臺南府城人物和古蹟〉，《台南文化》，第 26 卷第 3 期，民國 65 年 9 月。

33. 賴鶴洲：〈斐亭吟社、牡丹詩社〉,《台北文物》,第 6 卷第 4 期,民國 47 年 6 月。

34. 賴子清：〈臺南詩文社〉,《台南文化》(新刊),第 8 期,民國 69 年 1 月。

35. 謝雪漁：〈乙未抗日雜記〉,《台北文物》,第 9 卷第 1 期,民國 49 年 3 月。

36. 龔鵬程：〈論李商隱的櫻桃詩〉,《書目季刊》,第 22 卷第 1 期,民國 77 年 6 月。

37. 王文生：〈中國的寫實派文學理論〉,《社會科學戰線》,1981 年,第 3 期。

38. 卞良君：〈古代的送別詩和悼亡詩〉,《文史知識》,1989 年,第 2 期。

39. 丘鑄昌、郭延禮編：〈台灣近代詩人的愛國情思〉,《愛國主義與近代文學》,山東教育出版社,1992 年。

40. 包恆新等著：〈臺灣愛國詩人許南英及其創作〉,《福建論壇》,1982 年,第 2 期。

41. 向以鮮：〈漫談中國的詠史詩〉,《人文雜誌》,1985 年,第 4 期。

42. 汪毅夫：〈《窺園留草》識小錄〉,《福建論壇》,1988 年,第 2 期。

43. 汪毅夫：〈《臺灣詩史》辨誤舉隅〉,《福建論壇》,1994 年,第 4 期。

44. 汪毅夫：〈《後蘇龕合集》札記〉,《福建論壇》1988 年,第 5 期。

45. 宋益喬：〈落花生主義與許地山的後期創作〉,《文學評論叢刊》,1982 年 4 月,第 23 輯。

46. 李家驥：〈連橫與臺灣南社〉,《求索》,1988 年,第 3 期。

47. 周俟松：〈隨地山臺灣行〉,《文教資料簡報》,1979 年 12 月,第 96 期。

48. 周俟松、王盛合著：〈許地山與他的父親〉,《新文學史料》,1985 年,第 4 期。

49. 周俟松：〈許地山年表〉,《文教資料簡報》,1979 年 12 月,第 96 期。

50. 降大任：〈古代詠史詩初探〉,《晉陽學刊》,1983 年,第 5 期。

51. 陳錦谷：〈甲午戰爭與中國近代知識分子的覺醒〉,《福建論壇》,1994 年,第 4 期。

52. 黃拔光：〈台灣抗日詩歌的愛國主義精神〉,《福建論壇》,1983 年,第 4 期。

53. 黃牧：〈許地山創作風格簡論〉,《河北學刊》,1986 年,第 4 期。

54. 趙沛霖：〈關於台灣南社的初步認識〉,《蘇州大學學報》,1986 年,第 3 期。

55. 鄧家林：〈談詠物詩的審美特徵〉,《河北學刊》,1983 年,第 2 期。